Entrepreneuriat féminin, inclusion financière
et développement économique

Collection « Études africaines »

Forte de plus de mille titres publiés à ce jour, la collection « Études africaines » fait peau neuve. Elle présentera toujours les essais généraux qui ont fait son succès, mais se déclinera désormais également par séries thématiques : droit, économie, politique, sociologie, etc.

Dernières parutions

Sous la direction de Cyriaque ESSEBA, *La diplomatie parlementaire camerounaise, Lecture plurielle du déploiement international de l'Assemblée nationale du Cameroun*, 2025.

Jean Claude NDONG MBA, *Géographie de la dépendance urbaine. Entre métropole et villes secondaires de la région de l'Estuaire (Gabon)*, 2025.

Idrissa MANÉ, *Anthropologie du mythe de la malédiction au Sénégal. Cas des Baynouk de Casamance*, 2025.

Jean Faustin TASILE AKUMA, *Comprendre le territoire de faradje et ses chefferies, Un annuaire géopolitique d'avant 1885 à 2025 dans la Province du Haut-Uele en République démocratique du Congo*, 2025.

Yves BUNKULU ZOLA, *RDC, La destination surprise*, 2025.

Jean Félix YEKOKA, *Les fondements socioculturels du vivre-ensemble chez les Kongo de la vallée du Niari (XVIIe-XXe siècle)*, 2025.

Denis RAMSEYER, *Le dilemme des jeunes Kouya (Sokya) de Côte d'Ivoire. Rester ou partir ?* 2025.

Placide PILO KAMARAGI, *Physionomie des groupes armés en République démocratique du Congo. Une réécriture de l'histoire des conflits armés dans le Sud-Kivu et l'Ituri 1960-2005*, 2025.

Cheick Omar DIALLO, *L'apprentissage et la pratique du français au mali : Interférences linguistique et sociolinguistique*, 2025.

Jean-Claude OLOMBI, *L'ONU en République démocratique du Congo, L'impuissance structurelle du multilatéralisme*, 2025.

Telly DIALLO, *Les trajectoires guinéennes : la migration au-delà des chiffres*, 2025.

Sous la direction de
Félix Ntep, Nene Kane et Razane Chroqui

ENTREPRENEURIAT FÉMININ, INCLUSION FINANCIÈRE ET DÉVELOPPEMENT ÉCONOMIQUE

Enjeux et stratégies en Afrique

L'Harmattan

5-7, rue de l'École Polytechnique, 75005 Paris
http://www.editions-harmattan.fr
ISBN : 978-2-336-52401-6
EAN : 9782336524016
Dépôt légal : janvier 2026

À la mémoire de ma chère maman, Ma Hadja comme je t'appelais, source infinie d'amour, de courage et d'inspiration. Tu vis dans chaque mot, chaque pensée, et chaque souffle de ce travail.
Repose en paix, avec toute ma gratitude éternelle !

Nene Kane
Ancienne ministre des Affaires Sociales
de l'Enfance et de la Famille, Mauritanie

Sommaire

TROISIÈME PARTIE : DYNAMIQUE ENTREPRENEURIALE FÉMININE AFRICAINE : ÉTUDE DE CAS

Résumés

Première partie :
Entrepreneuriat féminin et inclusion financière

Chapitre 1 : Entrepreneuriat féminin et inclusion financière en Afrique (Hernandez Emile-Michel)

Les difficultés financières sont le lot de tous les entrepreneurs, mais elles sont encore accentuées lorsque ce sont des femmes qui entreprennent. Après avoir introduit quelques notions élémentaires de finance entrepreneuriale, nous présenterons les spécificités de l'entrepreneuriat féminin, puis nous établirons une distinction entre inclusion financière et bancarisation. Pour conclure, nous montrerons que, si l'entrepreneuriat soulève aujourd'hui beaucoup d'enthousiasme dans le monde, sa mise en œuvre satisfaisante en Afrique n'a rien d'une évidence.

Chapitre 2 : Utilisation des technologies financières et réduction des inégalités d'accès aux services pour les femmes au Maroc (Catherine Ghosn et Nadia Chafiq)

Le Maroc inscrit l'inclusion financière parmi ses actions afin de réduire les disparités entre les hommes et les femmes. Selon les derniers résultats de l'enquête Findex de la Banque mondiale (2017), l'écart entre les hommes et les femmes est plus important au Maroc comparativement à des pays similaires : 17 % des femmes adultes ont accès à un compte bancaire contre 41 % des hommes. Ce chapitre vise à identifier l'effet des technologies financières sur la réduction des inégalités d'accès aux services financiers numériques. Ses résultats révèlent des pistes à explorer pour une inclusion financière efficace, notamment la nécessité de proposer les offres bancaires classiques plus inclusives et des modèles un peu plus innovants. À cet égard, ce chapitre constitue une source de compréhension du profit à tirer de la fintech et de la banque mobile, afin de satisfaire aux besoins des segments les plus vulnérables du système bancaire classique.

Chapitre 3 : Évaluation de l'accès aux services financiers par les femmes entrepreneures en Algérie (Elkaina Hammache)

Les résultats d'une étude, que l'auteure de ce chapitre a conduite pour le compte de l'OIT en Algérie sur le développement de l'entrepreneuriat féminin en Algérie, révèlent que les femmes entrepreneures algériennes rencontrent des pressions, des blocages et des contraintes d'ordre institutionnel et socioculturel. Ces derniers réduisent l'accès équitable aux différents services d'appui et d'accompagnement, malgré l'existence d'un cadre juridique et réglementaire très riche. Ce chapitre se focalisera sur l'examen et l'évaluation de « l'accès aux services financiers ». Son auteure a adopté comme démarche méthodologique le protocole de l'OIT, basé sur une enquête qualitative par focus groupe auprès des femmes entrepreneurs et une évaluation par un système de scoring. L'évaluation des conditions d'accès aux services financiers a permis pour la première fois d'établir un diagnostic presque exhaustif de la situation en Algérie.

Deuxième partie :
Stratégies de financement et développement de l'Afrique

Chapitre 4 : Financement des microentreprises : illustration à partir des stratégies d'autofinancement adoptées par les étudiantes entrepreneures de l'université Gaston Berger de Saint-Louis, Sénégal (Mbombé KANE, Felix NTEP et Demba KANE)

Comment les étudiantes des universités sénégalaises financent-elles le développement de leurs microentreprises ? Ce chapitre avance l'hypothèse qu'il existe un lien entre les stratégies d'autofinancement et le développement des entreprises créées par les étudiantes. D'une façon générale, la capacité de mobilisation et d'activation des fonds propres, à la portée des mains des étudiantes, pendant les périodes de classes, participe du développement de leurs microentreprises. Cette stratégie se révèle efficace en contexte sénégalais difficile en matière de financement des entreprises. Pour faire comprendre cette réalité, les auteurs de ce chapitre se sont appuyés sur une littérature, qui révèle les avantages et les inconvénients à adopter des stratégies d'autofinancement pour financer le développement des entreprises, puis sur une méthodologie qualitative exploratoire, se basant sur l'étude comparative de trois cas d'entreprises.

Chapitre 5 : Accompagnement comptable des PME entièrement subventionnées en phase de démarrage : l'exemple des PME COPA en République démocratique du Congo (Justin Kamavuako Diwavova et Val Masamba Lulendo)

En comptabilité, la subvention est analysée en contexte d'une entreprise existante disposant déjà d'un capital de départ. On la considère comme un complément des ressources permettant à l'entreprise de faire face à ses problèmes de fonctionnement (subventions d'exploitation ou d'équilibre) ou d'acquérir des actifs durables (subventions d'investissements). En examinant le cas des PME entièrement subventionnées par l'État à la création (PME COPA), ce chapitre montre les limites des référentiels comptables actuellement en vigueur en RDC (SYSCOHADA et IFRS) dans le traitement comptable des subventions publiques et propose un traitement comptable plus adapté. À visée prescriptive, ce chapitre pose des bases susceptibles d'encadrer le travail de coaches dans l'accompagnement comptable des entreprises naissantes.

Chapitre 6 : Quel financement entrepreneurial adapté pour les PME africaines en période postcovid-19 ? (Adama Bocar SOKO et Razane CHROQUI)

Ce chapitre tente de répondre à la question du financement entrepreneurial adapté aux petites et moyennes entreprises (PME) africaines en période postcovid-19. Elle s'appuie sur l'analyse de la littérature liée à la finance entrepreneuriale, et sur un cas de financement du développement d'une PME en contexte mauritanien. Les résultats montrent que le financement entrepreneurial est adapté aux besoins de financement des PME en période post-covid-19. Ce type de financement se révélant dans la juxtaposition des sources de financement alternatif qui contraignent moins les possibilités de développement des PME. À l'égard de ses résultats, cette recherche constitue une contribution empirique à la compréhension de la finance entrepreneuriale adaptée aux PME.

Chapitre 7 : The 3F Strategy : Opportunities and Threats for Sustainable Economic Growth in Developing Countries (Larioui Abderrezak et Himrane Mohammed)

The 3F combined strategy seeks to support African investment initiatives to fill important gaps in the field of information technology to achieve greater impact and better results towards achieving the sustainable development goals in 2030. This is the chapter aim. To reach it, the chapter proposes this model that explains the Logical Flow Diagram for adopting and formulating a 3F strategy.

Troisième partie :
Dynamique entrepreneuriale féminine africaine : études de cas

Chapitre 8 : L'entrepreneuriat féminin en Mauritanie : obstacles et perspectives pour son développement (Nene KANE)

Comment comprendre le passage des femmes du secteur domestique au secteur marchand ? À partir d'une analyse rétrospective et holistique, ce chapitre présente des avantages conséquents pour l'économie mauritanienne. Ces avantages justifient bien la capacité des femmes, peu éduquées ou pas du tout, à s'accommoder des obstacles du milieu d'affaires, pour accéder à des horizons nouveaux. Ce chapitre recommande donc une meilleure prise en charge des femmes, pendant la réalisation de leurs projets entrepreneuriaux, à travers la promotion d'une éducation entrepreneuriale et des infrastructures essentielles liées à la promotion efficace de l'entrepreneuriat. À ces égards, il constitue une source de compréhension, pour l'État et les acteurs du développement national et international, dans leur démarche de promotion de l'entrepreneuriat en Mauritanie.

Chapitre 9 : La réalité de l'inclusion financière en Mauritanie (Hanan Khatraty)

Ce chapitre se donne pour objectif d'explorer la réalité actuelle de l'inclusion financière en Mauritanie, en tenant compte de l'évolution significative des services financiers et bancaires due à la transformation numérique. L'étude se focalise sur la compréhension du concept et de l'importance de l'inclusion financière, tout en mettant en évidence les défis qui entravent sa concrétisation en Mauritanie, malgré les efforts déployés par la Banque centrale mauritanienne.

Chapitre 10 : L'entrepreneuriat informel féminin au Maroc : analyse comparative avec les statuts d'occupation des Marocaines (Abdelaziz KHALFAOUI)

En s'appuyant sur une analyse comparative, ce chapitre révèle nettement une forme d'entrepreneuriat de nécessité. Il démontre d'un côté que le statut d'entrepreneure informelle se caractérise par une précarité, tous azimuts. D'un autre côté, ce chapitre démontre qu'il appartient à l'État et aux autres acteurs du développement de promouvoir ce type d'entrepreneuriat, à travers l'éducation, la formation et la sensibilisation à l'entrepreneuriat féminin, afin de relever les défis du marché du travail, et de l'importance du rôle des femmes dans le projet de développement économique du Maroc.

Chapitre 11 : Managerial Features of Handicraft Cooperatives : Case Study of Casablanca-Settat Region in Morocco (Razane Chroqui & Mohamed El Amine Moumine)

This study examines the managerial features of handicrafts cooperatives in Morocco. Both quantitative and qualitative data collection tools are used. That is, a questionnaire is administered to different handicraft cooperatives in the region of Casablanca-Settat. Furthermore, data have been collected from official reports and documents from the Ministry of Tourism, Handicrafts and Social and Solidarity Economy. Other statistics are received from the Office for Development of Cooperation. The results show that these cooperatives are small entities despite their many years of experience. They lack trained human resources in marketing, cost accounting system, and production management tools. Considering the research findings, this study concludes with interesting recommendations related especially to the cultural policy to implement to develop the cooperative's performance. Meanwhile, suggestions have been proposed for future research.

Chapitre 12 : L'écosystème de l'artisanat en Algérie pour un accompagnement à l'entrepreneuriat et l'innovation (Ouardia LAOUDJ et Saida ZIOUANI)

L'objectif de ce chapitre est d'identifier et de révéler la dynamique des interactions au sein de l'écosystème de l'artisanat. Pour atteindre cet objectif, les auteurs se sont appuyés sur une analyse rétrospective de la littérature empirique sur ce sujet. Les résultats montrent que l'écosystème de l'artisanat en Algérie est fragmenté, constitué d'acteurs et de structures d'accompagnement peu formels. À cet égard, les auteurs proposent des actions concrètes, notamment la mise en relation des acteurs et le renforcement de la promotion des partenariats public-privé par l'État algérien.

Chapitre 12 : État de l'art de l'entrepreneuriat féminin au Cameroun (Axelle Roxane METAGNE WABO et Razane CHROQUI)

L'entrepreneuriat féminin est devenu de nos jours un enjeu de développement socio-économique pour plusieurs pays dans le monde en général et pour les pays africains en particulier. L'objectif de ce chapitre est de révéler, pour le cas du Cameroun, l'évolution et l'impact de l'entrepreneuriat féminin sur l'économie, les secteurs d'activités de ce dernier, ainsi que les principaux facteurs et obstacles à son développement. Pour atteindre cet objectif, les auteurs ont passé en revue un panorama synthétique des travaux de chercheurs ayant antérieurement travaillé sur ce sujet. Un aspect essentiel apparaît récurrent dans cette littérature : celui qui donne à dire qu'en soutenant et en encourageant les femmes à entreprendre, le Cameroun pourrait générer une croissance économique plus solide et plus durable.

Chapitre 14 : Entreprendre au féminin pour lutter contre la corruption au Cameroun (Félix NTEP)

Comment lutter contre la corruption endémique qui empêche le développement économique du Cameroun ? Cette étude propose l'entrepreneuriat féminin individuel comme voie essentielle. D'une façon générale, la prise de risque, l'organisation et l'innovation se révèlent nettement dans la prise en charge des victimes de la corruption, en contexte d'affaires camerounais de danger permanent. En particulier, cette prise en charge résulte d'une lutte perpétuelle où les négociations, destinées à faciliter le recouvrement de la pension de retraite, produisent des résultats réels. Pour comprendre l'enjeu essentiel de cette lutte, chez une femme déterminée, au Cameroun, l'auteur de ce chapitre a adopté une posture réaliste, telle que proposée par le philosophe américain William James.

Point de vue : L'entrepreneuriat social : les liens à travers la littérature pour une recherche durable (Houda Hakim GUERMAZI)

L'entrepreneuriat classique se base essentiellement sur la réalisation des profits. Toutefois, les changements environnementaux et technologiques ont poussé l'entrepreneuriat à être plus inclusif et social. Le nouveau modèle se focalisant sur la résolution des problèmes d'ordre social. L'objectif de ce chapitre est de donner à dire ce modèle. En particulier, il s'agira de proposer aux chercheurs futurs qui s'intéressent au domaine de l'entrepreneuriat une vue holistique, à travers la présentation des théories de base, les définitions, les évolutions ainsi que les controverses et les débats couvrant ce champ. Ceci leur permettra de pouvoir se positionner pour entamer des recherches futures et durables jalonnant l'entrepreneuriat social, surtout en Afrique. Empiriquement, l'auteur de ce chapitre tente de sensibiliser les entrepreneurs au volet social. En particulier, il propose de se baser sur les métriques de l'effet de l'entrepreneuriat social pour prendre les décisions et mettre en place les actions nécessaires pour le bien-être de la communauté.

Avant- propos

RAZANE CHROQUI
Professeure en Sciences de Gestion
Université Hassan 1er - Maroc

Le présent ouvrage est le fruit de travaux menés sur l'entrepreneuriat féminin en relation avec l'inclusion financière et les différentes modalités de financement en Afrique. Cette thématique est au cœur des enjeux de développement économique et social des pays africains, en particulier dans le contexte post-Covid-19. L'importance d'étudier cette thématique est indéniable car sans une meilleure compréhension des dynamiques entrepreneuriales, des mécanismes de financement et des obstacles spécifiques que rencontrent les entrepreneures, il serait difficile d'élaborer des stratégies efficaces permettant de soutenir la croissance économique.

L'entrepreneuriat féminin est un moteur essentiel du développement économique, social et financier à travers le monde. Ce phénomène, qui s'intensifie dans un contexte marqué par l'évolution technologique, les crises économiques et les mutations sociales, suscite un intérêt croissant des chercheurs, des institutions et des gouvernements.

Cet ouvrage se propose d'explorer cette thématique sous différents angles complémentaires, mettant en exergue non seulement les défis que rencontrent les entrepreneures, mais aussi les opportunités qui se présentent à elles dans le cadre de leur inclusion financière et de la dynamique entrepreneuriale. L'ouvrage est structuré en trois parties distinctes, permettant de refléter la diversité des enjeux et des approches liés à l'entrepreneuriat féminin en Afrique.

La première partie, intitulée *Entrepreneuriat féminin et inclusion financière*, s'intéresse aux interactions entre l'inclusion financière des femmes et le développement de l'entrepreneuriat. En abordant des contextes variés comme l'Afrique subsaharienne, le Maroc et l'Algérie, cette section met en évidence comment les entrepreneures peuvent surmonter les barrières d'accès aux services financiers, notamment par l'usage des technologies financières, pour soutenir et développer leurs entreprises.

La deuxième partie, *Stratégies de financement et développement de l'Afrique*, examine les modalités de financement adaptées aux contextes entrepreneuriaux africains. Elle explore des cas concrets, tels que les stratégies d'autofinancement adoptées par des étudiantes entrepreneures au Sénégal, ou encore les particularités de l'accompagnement comptable des PME en République démocratique du Congo.

En outre, les répercussions de la pandémie de covid-19 sur le financement entrepreneurial et les enjeux de la quatrième révolution industrielle sont également abordés.

La troisième partie, *Dynamique entrepreneuriale féminine africaine : étude de cas,* s'attache à étudier les spécificités de l'entrepreneuriat féminin dans différents pays africains. De la Mauritanie au Cameroun, en passant par le Maroc, cette section présente des analyses comparatives et des études de cas, telles que les coopératives artisanales de la région de Casablanca-Settat au Maroc, tout en soulignant les obstacles et les perspectives propres à chaque contexte national.

En rassemblant ces contributions, cet ouvrage souhaite offrir une vision globale et nuancée des réalités de l'entrepreneuriat féminin en Afrique. Il s'adresse à un large public – universitaires, chercheurs, praticiens, et décideurs – et vise à enrichir le débat sur les stratégies à adopter pour favoriser l'inclusion financière des entrepreneures et leur pleine participation au développement économique.

Nous tenons à remercier chaleureusement tous les auteurs qui ont contribué à cet ouvrage. Leurs efforts et leur expertise ont permis de produire une œuvre qui, nous l'espérons, contribuera à mieux comprendre les dynamiques à l'œuvre et à inciter à des actions concrètes en faveur de l'entrepreneuriat féminin à travers le continent africain.

Introduction générale

Felix Ntep
Université Gaston Berger de Saint-Louis, Sénégal

L'existence d'un ethos entrepreneurial féminin africain, fondé sur une exploitation efficace des opportunités d'affaires, une allocation optimale des ressources et une gestion parcimonieuse des interactions au sein de l'écosystème des affaires, semble, à la fois accepter et, pour l'essentiel, démontrer[1]. Il suffit d'analyser minutieusement l'inclusion financière et les stratégies de financement adoptées par les porteuses de projets, d'arpenter les zones de regroupement commercial des grandes villes, comme l'ont fait les contributeurs de cet ouvrage collectif, pour se rendre compte que cet ethos, loin d'occuper uniquement les marges, participe du développement économique de l'Afrique.

Les véritables entrepreneurs africains, même s'ils subissent ou s'accommodent bien « des règles d'un jeu économique largement dominé par les impératifs rentiers des pouvoirs politiques et des multinationales » (Labazee, 1994, p.3), créent et développent les offres entrepreneuriales qui

[1]Pour en savoir davantage, se référer à l'analyse que nous avons faite dans notre texte de 2020, coécrit avec le professeur Zammar Rachid de l'université Mohammed V, au Maroc, pour le compte de la revue marocaine d'entrepreneuriat, d'innovations et de management. Nous avons constaté – et sommes également convaincus — que la littérature économique africaine, depuis le début du XIXe siècle, accepte, à demi-teinte, la contribution des femmes entrepreneures au développement. C'est pour prendre position vis-à-vis de ce que nous appelons l'aspérité de la littérature que nous avons entrepris d'écrire ce texte, lequel démontre que les pratiques professionnelles des femmes nous révèlent des leçons de vie, qui peuvent faire cas d'entrepreneuriat à enseigner et à promouvoir, en Afrique. Notre but premier, étant moins de susciter une adhésion que de donner les arguments essentiels pour une meilleure compréhension de la réalité entrepreneuriale féminine africaine. Nous croyons qu'il a touché beaucoup de chercheurs, en témoignent le nombre de retours obtenus via le site Acadomia.

siéent aux exigences économiques, culturelles et sociales de la société - bref « rebondissent » constamment, au sens de Bernard (2008)[2], en Afrique. Et, c'est probablement la persistance de ces créations et développements des offres qui donnent sens et beaucoup d'écho aux interprétations des initiatives entrepreneuriales des femmes africaines.

Ces résilientes – ou pour dire comme les psychologues, ces gens qui « rebondissent » après avoir essuyé divers traumatismes (Cyrulnik et Anaut, 2014)-, évoluant dans un environnement contraint, sont tenues de s'adapter aux brusques accélérations de l'histoire du continent africain, qu'imposent, vaille-que-vaille, les transitions démocratiques, dont les issues sont difficiles à prévoir, la guerre russo-ukrainienne, donc l'impact négatif sur son économie est réel, et la solidarité pro-palestinienne, dont nous soupçonnons qu'elle peut déboucher, demain ou dans un futur proche, surtout dans les pays amis de la Palestine, à des campagnes de boycott des produits importés d'Israël ou de leurs alliés traditionnels, les États-Unis d'Amérique et l'Europe occidentale. Il est loisible de penser qu'à terme ces mutations politiques vont profiter au réveil économique des peuples africains et à la dynamique globale, impulsée par la pratique des entrepreneurs locaux, dans les secteurs à valeur ajoutée, où l'on observe encore les activités prédatrices des entreprises filialisées américaines et européennes. Dans l'immédiat, ces mutations compliquent la prévisibilité des actes entrepreneuriaux des femmes, modifient leur rapport au réel et conditionnent fortement leur mise en œuvre en contexte des ressources limitées.

À la lecture des textes de cet ouvrage, on ne peut que se demander si la dynamique du capitalisme africain se révèle, entre autres choses, à travers les activités entrepreneuriales des femmes, ou si les transformations socio-économiques en cours sont la conséquence des initiatives des femmes, qui ont pris le risque, au prix de nombreux sacrifices, de mener en bien leurs projets innovants, lesquels prennent en charge les besoins essentiels et présents des populations africaines.

---

[2] Le verbe « rebondir » est synonyme du verbe « renaître à nouveau », répandu en psychologie et en entrepreneuriat. Ce synonyme est utilisé en psychologie par de nombreux auteurs pour signifier la résilience des personnes qui ont subi des traumatismes peu ou prou important dans leur vie (Cyrulnik et Jorland, 2012). C'est probablement le texte de Bernard qui pose sérieusement les bases du rapprochement du terme résilience avec celui de l'entrepreneuriat. Ce dernier terme, bien que galvaudé par les gens, se révèle mieux dans ce chapitre à travers la combinaison de trois registres interprétatifs (prise de risque, organisation, innovation) couplés aux deux dimensions essentielles (individuelle et collective).

L'un des aspects récurrents des textes, en réponse à ces questionnements, est de rappeler que l'entrepreneuriat féminin africain naît des trajectoires brusquement infléchies. L'inclusion est fondatrice, aussi bien dans la facilitation de l'accès aux services financiers que dans l'utilisation des fonctionnalités technologiques pour la réalisation des activités entrepreneuriales des femmes – comme expliqué dans les trois chapitres de la première partie de ce volume. Cette mise en relation, au sens littéral dans le cas de ce que l'on appelle le « Mobile Banking[3] », emprunte des voies singulières, depuis la pression exercée par le besoin de financement suscitant la mobilisation des ressources financières spécifiques chez les étudiantes (chapitre 4), jusqu'à la juxtaposition des sources de financement qui contraignent moins les possibilités de développement en période postcovid-19 (chapitre 6), en passant par l'accompagnement comptable des PME en phase de démarrage, afin qu'elles utilisent de façon efficiente les subventions perçues de l'État (chapitre 5).

D'un côté, les réussites de chaque stratégie de financement inclusive démontrent bien, à coup sûr, l'efficacité de la mise en relation en milieu entrepreneurial africain (chapitre 7). D'un autre côté, ces réussites participent de la dynamique entrepreneuriale féminine africaine. Mais elles ont deux prix non négligeables.

D'abord, le prix du soupçon qui s'attache à la contribution réelle des pratiques entrepreneuriales des femmes au développement économique. À cet égard, la tentative a toujours été grande, chez les défenseurs d'une économie libérale, de conférer aux femmes un rôle subsidiaire dans le processus de mutation économique. Autrement dit, depuis ses balbutiements, au XIIIe siècle, jusqu'au début des années 90, la théorie

[3] Ou la fourniture des services financiers, via les appareils téléphoniques et tablettes, notamment la gestion des comptes, les transferts de fonds et le paiement mobile. Selon une étude du Bureau fédéral d'enquête judiciaire et de renseignement intérieur des États-Unis ou FBI, le nombre d'utilisateurs des services mobiles devrait atteindre 2,1 milliards d'ici la fin de 2025 contre 1,7 milliard en 2020. S'il faut citer l'une des *success stories* les plus en vue dans cette mise en relation, c'est certainement celle du Kenya, avec sa solution de paiement M-Pesa (M pour mobile et *pesa*, argent en swahili). Il s'agit d'une industrie qui allie la finance et la technologie simple ou FinTech. Elle a su capter, depuis 2010, une partie du marché des banques traditionnelles, par exemple, le prêt entre particuliers mais aussi les systèmes de paiement (paiement par mobile, vérification des transactions financières…) et d'échanges de devises (via le WeSwap, PayTop, Revolut). Les volumes investis dans cette industrie, au monde, sont passés de 2,5 milliards d'euros en 2012 à 12,1 milliards d'euros en 2014 et à plus de 20 milliards d'euros en 2024, selon le FBI. La croissance de cette industrie n'est pas prête de s'arrêter dans le monde.

économique libérale, ou la « doxa » de l'économie libérale, peine à intégrer l'aspect économique du féminisme comme facteur essentiel du développement du capitalisme (Manon, 2010). De même que dans le champ de l'entrepreneuriat, notamment chez les défenseurs de l'approche comparative, jusqu'au début de ce XXIe siècle, l'activité entrepreneuriale des femmes, positionnée aussi bien aux marges qu'aux interstices de l'économie dominante, est perçue comme moins rentable que celle des hommes (Robichaud, Graw et Roger, 2005 ; Fairlie et Robb, 2009). Pourtant, les faits avérés, dont certains sont présents dans la deuxième partie de ce volume, justifient bien l'existence de nouveaux métiers, de nouvelles expertises et d'emplois, puis de changements organisationnels, apportés par les pratiques entrepreneuriales des femmes en milieu d'affaires africain.

Ensuite, le prix de l'adaptation des pratiques entrepreneuriales des femmes aux contraintes sociales, politico-historiques et culturelles locales. Ce prix se donne à lire nettement dans les difficultés des femmes entrepreneures d'assoir leur légitimité en contexte africain. Autrement dit, dans l'univers entrepreneurial, où le principe masculin est érigé en mesure de toute chose, « les femmes entrepreneures construisent et négocient leur légitimité dans les ajustements progressifs et évolutifs avec leurs proches (sphère privée) et/ou leurs parties prenantes (sphère professionnelle) » (Chasserio et Alii, 2016, p. 46).

Ainsi, les ruptures de trajectoires, ou les difficiles reconversions sociales des femmes exposées ici s'accomplissent dans une série de figures – celle de procéder par détour pour l'étudiante sénégalaise et la femme mauritanienne afin de financer leurs projets, celle de créer une activité génératrice de revenus pour échapper aux perceptions négatives de la société envers les femmes marocaines chômeuses et dépendantes, etc.-, lesquelles figures représentent les rhétoriques ancrées dans l'imaginaire collectif.

L'une des rhétoriques, nettement confirmée aux chapitres 8 et 9, pour le cas de la Mauritanie, et au chapitre 10, pour le cas du Maroc, révèle l'emprise sensible de certaines pesanteurs de l'écosystème entrepreneurial aux moments de la concrétisation des projets entrepreneuriaux, initiés par les femmes africaines. En Cause : l'organisation interne de cet écosystème qui, d'un côté, cherche rarement à combler le manque d'expertise en management et en techniques comptables, surtout chez les coopératives artisanales marocaines, puisque ce manque conditionne fortement leur réussite entrepreneuriale (chapitre 11). D'un autre côté, cette organisation tend malheureusement à exclure du champ des affaires certaines femmes qui possèdent pourtant des prédispositions à entreprendre et à contribuer efficacement au développement économique (chapitres 12 et 13). Toutefois, il existe des interactions entre acteurs, au sein de cet écosystème, qui débouchent sur des solutions louables en faveur des populations lésées ou victimes des habitudes prédatrices de certains individus en mal de réputation – en témoigne le cas de l'accompagnement des femmes victimes de la corruption (chapitre 14).

Un point essentiel mérite qu'on en dise davantage, puisqu'il apparaît voilé dans les idées exprimées dans quelques textes de cet ouvrage, notamment lorsque ces derniers démontrent l'efficacité du déploiement des activités entrepreneuriales des femmes en milieu d'affaires africain. Il faut avouer que ce point est relatif à la délimitation des activités entrepreneuriales, laquelle conditionne le sens exact à donner à la dynamique entrepreneuriale féminine en Afrique. Pour bien capter cette délimitation, il faut bien opérer une distinction entre les activités formelles et informelles des femmes, mères, au foyer et entrepreneures. Puisqu'aux marges et aux interstices de l'économie dominante, ou, pour dire autrement, aux confins de l'économie du haut et du bas, se trouvent aussi bien le profit industriel et commercial que le produit de la « rente[4] » et rien n'interdit aux femmes de déployer leurs activités pour en bénéficier également.

Quoi qu'il en soit, ces femmes seraient malavisées d'ignorer les actes d'une classe d'entrepreneurs au devenir obscur, ayant des comportements qui se manifestent dans une vaine routine de dépenser de l'argent, gagné ou non, à la sueur de leur front pour réaliser des objectifs personnels égoïstes[5]. Pour preuve, les malentendus et les préjugés sur les femmes sont,

---

[4] Étant un revenu provenant d'avantages acquis peu ou pas justifiés, la rente se révèle être, dans une économie qui lui est favorable, une opportunité provenant d'un travail non déclaré, d'un poste à pouvoir ou d'un statut social. Ce sens magnifie ce que l'on observe de plus en plus en Afrique, c'est-à-dire la « rente de situation ».

[5] Ce type de comportement a été identifié et analysé, pour la première fois, au Congo démocratique, au temps du président Mobutu, qui était lui-même le premier entrepreneur de son pays, au regard des entreprises qui étaient sous son contrôle total (Willame, 1995). Il continue son bout de chemin en Afrique subsaharienne, jusqu'à aujourd'hui. Au Cameroun, en Côte d'Ivoire, au Gabon, au Tchad, ce comportement a un nom : le farotage. Ce dernier terme découle du verbe faroter, lequel a fait son apparition dans le Petit Dictionnaire Larousse en 2017, signifiant « frimer ». Son personnage est ambigu. Il est dans une posture de « m'as-tu vu ». Ce profil ne se soucie que de son accumulation et investit beaucoup plus dans les activités qui n'apportent pas suffisamment de valeurs pour le pays (bar dancing, achat impulsif, loisir, etc.). C'est un caillou dans la chaussure des

souvent, nourris par les attitudes déconvenues de ces individus, souvent administrateurs des projets de développement ou propriétaires des entreprises publiques et privées – en témoignent quelques extraits de verbatim de textes de cet ouvrage qui parlent de la discrimination à l'accès au financement ou des exclusions du champ des affaires des femmes par des individus en mal de réputation.

Aussi peut-on se demander, subsidiairement, si ces pesanteurs, couplées aux mutations politiques nouvelles – c'est-à-dire à la transition démocratique, à la guerre russo-ukrainienne et à la solidarité pro-palestinienne –, loin d'empêcher la pérennisation de l'ethos entrepreneurial féminin dans le champ économique africain, n'auraient pas pour effet d'accentuer la détermination des femmes à utiliser tous les moyens à leur disposition pour contribuer au développement économique de leur pays. Ou si, l'inclusion financière et les efforts de certains États démocratiques d'assainir l'environnement entrepreneurial aidant, les femmes entrepreneures ont enfin les moyens de participer aux processus de transformations socio-économiques en cours en Afrique.

Les quatorze chapitres de cet ouvrage tentent de répondre aux questionnements subsidiaires ci-dessus, et donc à ceux posés précédemment, au début de cette analyse introductive. Un point de vue, présenté à la fin de cet ouvrage, révèle l'intérêt de poursuivre la réflexion sur la contribution des femmes entrepreneures à la valeur ajoutée sociale.

---

individus qui veulent accéder à des horizons nouveaux, lorsqu'ils croisent dans leur chemin cet administrateur ou cet agent de l'État faroteur et voyou.

PREMIÈRE PARTIE :

ENTREPRENEURIAT FÉMININ ET INCLUSION FINANCIÈRE

Chapitre 1.

Entrepreneuriat féminin et inclusion financière en Afrique

Hernandez Emile-Michel
Université Reims Champagne Ardenne (URCA), France

Introduction

On ne surprendra personne en indiquant que l'aspect financier constitue une dimension centrale d'un projet entrepreneurial, et une dimension centrale que souvent l'entrepreneur a des difficultés à maîtriser.

Pour faire simple, on peut distinguer trois dimensions dans un projet entrepreneurial : d'abord l'aspect technique du projet, ensuite l'aspect commercial, et, enfin, l'aspect financier. Fréquemment l'entrepreneur est à l'aise soit avec l'aspect technique, soit avec l'aspect commercial, parfois même avec les deux. Par contre la dimension financière lui paraît beaucoup plus complexe, plus difficilement maîtrisable, voire carrément ésotérique. C'est pourtant un domaine qu'il est indispensable de démystifier pour arriver à le maîtriser au moins à minima. C'est ce que nous verrons dans un premier temps en présentant quelques notions de la finance entrepreneuriale. Puis nous verrons, dans un deuxième temps, que si les obstacles financiers sont le lot de tous les entrepreneurs, elles sont souvent encore accentuées lorsqu'il s'agit d'entrepreneuriat féminin. Enfin, dans un troisième temps, nous établirons une distinction entre deux notions qu'il faut éviter de confondre, celle d'inclusion financière et celle de bancarisation. Pour conclure, nous apporterons un regard critique sur la vogue actuelle de l'entrepreneuriat présentée comme la solution à tous les problèmes sociaux et économiques, chômage, pauvreté, la vogue de l'entrepreneuriat magique.

La finance entrepreneuriale en quelques mots simples

On peut faciliter grandement la compréhension de ce domaine, a priori complexe, en le ramenant à quelques notions simples, faciles à comprendre par tous.

Tout d'abord la distinction rentabilité/liquidité : la rentabilité mesure la différence entre ce qui rentre et ce qui sort de l'entreprise, et la liquidité reflète la vitesse de ces mouvements. L'entrepreneur devra bien évidemment veiller à ces deux notions, à ce que son entreprise soit à la fois rentable et liquide, c'est-à-dire à ce qu'elle n'ait ni problèmes de rentabilité, ni problèmes de trésorerie. Mais autant il n'y a rien d'anormal à ce qu'une jeune entreprise ne soit pas encore rentable, autant le manque de liquidités menace à très court terme la survie même de l'entreprise. Et pour ne pas avoir attribué à cette notion de liquidité tout l'intérêt qu'elle mérite, de nombreux entrepreneurs se retrouvent dans l'obligation de mettre fin à un projet pourtant souvent riche de promesses d'avenir.

C'est en particulier le cas des entreprises qui se développent trop vite sans augmentation de leurs capitaux permanents. Aussi paradoxal que cela puisse paraître, il y a donc deux façons d'échouer pour un projet entrepreneurial :

1. ne pas avoir assez de clients,
2. en avoir trop, et trop vite.

Le deuxième point que j'évoquerai brièvement est celui des partenaires financiers de l'entrepreneur : je les range en deux catégories, ceux qui prennent le risque de l'entrepreneur et ceux qui prennent le risque du créancier, la notion de risque étant une dimension centrale du champ de l'entrepreneuriat.

Ceux qui prennent le risque de l'entrepreneur sont ses associés dans son projet entrepreneurial. Ils investissent dans la durée. Ils n'attendent pas d'être « remboursés », mais espèrent que leur investissement va prendre de la valeur et qu'ils réaliseront une belle plus-value le jour où ils vendront leurs parts, le jour où ils sortiront du projet entrepreneurial.

Qui sont-ils ? C'est d'abord l'entrepreneur lui-même, puis les 3 F (Family, Friends and Fools), les Business Angels, et les capital-risqueurs, c'est-à-dire les banquiers qui font du capital-risque.

Quant à ceux qui prennent le risque du créancier, ce sont d'abord les banquiers classiques (banques de dépôts) qui attendent de récupérer l'argent prêté, les fournisseurs qui font crédit et attendent que leurs factures soient payées, et les clients qui donnent un acompte à la commande et attendent que leur commande soit exécutée, que la marchandise leur soit livrée.

Beaucoup de difficultés proviennent de l'incompréhension du rôle des uns et des autres.

Un classique est d'entendre les entrepreneurs se plaindre des banquiers, parlant des banquiers classiques (banques de dépôts), « qui ne veulent pas prendre de risques ».

Or c'est justement leur rôle, limiter les risques pris, pour être le plus sûr possible de récupérer leur mise. L'argent qu'ils prêtent n'est pas le leur mais celui de leurs clients, d'où l'importance d'être le plus sûr possible de le récupérer, de minimiser les risques de défaut. Ceux dont le rôle consiste à prendre des risques sont ceux qui prennent le risque de l'entrepreneur et pas ceux qui prennent le risque du créancier.

L'entrepreneur a, bien évidemment, besoin de ces deux catégories de partenaires, mais il ne faut pas demander à l'un de jouer le rôle de l'autre. De là viennent beaucoup d'incompréhensions, de difficultés, entre l'entrepreneur et ses divers partenaires.

Les spécificités financières de l'entrepreneuriat féminin

Si les difficultés financières constituent le quotidien de la vie entrepreneuriale, on peut dire, sans le moindre doute, qu'elles sont encore accentuées dans le cas de l'entrepreneuriat féminin.

Tout d'abord, il y a un certain nombre de pays où les femmes n'ont ni les mêmes possibilités, ni les mêmes droits que les hommes.

Moindre accès à l'enseignement, difficultés pour se déplacer, impossibilité d'ouvrir un compte bancaire ou de créer une entreprise sans l'assistance d'un homme, droits restreints à l'héritage, en particulier en matière foncière.

La liste est longue, et nombreux sont les lieux où aussi bien la législation que les usages font des femmes des citoyens de seconde zone et des mineurs sur le plan économique.

Et même dans des pays où les lois garantissent une stricte égalité homme-femme, des inégalités très fortes subsistent quand même dans les faits. Ainsi, dans l'Union européenne, en 2023, à situation égale, les femmes sont payées 13 % de moins que les hommes. En France, c'est 15 %, et en Allemagne 18 %.

À titre anecdotique, on citera le monde du sport où là les écarts sont vertigineux. Ainsi, par exemple, le footballeur français le mieux payé, Kylian Mbappé, touche 6 millions d'euros par mois, et la footballeuse la mieux payée, sa camarade du Paris Saint-Germain, Marie-Antoinette Katoto, 150 000 euros, soit 40 fois moins.

À la question de savoir si l'entrepreneuriat est genré ou non, c'est-à-dire lié au genre de l'entrepreneur, Stéphanie Chasserio, Philippe Pailot et Corinne Poroli (2016) répondent clairement par l'affirmatif.

Une étude de Fairlie et Robb (2009) montre, par exemple, que les différences de performance entre les entreprises dirigées par des femmes et des hommes s'expliquent notamment par le différentiel de capital de départ.

À quoi tient ce moindre financement ? En partie à une moindre confiance en elle et en leur projet. Des études ont fait ressortir la moindre tendance des femmes à oser négocier, à oser demander.

Ainsi, par exemple, une économiste, Nina Rousille (2), a analysé les données de milliers d'ingénieurs en quête d'emploi sur une plate-forme en ligne. Il en ressort que si les femmes sont embauchées à un salaire inférieur à celui des hommes, c'est uniquement au fait qu'au début de la négociation elles demandent moins que les hommes et non à une quelconque discrimination.

Une autre étude menée par un professeur de marketing, Deborah Small et ses collègues (2) a consisté à faire jouer des hommes et des femmes au jeu de mots Boggle avec une possibilité de gain comprise entre 3 et 10 dollars. À la fin du jeu, 3 dollars ont été remis à chaque participant alors qu'il était prévu initialement un gain compris entre 3 et 10 dollars : « Voici trois dollars. Cela vous convient-il ? ». Seulement 3 % des femmes ont demandé plus, alors que 23 % des hommes l'ont fait.

Hanan Morsy (2020), traitant de l'accès au financement en Afrique, constate, elle aussi, que les disparités femme-hommes en matière d'accès aux services financiers sont alimentées par la perception de soi qu'ont les entrepreneuses. Elle qualifie cela « d'auto-exclusion ».

Enfin, troisième différence entre l'entrepreneuriat féminin et masculin mise en évidence par la recherche de Stéphanie Chasserio et de ses coauteurs (2016) : des motivations distinctes.

Certaines motivations sont communes aux hommes et aux femmes : besoin d'indépendance, d'autonomie, recherche de réalisation professionnelle, etc.

D'autres sont plus spécifiquement féminines. Ainsi, par exemple, la possibilité de pouvoir mieux concilier vie privée et vie professionnelle (Catley, Hamilton, 1998). On en a une illustration avec le courant de recherche des « manpreneurs » développé par nos collègues Aude d'Andria et Inès Gabarret (2017), la maternité rendant encore plus impérieux le besoin de pouvoir concilier vie privée et vie professionnelle.

Pour les plus diplômées, l'entrepreneuriat peut être également vu comme un moyen d'échapper au « plafond de verre » qui peut bloquer leur progression dans certaines organisations.

Une étude réalisée par Robert Sangue-Fotso et Chaveline Dida Ngouane (2023) portant, elle, sur les femmes entrepreneures camerounaises fait ressortir des spécificités tout à fait comparables à celles de leurs homologues françaises, accompagnées là aussi de beaucoup de difficultés pour financer leurs projets.

Pour conclure sur ce point, nous dirons que les femmes rencontrent les mêmes difficultés financières que les hommes, mais en version augmentée, en version XXL.

Inclusion financière versus bancarisation

Le fait de ne pas disposer d'un compte bancaire dans une banque de dépôt ne signifie pas être en dehors des circuits monétaires et financiers.

Cyril Fouillet et ses coauteurs (2007 : 333) dans une recherche traitant de l'inclusion financière socialement responsable relèvent que « dans nombre de pays, les pauvres ont accès à toute une palette de services financiers de nature informelle (famille, voisins, tontine, prêteurs privés, garde monnaies, employeurs, etc.) ». Et ils ajoutent (2007 : 334) : « Ce qui fait principalement défaut, ce sont les compétences techniques et commerciales donnant accès à des marchés solvables et, dans de nombreux cas, la demande solvable elle-même ». De nombreux instruments financiers existent donc. Nous nous limiterons ici à présenter les plus significatifs, les plus utilisés.

En allant des plus anciens aux plus contemporains, ce sont les tontines, la microfinance et le mobile banking. Ces instruments ont certes leur utilité mais ne pallient pas une présence suffisante de capitaux permanents, et l'existence de marché. Pour Sangue-Fotso et Dida Ngouane (2023 : 28), « bien que la femme camerounaise trouve auprès des tontines et des associations familiales une importante source de financement, celle-ci semble très insuffisante et constitue sûrement un obstacle pour le développement efficient de son activité. Guérin (2000) remarque d'ailleurs que « l'argent manque pour ces femmes ».

Les tontines d'abord

Si elles sont aujourd'hui plus utilisées en Afrique qu'en Europe, elles sont pourtant dues à un banquier italien, Lorenzo Tonti, qui proposa ce système à Mazarin au 17e siècle. Pour faire simple, il en existe deux grandes familles. La tontine rotative où les participants s'engagent à verser une somme prédéterminée à une fréquence donnée. Pour chaque tour de versement, un des participants est désigné pour être le bénéficiaire des fonds des autres participants. Et les tontines à accumulation, où les cotisations ne sont pas redistribuées à un des membres, mais accumulées dans la caisse de la tontine, jusqu'au moment de leur redistribution. Ces tontines réunissent le plus souvent des groupes d'amis, de voisins ou de collègues en nombre limité, souvent un nombre de membres compris entre 10 et 30.

Et, à quelques exceptions près (tontines bamiléké au Cameroun), elles réunissent des montants limités. S'il ne faut pas nier leur utilité sociale, elles ne constituent pas une réponse suffisante aux besoins financiers des entrepreneurs, hommes ou femmes.

La microfinance, ensuite

Plus récente, puisqu'elle date d'une cinquantaine d'années, elle est due à l'initiative d'un professeur d'économie du Bangladesh, Muhammad Yunus. Avec la Grameen Bank, il développa le microcrédit dans son pays et ouvrit ainsi la voie à de nombreuses autres expériences menées dans le monde entier.

Muhammad Yunus avait constaté que, dans son pays, les pauvres, exclus du système bancaire, étaient souvent bloqués dans leurs projets par l'impossibilité de se procurer de petits montants financiers. Son initiative souleva un enthousiasme considérable, et fut couronnée par le prix Nobel de la Paix qui lui fut attribué en 2006. Ainsi, Jacques Attali, président de Planet Finance (cité par Fouillet et alii, 2007 : 331), indiquait : « La pauvreté pourrait être vaincue mondialement par un développement généralisé et professionnel de la microfinance qui constituera aussi, dans l'avenir, un formidable marché pour les banques commerciales. Il souscrivait, ainsi, au paradigme traditionnel du microcrédit : « Les pauvres sortent de la pauvreté en empruntant, créant leur microentreprise et accroissant leurs revenus ».

À l'enthousiasme du début a succédé une période beaucoup plus critique. Un auteur comme Valoua Fofana (2017, 2022), à partir de l'étude de femmes commerçantes en Côte d'Ivoire, a montré toutes les limites de la microfinance en matière entrepreneuriale. Et il indique même (2017 : 68) : « Loin de permettre une transformation des rapports sociaux et des conditions de vie des femmes, le microcrédit peut, dans certaines situations, augmenter la pauvreté économique des femmes ; contrairement au fait qu'on pourrait penser qu'il représente une nouvelle forme de financement du développement à travers sa capacité à créer et à développer des activités productives dans les pays pauvres ». Et, s'il ne s'agit pas, comme l'indiquent Marc Labie et Thierry Montalieu (2019 : 9), « de jeter le bébé avec l'eau du bain », il faut quand même ramener l'instrument à ses limites.

À ce propos, ces deux auteurs indiquent (2019 : 8) : « L'impact réel engrangé est souvent nettement plus limité que ce qui a été affirmé et, en lieu et place d'un mécanisme "créateur de richesse", il faudrait plutôt parler d'un outil permettant à des démunis de mieux absorber les chocs de l'existence et ainsi d'éviter de basculer dans la misère pure et simple (outil de résilience) ». Et, à titre personnel, nous ajouterons que, s'il ne faut pas nier totalement l'intérêt de la microfinance, elle ne constitue cependant pas là encore une réponse suffisante aux besoins financiers des entrepreneurs tant en termes de crédit que de capitaux permanents.

Le mobile banking, enfin

L'usage du téléphone portable s'est répandu à une vitesse exponentielle dans les pays en développement en général, et en Afrique subsaharienne en particulier.

Jean-Michel Huet (2017) a qualifié de « leapfrogs » ces avancées digitales qui permettent à l'Afrique de sauter des étapes du développement et d'être ainsi en passe de devancer les autres continents dans certains domaines.

Ces sauts numériques touchent tous les pans de l'économie africaine : les télécommunications, les services financiers mobiles, l'e-commerce, l'e-gouvernement et l'économie des plateformes collaboratives.

Le mobile-banking ou M-banking est une composante du commerce sur téléphone portable qui permet au consommateur d'accéder à Internet par le biais d'un dispositif sans fil, afin de procéder à des transactions. Djamchid Assadi et Anaïs Cudi (2011 : 233) relèvent dans une étude exploratoire son potentiel d'inclusion financière : « dans la plupart des pays en développement c'est souvent le seul canal qui permet aux populations généralement non bancarisées d'accéder aux services bancaires ».

Ces deux auteurs relèvent également (2011 : 233) que dans ces mêmes pays « les services M-Banking sont majoritairement distribués par les opérateurs de téléphonie mobile qui détiennent déjà la clientèle captive ainsi que les infrastructures requises ». Ainsi l'opérateur téléphonique Orange a développé son offre de m-banking : Orange Money. François Seck Fall et Ousmane Birba (2019) se sont, eux, intéressés aux caractéristiques socio-économiques des utilisateurs du mobile-banking au Sénégal à partir d'un échantillon significatif de 4141 individus. Ces deux auteurs (2019 : 70) notent « une forte exclusion financière des individus qui utilisent le m-banking : 71,9 % d'entre eux ne disposent pas d'un compte dans la microfinance, qui est pourtant le secteur de prédilection des populations à faible revenu ». Leur modèle montre que la probabilité d'adoption du m-banking est plus forte pour les hommes que pour les femmes. Ils qualifient cela (2019 : 73) de « résultat standard qui traduit la fracture numérique qui existe structurellement entre les hommes et les femmes dans les pays en développement ».

Ces auteurs insistent sur la nécessité d'un point de vue de politique économique de prendre des dispositions particulières pour que les femmes ne soient pas en reste dans l'inclusion par le mobile banking. Ceci, pour eux (2019 : 74), est d'autant plus nécessaire « qu'il est prouvé que le manque d'accès aux services financiers limite la capacité des femmes à s'émanciper économiquement ».

On peut maintenant se demander ce qu'apporte réellement la connexion Internet, l'univers du digital, aux petits entrepreneurs africains, hommes ou femmes. C'est l'objectif de Jean-Philippe Berrou, François Combarnous, Thomas Eekhout et Kevin Mellet (2020) qui, à partir de l'étude de 500 établissements représentatifs du secteur informel de Dakar, ont proposé une typologie des usages du digital.

Ils distinguent quatre catégories :

– Les petits indépendants déconnectés utilisent peu Internet et se servent essentiellement de leur portable pour téléphoner (un tiers de l'échantillon).

– Les petits patrons digitaux (19 % de l'échantillon) : c'est le profil opposé du 1er groupe. Ils ont des usages extrêmement avancés et intensifs de leur portable dans le cadre de leur activité économique.

À ces deux catégories opposées s'ajoutent deux catégories intermédiaires.

– Les entrepreneurs réseauteurs (26 % de l'échantillon) dont les usages se focalisent sur la coordination bilatérale avec leurs fournisseurs, clients et partenaires.

– Et les explorateurs d'Internet (22 % de l'échantillon) qui utilisent Internet pour s'informer, pour vendre leurs produits et promouvoir leur activité.

Sur le plan économique, ce sont les petits patrons digitaux et les entrepreneurs réseauteurs qui profitent le plus du digital. Les petits indépendants déconnectés et les explorateurs d'Internet en profitent moins. On retrouve, ici, la fracture digitale hommes/femmes précédemment évoquée puisque les hommes sont largement majoritaires dans les deux catégories qui bénéficient le plus du digital : les petits patrons digitaux et les entrepreneurs réseauteurs.

Discussion-Conclusion

Comme l'indique David Audretsch (2006 : 44) dans un article intitulé « L'émergence de l'économie entrepreneuriale » : « Le rôle de l'entrepreneuriat dans l'économie a changé radicalement au cours du dernier demi-siècle ». Durant la période ayant suivi la Seconde Guerre mondiale de 1939-1945, l'entrepreneuriat et les petites entreprises n'étaient plus dans l'air du temps. Pour des raisons d'efficacité économique, la mode était aux grandes entreprises, aux grands groupes. C'était le temps des managers. Puis cette situation a été complètement renversée avec le triomphe de « l'économie de l'entrepreneuriat », dont David Audretsch situe les racines au milieu des années 1970 et le véritable essor, plus tard, dans les années 1990. Ce phénomène a été accentué avec la vague des start-up, et la réussite spectaculaire de quelques entreprises américaines, les fameuses GAFAM, et leur pendant chinois les BATX.

Dans un univers économique mondialisé, tous les pays ont voulu voir dans l'entrepreneuriat la solution à tous leurs problèmes économiques et sociaux. Dans les pays émergents, l'entrepreneuriat a, en plus, été vu comme une solution au problème de la pauvreté. Pour Cyril Fouillet et ses coauteurs (2007 : 346), c'est le triomphe du self-help à l'américaine « où quelques entrepreneurs ont fait fortune grâce à la liberté d'entreprendre, mais côtoient des millions de pauvres sommés de se prendre en charge car plus personne – ni leur famille ni l'État – ne peut ou ne veut rien faire pour eux ».

L'Afrique n'est pas restée à l'écart de cette vague entrepreneuriale. Ainsi la *Revue internationale des études du développement* (2021/1 n° 245 : 11), consacrant un dossier à l'entrepreneuriat en Afrique, parle du « retour du héros » et indique : « Discours-scientifiques, politiques et médiatiques de valorisation de l'entrepreneuriat se répandent sur fond de promesses diverses (lutte contre la pauvreté et le réchauffement climatique, moteur de la transition numérique, autonomisation des femmes, etc.) ».

Les développeurs internationaux se joignent à ce discours, au premier rang desquels la Banque mondiale qui, au tournant des années 1990, assénait son fameux leitmotiv : « Africa needs its entrepreneurs » (Banque mondiale, 1989).

Où en est l'Afrique aujourd'hui, et en particulier l'Afrique subsaharienne ? L'économie reste encore largement dominée par le secteur informel, ce que l'économiste malien Hammou Haïdara qualifie de « développement par la petite porte ». La formule, souvent reprise, de Serge Latouche (1996 : 130) : « Dans le secteur informel, on est ingénieux sans être ingénieur, industrieux sans être industriel, entreprenant sans être entrepreneur » reste malheureusement toujours d'actualité.

Pour analyser succinctement une telle situation, on peut se référer au modèle de notre collègue, aujourd'hui décédé, Robert Paturel : le modèle des 3 E, comme Entrepreneur, Entreprise et Environnement.

L'entrepreneur : si elle a habituellement le sens du commerce, elle manque par contre très fréquemment d'un minimum de connaissances managériales, et en particulier en matière financière.

La Banque africaine de développement (2012), dans un document de politique générale intitulé « Faire progresser l'inclusion financière des femmes en Afrique », constate cette nécessité de mieux inclure les femmes dans les circuits financiers, et pour cela de développer des programmes de « littérature financière ».

Et, elle ajoute (2012 : 1) : « La promotion de l'inclusion financière des femmes en Afrique représente un enjeu majeur, en raison de son impact sur l'accumulation d'actifs économiques par les ménages et par les entreprises ainsi que sur l'accroissement du bien-être des ménages, donc sur le développement. Une utilisation accrue des services financiers par les femmes a des répercussions directes sur les perspectives de développement, ainsi que sur le développement lui-même, avec notamment une croissance plus inclusive, grâce à l'augmentation des investissements productifs et l'accroissement de l'accumulation d'actifs ».

L'entreprise : disposant le plus souvent de compétences et de capitaux limités, l'entrepreneur privilégiera les activités avec peu de barrières à l'entrée, c'est-à-dire des activités avec un niveau de concurrence élevé et une absence quasi totale de pricing power.

Des secteurs que W. Chan Kim et Renée Mauborgne (2005) qualifient « d'océans rouges ».

Cyril Fouillet et alii (2007 : 334) montrent les limites de ce micro-entrepreneuriat : « La faible rentabilité des activités est très fréquente, avec de fortes variations d'un contexte à l'autre (par exemple dans l'élevage) : les succès obtenus ici ne sont donc absolument pas transposables ailleurs. Les exemples de saturation rapide des marchés locaux et des effets de substitution (chaque nouvelle entreprise met en péril une micro-entreprise voisine) sont multiples. En grande partie faute de pouvoir d'achat local (car il n'y a pas de clients), mais aussi faute de compétitivité face à des produits manufacturés… ».

Ils dénoncent les comportements mimétiques conduisant à l'offre excessive de certains biens dont la consommation est limitée. Faute d'expérience, les nouveaux entrepreneurs se contentent d'imiter leurs voisins.

L'environnement : l'écosystème dans lequel ces femmes entreprennent est trop peu favorable. Yvon Pesqueux, dans un article (2022 : 2) intitulé « La fable de l'entrepreneuriat en Afrique », dénonce le contexte dans lequel opèrent les entrepreneurs africains : « Les conditions élémentaires à la vie des populations manquent : adduction d'eau, routes et chemin de fer, transport en commun, fourniture d'électricité, accès à l'Internet, etc. ».

Divers auteurs, comme Acemoglu et Robinson (2012), ont relevé le rôle des institutions dans le développement économique. Les coûts de la légalité (lourdeurs bureaucratiques, délais administratifs, non-respect des droits de propriété et des contrats, inefficacité et corruption de la justice) limitent le développement de l'initiative privée et conduisent les entrepreneurs à se réfugier dans l'informalité. Une autre difficulté doit être relevée, le problème de la liberté économique. Mathieu Bédard (2006) a établi le lien entre la liberté économique et l'entrepreneuriat. La consultation du classement Economic Freedom of the World montre que, là encore, la situation de la plupart des pays africains n'est pas optimale. Pour réussir, c'est-à-dire passer d'un entrepreneuriat majoritairement de contrainte à un entrepreneuriat majoritairement d'opportunité, l'entrepreneuriat nécessite des compétences, un marché et un écosystème au sens large qui soit favorable. Les compétences font souvent défaut en raison d'un déficit de formation de qualité. Le marché est généralement trop étroit, et parfois même quasi inexistant. Et l'écosystème, trop peu favorable. Une meilleure inclusion financière des femmes entrepreneures constituera incontestablement un pas important sur une route qui reste encore longue à parcourir.

Notes

1 Perreau, C., « Les startupeuses se font rares et sont peu financées en Europe », *Les Échos*, 13/06/2023, p26.

2 Chance, Z., « Osez négocier comme J. Lawrence », *Les Échos,* 24-25/03/2023, p43.

Chapitre 2.

Utilisation des technologies financières et réduction des inégalités d'accès aux services pour les femmes au Maroc

CATHERINE GHOSN
Université Paul Valéry Montpellier 3, France.
et
NADIA CHAFIQ
Faculté des Sciences Ben M'Sick, Université Hassan II de Casablanca, Maroc.

Introduction

Les débats sur la nécessité de promouvoir l'inclusion financière des femmes au Maroc, en particulier, et en Afrique en général résultent en quelque sorte des difficultés d'accès aux services financiers numériques des femmes à faibles revenus et de celles travaillant dans le secteur informel. En outre, l'inclusion financière est caractérisée par la facilité d'accès et d'utilisation du système financier formel par tous les agents économiques (Sarma, 2008). Par contre, l'exclusion financière, considérée comme le non-accès aux services financiers d'une partie de la population, représente une barrière au développement économique. Malgré les avancées considérables réalisées par le Maroc depuis plus d'une décennie, seulement 1/3 des Marocains dispose d'un compte bancaire et les disparités d'accès et d'usage sont importantes selon le genre, la zone géographique, le niveau de revenus et l'âge, d'après Hakima El Alami, directrice Surveillance des Systèmes et Moyens de Paiement et Inclusion financière, Bank Al-Maghrib (BAM) (NL PACC-Dossier spécial inclusion financière-Juin 2021). En effet, la femme est la plus touchée par l'exclusion financière en raison de facteurs économiques, culturels et du faible niveau d'éducation financière. Qu'elles travaillent dans l'urbain ou le rural, qu'elles soient employées ou indépendantes, l'inclusion financière fournit aux femmes marocaines les outils pour générer des revenus et participer pleinement à l'économie. Cependant, c'est seulement avec un accès égal à toute la gamme des services financiers et l'éducation financière que les femmes ont une chance d'autonomisation sociale et économique.

Pour surmonter ces inégalités, l'inclusion financière n'est pas l'apanage des institutions financières. Progressivement elle est devenue une priorité des institutions et organismes globaux en charge de la politique financière et bancaire au Maroc, comme Bank Al-Maghrib (BAM).

Par ailleurs, la Stratégie nationale d'inclusion financière a été engagée en 2019 par le gouvernement marocain conjointement avec Bank Al-Maghrib et avec l'appui de l'ensemble des parties prenantes des secteurs public et privé (Stratégie nationale d'inclusion financière de 2021). Cette stratégie a pour objectif de faire de l'inclusion financière un catalyseur de l'inclusion économique des catégories ciblées, les populations rurales et les femmes. Cette stratégie a pour objectif le développement de modèles alternatifs de financement adaptés aux besoins de la population cible avec le renforcement du rôle des modèles « classiques » de financement pour promouvoir l'inclusion financière. Il apparaît donc que le développement de l'inclusion financière nécessite l'implication et la collaboration des parties prenantes pour la formation d'un écosystème. À l'heure où les systèmes classiques de la bancarisation ont montré leurs limites, la problématique de l'inclusion financière s'annonce comme une stratégie à mettre en place au Maroc. Ce dernier fait donc des progrès significatifs en termes d'inclusion financière. Toutefois, l'analyse des données à l'échelle nationale et les expériences internationales montrent qu'il reste des marges importantes. Par exemple, l'urbain est mieux servi que le rural en termes d'offres des services financiers numériques. Et, justement, la stratégie nationale d'inclusion financière vise à faire face aux inégalités d'accès aux services financiers pour les femmes. D'où la nécessité d'étudier l'influence des offres de produits financiers numériques offerts par les banques sur l'inclusion financière des femmes. Par conséquent, ces institutions jouent un rôle déterminant dans l'inclusion financière des femmes.

Avec l'avènement du numérique, les modes classiques d'accès aux services financiers connaissent des mutations importantes et les besoins d'accès des femmes à ces services deviennent plus importants. Les services financiers numériques constituent donc un levier catalytique pour les transactions économiques et l'inclusion financière. Celle-ci pose la problématique de l'accès de la population majoritairement non bancarisée ou mal desservie aux services financiers de base, tels que les services de paiement, de transfert d'argent, d'assurance, etc. Dans cette perspective, notre article a pris chemin pour identifier et comprendre d'abord l'influence des offres de produits financiers numériques offerts par les banques sur l'inclusion financière des femmes. De plus, nous estimons que les facteurs liés à la disponibilité et à l'accès aux services financiers numériques constituent des freins devant l'autonomisation économique de ce segment de la population : est-ce que ces institutions cherchent à faciliter l'accès aux produits et services financiers pour les personnes exclues, surtout la femme ? Les banques proposent-elles des offres et des services financiers adaptés aux besoins de la femme ? Les services et les produits offerts par les banques sont-ils accessibles aux femmes marocaines ?

Pour répondre à ces questionnements, nous nous sommes basés sur une littérature et une méthodologie qualitative. À cet égard, nous avons repéré et lu tout document publié sur le sujet, afin de faire une synthèse narrative et critique. La synthèse narrative résume les résultats issus des analyses descriptives et relève les similarités ou les différences entre ces études. Ensuite une étude empirique menée auprès des banques marocaines (participative et conventionnelle) pour étayer les aspects essentiels contenus dans notre synthèse de la littérature. Enfin, les résultats ont permis de révéler la réalité du lien entre l'utilisation des technologies financières et la réduction des inégalités d'accès aux services financiers pour les femmes.

Objectifs de la recherche et méthode de lecture des articles scientifiques

Cet article vise deux objectifs. Il s'agit d'abord d'une réflexion sur la revue de littérature existante portant sur l'usage des fintechs et leur impact sur l'inclusion financière des femmes. Il s'agit ensuite de travailler sur la découverte des fintechs et des services financiers numériques offerts par les banques marocaines.

Objectif 1 : mener une réflexion sur la revue de littérature existante portant sur l'usage des fintechs

Pour procéder à la revue de littérature sur la fintech, nous avons paramétré notre recherche bibliographique à partir d'une sélection de mots-clés étroitement reliés à notre sujet. Il s'agit des termes « Fintech » et d'autres faisant référence à leurs « clients », en anglais et en français. Il nous a été impossible d'affiner ces termes, comme « femmes » par exemple, car nous n'obtenions alors aucun résultat. Nous avons en effet voulu cibler la thématique des fintechs en association avec leurs utilisateurs, et non avec les décideurs, banquiers, assureurs, etc. Il s'agit d'un rapport externe à l'entreprise, et non d'un rapport interne. Nous avons effectué cette recherche sur la littérature scientifique anglophone et francophone. Les résultats menés sur les moteurs de recherche en charge de la publication et de la diffusion de revues de sciences humaines et sociales font apparaître 8 titres au total, 5 en français et 3 en anglais.

L'analyse de ces résultats fait ressortir plusieurs particularités : tout d'abord, comme nous avons expurgé de notre recherche les publications purement techniques ou financières, nous avons obtenu des résultats « par défaut » : les « fintechs » apparaissent bien dans le titre sans les considérations uniquement techniques ou financières, mais les destinataires/utilisateurs/clients/équivalents des fintechs n'y apparaissent pas, à l'exception d'un seul titre.

D'autre part, les articles retenus ont bien tous été publiés en sciences humaines et sociales, mais dans un champ disciplinaire finalement très limité, puisque les revues appartiennent au seul champ économique. Comme précisé dans les lignes précédentes, à l'exception d'une seule, aucune publication ne développe le rapport fintech/client (ou terme équivalent). La seule prenant le « client » comme principal objet de recherche avec les fintechs s'intitule « Fintech et seniors sud-coréens : une étude des facteurs d'acceptation » (Um et alii, 2022). Les autres références font toutes allusion aux banques, au choix du modèle de régulation, à l'environnement de taux d'intérêt, ou encore aux impacts sur l'intermédiation financière dans la zone euro.

Enfin, l'analyse de la fintech dans les articles retenus s'intéresse principalement à trois axes de recherche.

Le premier axe, commun à la majorité des articles, analyse le bouleversement numérique, en prenant en compte l'arrivée de nouveaux entrants digitaux, la révolution technologique digitale et l'impact des nouvelles technologies sur l'intermédiation financière. Le second axe s'intéresse au bouleversement subi par le cadre juridique traditionnel et aux méthodes de paiement dans un contexte concurrentiel, obligeant les banques à investir plus massivement dans les technologies et les compétences numériques. Il est quelquefois fait allusion au « consommateur » et aux « particuliers », seules références claires utilisées pour identifier les destinataires externes des fintechs. Le trait principal de cet axe développe les modèles réglementaires appliqués dans différents pays (USA, France, Angleterre). Dans la continuité d'une considération cartographique, quelques articles s'intéressent à la zone euro en général pour y évaluer l'impact des politiques monétaires et des nouvelles technologies sur l'intermédiation financière. Pour terminer, un dernier axe n'est développé que par une seule publication qui se distingue des autres par le type de public utilisateur des fintechs ainsi que par sa localisation géographique. Il s'agit de la catégorie des seniors en Corée du Sud.

Objectif 2 : La fintech et des services financiers numériques offerts par les banques marocaines

Le deuxième objectif de cet article concerne la découverte des fintechs et des services financiers numériques offerts par les banques marocaines. Nous avons utilisé la collecte des données et l'entretien semi-directif auprès des banques marocaines comme moyens de recherche. Cet entretien est utilisé comme repère et sert à faire émerger les thèmes que l'interviewée n'aborde pas spontanément. Nous avons opté dans cette recherche pour une méthodologie qualitative basée sur une approche exploratoire. Pour élaborer notre guide d'entretien, nous nous sommes basées sur notre question principale de recherche : la fintech et les services financiers numériques sont-ils accessibles aux Marocaines issues des milieux sociaux défavorisés ? Une phase exploratoire de prétest a précédé les entretiens finaux. Les pré-entretiens ont été au nombre de deux et avaient pour objectif de tester et d'améliorer le guide d'entretien. Les entretiens finaux sont au nombre de 5. Les données recueillies ont été traitées par l'analyse de contenu. Nous avons choisi d'opter pour l'analyse manuelle pour ses bienfaits, notamment parce qu'elle donne une conception non erronée du langage et qu'elle prend en compte le contexte et l'expérience personnelle du répondant.

Synthèse de la lecture de la littérature

Définition fintech

Les technologies financières, appelées fintechs par contraction des deux termes, ont pour objectif de sécuriser la sphère financière et de la rendre plus accessible. Le terme se généralise pour y inclure les sociétés travaillant dans ce domaine. Les fintechs se réfèrent aussi aux startups utilisant les technologies de l'information et de la communication essayant de capter les parts de marché des entreprises de grande taille, quelquefois souvent en retard sur les innovations ou dans l'adoption des nouvelles technologies. De manière générale, les fintechs concentrent les entreprises utilisant des modèles opérationnels, technologiques ou économiques innovants, dont l'objectif vise à gérer des problématiques inhérentes à l'industrie et aux services financiers. La classification des sociétés fintech dépend de l'offre principale des banques. Il peut s'agir de compte et de paiement (paytechs, cryptomonnaie, gestion des finances personnelles), d'investissement (robo advisory, épargne, trading social, pension fintech), de financement (crédit, crowdfunding, affacturage), de services et d'outils (plateformes de comparaison, identification, blockchain, intelligence artificielle), d'assurance (insurtech), ou encore d'offres autour de l'immobilier (proptech).

L'écosystème de l'inclusion financière numérique

L'accès aux services financiers par toutes les catégories socio-économiques requiert une collaboration des différents acteurs afin qu'ils agissent en synergie. C'est pour cette raison qu'il est essentiel de créer des communautés économiques « écosystèmes » dans lesquelles l'État, les structures d'appui et les banques centrées sur le client se renforcent mutuellement. L'inclusion financière n'est donc pas l'apanage des banques seulement.

A – L'État joue un rôle central en tant que promoteur d'infrastructures financières et instance réglementaire. Il se trouve avec Bank Al-Maghrib (BAM) au milieu de l'écosystème. Ils élaborent des stratégies, donnent des orientations et adoptent des lois pertinentes basées sur le diagnostic du secteur.

B – Les structures d'aides ou les associations professionnelles participent à l'amélioration de l'offre de services financiers ainsi que de son accessibilité. Les structures d'appui peuvent jouer un rôle important pour les femmes marocaines. Ces structures tiennent à encourager et à soutenir la femme marocaine à travers la sensibilisation, l'accueil, l'information, la formation, le financement et l'accompagnement des créateurs potentiels. En effet, les femmes marocaines utilisent les multiples services des structures d'appui (par exemple : l'appui de l'INDH à la femme ; l'appui de l'OCP à la femme à travers le programme « Act4Community », etc.). Les banques assurent par conséquent la traçabilité des transactions de ces structures d'appui avec les femmes marocaines.

C – Les banques : au Maroc, il existe actuellement deux types de banques, notamment : les banques islamiques ou participatives et les banques conventionnelles ou classiques (voir la figure 1).

Figure 1 : Fintech et services financiers numériques offerts par les banques marocaines

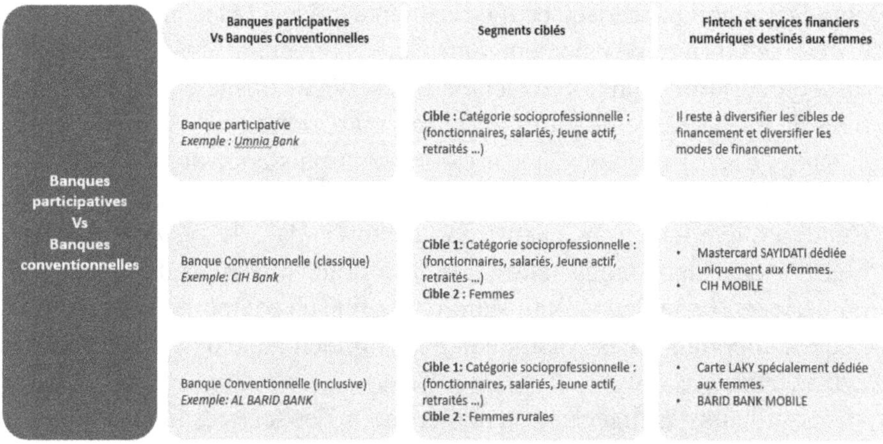

Source : réalisée par Catherine Ghosn et Nadia Chafiq

Les banques islamiques ou participatives s'appuient sur les principes de la finance islamique, qui interdit l'intérêt (RIBA) et les opérations spéculatives. Elles se basent sur les principes de la finance islamique et utilisent des mécanismes de partage des risques et des profits plutôt que des prêts à intérêt. La finance islamique ou la banque participative n'a été envisagée que récemment dans un cadre législatif. Ces banques se concentrent sur les fonctionnaires et les entreprises formelles, négligeant les femmes qui constituent un segment important et croissant de l'économie informelle.

Les banques conventionnelles, quant à elles, utilisent des prêts à intérêt et des investissements spéculatifs pour générer des revenus. Actuellement, quelques banques conventionnelles marocaines commencent à multiplier les formules et proposent des produits de la finance islamique afin de convaincre et d'attirer de nouveaux clients. En effet, depuis début 2017, BAM a autorisé cinq banques conventionnelles à fournir aussi des services financiers conformes à la charia, dont Attijariwafa, Banque Centrale Populaire, BMCE Bank of Africa, CIH Bank et Crédit Agricole du Maroc.

Ces dernières années, de nombreux efforts ont été mis en œuvre par les banques marocaines afin d'accroître leur base de clientèle, et notamment la clientèle à revenus modestes. Les services financiers classiques offerts par ces banques pour leur clientèle concernent particulièrement : l'épargne, le crédit à court, moyen et long terme, etc. En raison des coûts élevés et des longues distances, les services bancaires classiques sont hors de portée pour de nombreux Marocains habitant dans les zones rurales, leur interdisant l'accès à tout service financier formel. Mais cette population non bancarisée peut être atteinte grâce à la technologie mobile et aux plateformes de paiement numérique, permettant ainsi de combler le fossé et de fournir un accès facile à des services financiers fiables par le biais de téléphones et d'autres interfaces numériques.

Nous devons par conséquent exploiter la puissance de la technologie pour la mettre au service de l'inclusion financière, par exemple la fintech. Cette dernière inclut des clients non desservis dans le système financier grâce à des innovations telles que le mobile money et les paiements numériques. Par ailleurs, l'utilisation de la fintech comporte également des risques importants, liés notamment à la confidentialité des données et à la cybersécurité.

Par ailleurs, les fintechs et la numérisation des services financiers ont la capacité de réduire les coûts, de remédier aux problèmes d'asymétrie de l'information et d'accroître la rapidité et l'accessibilité. Les modèles alternatifs comprennent aussi le paiement mobile qui consiste essentiellement en l'ouverture de comptes et l'accès au « m-wallet », l'un des instruments d'inclusion financière. Elle permet de stocker de la monnaie sans avoir besoin d'un compte bancaire.

L'inclusion financière peut par conséquent être améliorée grâce **aux fintechs** susceptibles de donner lieu à de nouveaux modèles commerciaux, applications, processus ou produits ayant une incidence significative sur les services financiers (Voir figure 2 ci-dessous).

Figure 2 : L'inclusion financière par la fintech

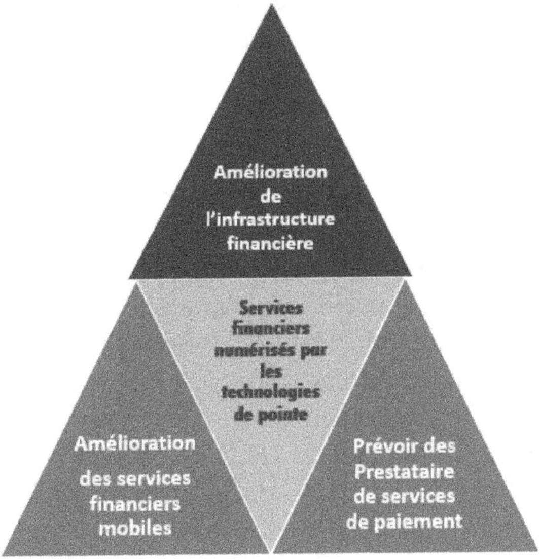

Source : réalisée par Catherine Ghosn et Nadia Chafiq

Le développement des technologies a permis une forte amélioration de toute la chaîne de valeur du secteur financier. L'essor de l'open source et du cloud a permis d'innover rapidement et à moindre coût. Toutes ces révolutions technologiques ont permis l'émergence spectaculaire des fintechs. À cet égard, on ne peut pas douter que l'innovation technologique et la dimension prise par les Big Data facilitent le développement de l'intelligence artificielle, laquelle rend possible les chatbots et robot-conseillers, c'est-à-dire les plateformes qui proposent des services avancés comme celui de fournir des conseils financiers, d'analyser les risques, de noter les dossiers pour un prêt ou de faire du trading (Lui et Lamb, 2018). Il est aussi important de souligner que ces fintechs et leurs services financiers numériques représentent à la fois un catalyseur et un baromètre de l'égalité en termes de genre.

Présentation et analyse des résultats empiriques

À partir de l'analyse des réponses des répondants, à savoir des responsables au niveau de cinq banques, nous avons repéré qu'il existe des initiatives visant à renforcer l'inclusion financière numérique des femmes au Maroc. Ces initiatives reposent sur quatre principaux piliers qui se répartissent en trois catégories : la création de banques et d'infrastructures de paiement numérique inclusives, la volonté de favoriser la disponibilité et l'accessibilité de la fintech et des services financiers destinés aux femmes, la réglementation et la communication et l'éducation financière.

Création des banques et des infrastructures de paiement numérique inclusives

Les banques participatives interrogées soulèvent qu'elles n'arrivent pas à proposer des produits financiers numériques adaptés au segment correspondant à celui de la femme car il y existe un risque financier. Ce dernier constitue un obstacle indéniable pour les banques interviewées puisque les banques participatives, par exemple, viennent d'être créées. Ces banques ont surtout tendance à cibler les fonctionnaires et les salariés.

À partir des banques interrogées, nous avons remarqué qu'il existe quelques banques (comme ALBARID BANK et CIH BANK) qui ciblent le segment Femme. En effet, CIH Bank (à travers sa campagne « Sayidati » et l'application CIH Mobile) veut réaffirmer sa volonté de se rapprocher de la gente féminine pour mieux la servir et répondre à tous ses besoins. Il existe aussi AL BARID BANK, qui est aujourd'hui l'un des acteurs les plus importants de l'inclusion financière et sociale au Maroc. À travers sa carte LAKY spécialement dédiée aux femmes, AL BARID BANK offre une panoplie d'offres et de services. Depuis toujours, l'objectif d'Al Barid Bank est d'inclure financièrement les citoyens du monde rural, de leur permettre d'accéder aux services financiers et bancaires et de leur fournir le soutien nécessaire à travers une éducation financière adaptée. Les banques interrogées ont besoin d'une aide étatique, de support et de soutien pour cibler le segment Femme, comme cela a été souligné par un responsable du Crédit du Maroc. Au Maroc, conscientes des opportunités offertes par la digitalisation pour la promotion de l'inclusion financière et de la forte pénétration de la téléphonie mobile aussi bien en milieu urbain que rural, certaines banques se sont engagées depuis plusieurs années dans une stratégie de développement du Mobile Payment. L'accès à la téléphonie mobile peut être ainsi vu comme un moyen de désenclavement d'une grande partie de la population rurale.

L'offre du mobile banking a pour objectif l'inclusion financière d'une population non bancarisée. L'usage du mobile permet aux femmes marocaines d'accéder aux agences physiques, permettant ainsi le désenclavement de cette population. Quelques banques interviewées enrichissent chaque année son offre mobile banking par le lancement de nouveaux services financiers. Surtout AL BARID BANK qui encourage le paiement de masse via le mobile banking destiné à accompagner les actions sociales initiées par le gouvernement, par exemple les aides directes destinées aux pauvres, le programme de lutte contre l'abandon scolaire, etc. Al Barid BANK s'est positionné par exemple avec succès sur le mobile banking : réseau étendu, forte couverture du rural avec domination du marché du transfert. D'où la nécessité de mesurer l'accès aux mobiles banking et aux services financiers par les femmes marocaines, en analysant les quatre dimensions (qualité, accès, utilisation, bien-être) au travers desquelles l'inclusion financière peut être regardée.

Mesure d'accès aux services financiers numériques destinés aux femmes

Trois dimensions émergent dans la littérature relative aux mesures d'accès aux services financiers numériques destinés aux femmes : accès, qualité, bien-être et utilisation réelle (voir figure 3 ci-dessous).

Figure 3 : mesure d'accès aux services financiers numériques destinés aux femmes

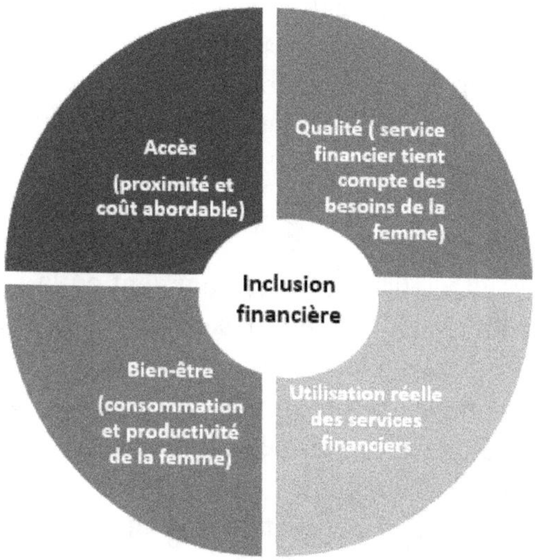

Source : réalisée par Catherine Ghosn et Nadia Chafiq

– Accès : le Mobile Payment permet de renforcer l'accessibilité des services financiers en milieu rural. Il s'est imposé comme un vecteur important d'inclusion financière dans plusieurs pays et a permis d'enlever la barrière de l'absence d'agences bancaires classiques dans les zones les plus reculées. Il suffit d'avoir un accès à Internet pour pouvoir bénéficier des services bancaires basiques.

– Utilisation réelle : le manque d'accès à un internet de qualité (4G/5G, haut débit, pour certaines zones enclavées), l'accès limité à l'électricité et les coûts associés limitent cependant l'adoption des fintechs et des services financiers numériques pour certaines zones au Maroc. Ainsi, l'inclusion financière ne se limite-t-elle pas seulement à l'accès aux services et produits financiers, mais aussi à leur usage dans le quotidien des femmes.

– Qualité des services financiers numériques : il est recommandé que chaque banque propose un point focal dans les zones reculées à travers la mise en place d'agents tiers proche des zones rurales pour faciliter les dépôts et retraits d'argent pour les femmes, en proposant pour ces dernières des produits financiers numériques pour répondre à leurs besoins,

– Bien-être : un secteur financier inclusif est essentiel pour réduire la vulnérabilité des femmes à faibles revenus à travers l'usage des paiements et des technologies d'identification pour accroître le bien-être et le pouvoir économique des femmes, tout en réduisant les inconvénients associés à ces technologies.

Par ailleurs, les obstacles de l'accessibilité aux services financiers diffèrent d'un pays à l'autre. Visiblement, les populations vivant dans des pays en développement, se caractérisant par des conditions socioéconomiques relativement pénibles, sont moins bancarisées. Dans ce contexte, les relations bancaires sont de moins en moins élargies pour des motifs liés à la géographie de la région, à la pauvreté extrême, à l'insuffisance de ressources monétaires auxquelles s'ajoutent les considérations culturelles.

Par ailleurs, trois facteurs limitatifs émergent de la littérature relative aux obstacles rencontrés par les femmes en termes de sous-bancarisation et d'inaccessibilité aux services financiers numériques :

Facteur 1 : le manque de proximité des agences bancaires car très souvent, les zones rurales distantes ne sont pas servies (dans de nombreux cas, l'agence la plus proche se situe à plusieurs kilomètres de distance).

Facteur 2 : l'existence d'un certain niveau d'alphabétisation ou le manque d'éducation financière, comme dans d'autres pays en développement, constitue évidemment un obstacle majeur pour accéder aux services financiers numériques.

Facteur 3 : le coût des services bancaires, bien que cela soit peu documenté. Cette situation met en exergue le paradoxe selon lequel les pauvres exclus de l'usage effectif des produits bancaires de base finissent par payer plus cher le service pour satisfaire des besoins économiques identiques en recourant aux pratiques informelles.

Avec l'augmentation du nombre d'utilisateurs de téléphones portables, la technologie financière pourrait permettre de contourner les voies classiques d'accès aux institutions financières en déplaçant le service là où se trouve le client. Avec un réseau qui atteint plus de 1 900 agences et les deux tiers des agences de la banque situées en milieu rural, Al Barid Bank (Raqui, S 2020) est aujourd'hui l'un des acteurs les plus importants de l'inclusion financière et sociale dans le royaume. Bien que quelques banques marocaines aient fourni des efforts pour encourager la femme à utiliser les produits financiers numériques, la réalité se veut différente sur le terrain, signifiant ainsi que l'accès et l'usage de ses services financiers numériques sont encore insuffisants. Cela nous amène à nous interroger sur la nature du problème existant qui peut être en relation avec la réglementation ; la pertinence de la diffusion et du partage des informations à propos de ces offres et/ou en rapport avec les compétences financières des femmes.

Réglementation

Bien que les technologies financières numériques soient en mesure d'améliorer l'inclusion financière, de renforcer le statut officiel des femmes et leur autonomisation économique, elles s'accompagnent aussi de risques considérables, comme l'exposition au surendettement ou à la fraude numérique. Il est donc essentiel, pour limiter ces risques, que la réglementation financière suive le rythme des améliorations de l'infrastructure et des innovations technologiques.

Communication et éducation financière au profit des femmes

Il arrive souvent que les femmes ne soient pas au courant de la disponibilité des services financiers offerts par les banques. D'où la nécessité de développer une stratégie de communication pour accompagner le déploiement du paiement mobile et le lancement d'actions de vulgarisation et d'éducation financière diffusées via différents canaux : campagne radio et réseaux sociaux. En effet, la promotion de l'éducation financière des femmes ne consiste pas seulement à améliorer leurs compétences en lecture et en écriture, mais aussi à leur apprendre à gérer un compte courant, à établir et optimiser un budget, et à constituer une épargne (Kristalina, 2018). Les populations rurales ont besoin par exemple d'accompagnement sur le long terme pour l'utilisation du service mobile ; les agents d'inclusion financière jouent donc un rôle indispensable dans la prise d'autonomie progressive des femmes (Findev, 2019).

Conclusion

Le corpus sur lequel nous avons travaillé est le résultat de critères de recherche précis. Les résultats mettent en évidence le cadre très délimité dans lequel la recherche sur les fintechs est effectuée : en science économique, avec une considération pratiquement inexistante des utilisateurs identifiés comme des « clients » ou des « consommateurs ». Toutefois, à travers une étude empirique, nous avons montré l'importance des fintechs comme levier de l'inclusion financière des femmes. Cette étude a aussi permis de comprendre les difficultés rencontrées par les femmes lors de l'usage des services financiers numériques.

Pour favoriser l'inclusion financière des femmes, il existe certains leviers parmi tant d'autres à mettre en place : premièrement, faire en sorte que les offres bancaires classiques soient plus inclusives et, deuxièmement, aller vers des modèles un peu plus innovants que le modèle classique actuel, c'est-à-dire mieux tirer profit de la fintech et de la banque mobile, tout en exploitant les outils dont nous disposons pour aller vers une offre adaptée aux besoins des segments les plus vulnérables.

Nous avons aussi exposé dans cet article, d'une part, l'écosystème de l'inclusion financière numérique en mettant l'accent sur le rôle de l'État et les structures d'appui, et, d'autre part, les mesures d'accès aux services financiers numériques destinées aux femmes. Dans cet écosystème, les technologies financières doivent être accompagnées d'une réflexion par rapport à la réglementation ou au cadre juridique. Et de prévoir une éducation digitale pour les femmes. En effet, une partie non négligeable des femmes marocaines éprouve des difficultés face au numérique. C'est pour cette raison que les établissements bancaires devraient prendre des mesures qui devraient être mises en œuvre pour favoriser la montée en compétences digitales de ces femmes.

Les perspectives de recherche sur cette thématique sont par conséquent à dessiner car la recherche sur ce sujet précis en est à ses débuts. Ainsi, il serait intéressant d'examiner dans une prochaine étude l'utilisation réelle, sur le terrain, des services financiers numériques par les femmes marocaines.

Chapitre 3.

Évaluation de l'accès aux services financiers par les femmes entrepreneures en Algérie

Elkaina Hammache
CREAD et Groupe de recherche en Entrepreneuriat africain (GREA), Algérie.

Introduction

Pour de nombreux pays, notamment les pays du tiers monde, l'enjeu central de la politique économique a été orienté vers l'encouragement de l'entrepreneuriat comme solution aux contraintes de création d'emploi pour les sortants du système éducatif (chômage des jeunes) mais aussi comme solution pour dynamiser la croissance de leurs économies. Tout le monde reconnait aujourd'hui que l'entrepreneuriat est essentiel pour la création des emplois, stimuler la croissance et booster l'innovation. Pour cela, les pouvoirs publics dans de nombreux pays ont choisi d'investir dans l'amélioration des conditions cadres favorables au développement de l'entrepreneuriat. Les domaines qui ont été ciblés portent principalement sur six conditions cadres à savoir : (i) une politique publique favorable à l'entrepreneuriat, (ii) la formation du capital humain, (iii) un système de financement proactif, (iv) la culture entrepreneuriale et l'ouverture vers l'extérieur, (v) le marché et l'accès aux technologies et (vi) des dispositifs de soutien à la création d'entreprises.

Bien que les recherches sur l'entrepreneuriat conduites ces dernières années en Algérie aient été nombreuses et diverses, les travaux portant sur les conditions cadres d'entreprendre et plus précisément sur les conditions cadres du développement de l'entrepreneuriat n'ont pas été nombreux.

Dans ce contexte, l'OIT[1] a lancé en 2016/2017 une étude portant sur le développement de l'entrepreneuriat féminin en Algérie. La méthodologie qui a été retenue pour cette étude a été axée sur l'évaluation des conditions cadres du développement de l'entrepreneuriat féminin.

Aussi, il faut souligner que les recherches sur l'entrepreneuriat, conduites ces dernières années par les organisations internationales ou encore par les États, portent dans leur majorité sur l'analyse de l'écosystème entrepreneurial. Même si ces recherches se focalisent sur le rôle de l'écosystème entrepreneurial, une attention particulière est réservée au volet conditions cadres de l'accès au financement pour les entrepreneurs, mais surtout pour les femmes entrepreneures. Au regard de ce volet important qui est l'accès au financement par les femmes entrepreneures, nous allons essayer dans ce papier de nous interroger sur les effets des conditions cadres d'entreprendre dans son volet « accès aux financements » sur l'autonomisation des femmes entrepreneures.

Paradoxalement aux discours officiels portés sur l'encouragement de l'entrepreneuriat des jeunes et l'entrepreneuriat féminin en Algérie, l'accès au marché demeure également un frein aux nouveaux entrepreneurs et notamment les femmes. Même si dans d'autres contextes et dans d'autres économies, l'accès au marché est considéré comme une source d'opportunité, les résultats de la recherche ont révélé une relation négative entre l'accès au marché et la pérennité dans l'activité entrepreneuriale. Autrement, les contraintes d'accès aux sources de financement et les contraintes d'accès au marché ne constituent pas des conditions cadres favorables aux femmes entrepreneures et au développement de l'entrepreneuriat féminin en Algérie.

Une approche du développement de l'entrepreneuriat féminin en Algérie sous l'angle de l'écosystème entrepreneurial (conditions-cadres)

En se référant aux travaux de Cohen (2006) et d'Isenberg (2010), on peut dire que l'écosystème entrepreneurial est présenté comme un ensemble d'acteurs impliqués directement ou indirectement dans l'activité d'entreprendre. Même si les acteurs ou les parties prenantes qui participent à l'activation de l'écosystème entrepreneurial affichent chacun des objectifs et des options stratégiques indépendants, leur mise en interaction dans le cadre d'un écosystème global produit des cohérences et des

[1] OIT Organisation internationale du travail bureau d'Alger

résultats satisfaisants. Tout le monde convient que l'écosystème entrepreneurial est une nécessité pour mettre à la disposition des entreprises émergentes et « naissantes »[2] un environnement favorable pour leur développement et leur croissance.

Les premiers travaux conduits à l'échelle mondiale sur les conditions-cadres ont été le fait des enquêtes du Global Entrepreneurship Monitor (GEM) « APS et NES », conduites auprès d'une soixantaine de pays. Ces enquêtes ont tracé les contours de l'écosystème entrepreneurial et ont révélé l'interdépendance entre les conditions-cadres de l'entrepreneuriat et la croissance économique. L'indicateur qui a été affiché par le GEM est intitulé le TEA (taux d'activité entrepreneuriale).

Parmi les conditions cadres affichées par le GEM, la finance entrepreneuriale constitue un facteur déterminant dans la réussite de l'activité d'entreprendre. Le GEM a montré que la finance entrepreneuriale couvre un ensemble de relations de l'entrepreneur à la finance. Le GEM établit dès le départ une nette distinction entre la finance traditionnelle et la finance moderne. Il s'agit pour l'entrepreneur de s'adresser à son environnement et de prospecter les bailleurs de fonds (financeurs), qu'il s'agisse de financements classiques prodigués par les banques ou bien par les finances non conventionnelles (capital-risque, crowdfunding…). Ces conditions cadres « Accès au financement » sont importantes dans la réussite de l'acte d'entreprendre. Elle permet de révéler les cas d'échec ou les cas de réussite. Dans ce qui suit, nous allons présenter les résultats de l'étude conduite en Algérie sur l'évaluation des conditions-cadres du développement de l'entrepreneuriat féminin[3]dans son volet « Accès au financement ».

Méthodologie

L'Organisation internationale du travail (OIT) a un programme spécifique pour le développement de l'entrepreneuriat féminin (DEF) depuis près d'une décennie et a développé une série d'outils de promotion de l'entrepreneuriat féminin. Depuis la moitié des années 2000, l'OIT appuie des évaluations nationales des actions entrepreneuriales en faveur des femmes dans divers pays d'Afrique, d'Afrique du Nord, et d'Asie

[2] Concepts présentés dans les études du GEM.

[3] https://www.ilo.org › documents › wcms_568885 « Évaluation nationale du développement de l'entrepreneuriat » étude réalisée par le CREAD

centrale en utilisant des cadres d'évaluation adaptés à ces régions spécifiques.

Les conditions-cadres et la méthodologie d'évaluation du DEF de l'OIT fournissent un outil complet en vue d'aider les évaluateurs nationaux à rassembler et à évaluer une masse d'informations concernant le statut des femmes entrepreneures, et d'identifier des mesures ciblées visant à améliorer l'environnement dans le sens du DEF. En évaluant les conditions cadres au moyen d'une méthodologie spécifique, l'OIT vise à soutenir les intervenants nationaux (par exemple : ceux qui élaborent les politiques, les décideurs, les organismes d'exécution, les centres de liaison, les organisations d'employeurs, les associations professionnelles et sectorielles, et les associations de femmes entrepreneures) pour identifier les pistes d'amélioration et formuler des recommandations clés et stratégiques, adaptées aux réalités locales, pour permettre à l'entrepreneuriat féminin et aux entreprises dirigées par des femmes d'atteindre leur plein potentiel. Ces recommandations, approuvées par l'ensemble des parties prenantes, dont les femmes entrepreneures, peuvent ensuite être utilisées pour établir un plan d'action national ou une stratégie nationale de DEF.

La question primordiale de l'évaluation globale du progrès, en matière d'entrepreneuriat des femmes, est : « Existe-t-il un environnement favorable au DEF, qui facilite les efforts d'un plus grand nombre de femmes à devenir entrepreneures et à créer de nouvelles entreprises, et qui promeut la consolidation et la compétitivité des entreprises existantes appartenant aux femmes ? ». Notre article se focalisera sur l'une des conditions-cadres qui est « l'accès aux services financiers sensible à la dimension genre en Algérie par les femmes entrepreneures » et exploitera l'état des lieux de deux dimensions :

1. la participation des femmes entrepreneures aux programmes de financement génériques
2. existence de programmes de financement spécifiquement destinés aux entreprises appartenant aux femmes

La méthode appliquée dans cette recherche se déroule en deux phases :

– L'organisation de réunions informatives avec des cibles « focus groups » de femmes entrepreneurs.

Les focus groups visent à déterminer les expériences et les perceptions des femmes entrepreneures en ce qui concerne l'environnement socio-économique d'affaires et de soutien à identifier à la création et au développement des entreprises appartenant aux femmes, ainsi que leurs propositions quant à l'amélioration de cet environnement.[4]

Pour l'expérience algérienne, des focus groups ont été organisés dans cinq wilayas (régions) du pays et ont réuni 42 femmes chefs d'entreprise (voir le tableau 1). Le choix des wilayas (régions) a été fait selon le principe de la représentativité régionale et de la distribution des activités économiques. D'abord on a retenu trois grandes wilayas (régions) : Alger, Annaba et Oran où se concentrent la plus grande partie de l'activité économique du pays, une forte dynamique de création d'entreprises, une concentration des plus grandes universités et enfin une forte concentration de population. Ensuite, on a choisi une wilaya de taille intermédiaire, représentée par la wilaya de Béjaia. Elle se singularise par le fait que c'est une région émergente, marquée par un fort dynamisme entrepreneurial mais aussi par la concentration du pôle industriel agroalimentaire (montage de clusters boisson et lait). Enfin, on a retenu une wilaya des Hauts Plateaux que l'on a qualifiée de petite, il s'agit de la wilaya d'El Bayadh (région). Elle est située à cheval entre les hauts plateaux et le grand Sud. La particularité de cette région réside dans sa situation géographique : zone rurale avec une forte dominance de l'activité agropastorale.

Pour accéder aux femmes chefs d'entreprise et les inviter à participer aux focus groups, on a utilisé le carnet d'adresses du CREAD (Alger) : une liste d'adresses de femmes chefs d'entreprise de l'École de gestion informatique et commerce (EGIC) à Oran ; les réseaux de deux associations de femmes (SEVE et Association des femmes rurales) à Bejaia et Annaba ; et une liste des femmes chefs d'entreprise qui ont bénéficié soit d'une action de formation ou bien d'un accompagnement au sein des structures d'appui désignées sous l'intitulé pépinières[5] d'entreprises de la wilaya d'EL Bayadh.

---

[4] La durée moyenne des focus groups a été estimée à 2h30mn.La démarche d'animation a été participative. Il y a eu prise de note systématique des débats suivie par un enregistrement audio. L'animation des focus groups a toujours débuté par une présentation du projet, la présentation des invitées et ensuite l'équipe d'animation a déroulé le guide d'entretien relatif à l'évaluation de l'accès au financement. Les participantes étaient alors invitées à intervenir chacune à tour de rôle jusqu'à l'épuisement du point objet de débat.

[5] En application de l'article 12 de la loi n° 01-18 du 12 décembre 2001, il peut être créé des établissements chargés d'aider les PME ; dénommés pépinières d'entreprises Elles se présentent sous l'une des formes suivantes :

- Incubateur : structure d'appui qui prend en charge les porteurs de projets dans le secteur de service
- Ateliers de relais : structure d'appui qui prend en charge les porteurs de projets dans le secteur de la petite industrie et des métiers d'artisanats

Tableau 1. Données sur les groupes de discussion

Wilaya (région)	**Femmes Chefs d'Entreprise invitées**	**Femmes Chefs d'Entreprise présentes**
Alger	15	5
Bejaia	15	7
Annaba	20	11
Oran	15	6
El Bayadh	15	13
Total	*80*	*42*

Source : à partir de nos analyses

– L'adoption d'un système de scoring (« Grille d'évaluation »).

Une série d'indicateurs est associée à chaque condition cadre et sous-condition. Après une analyse de tous les éléments recueillis lors du processus d'évaluation (entretiens avec les informateurs clés, les focus groups, la documentation réunie lors de la revue documentaire), les experts évaluateurs attribuent des notes pour chaque condition cadre. Le système de notation s'appuie sur une connaissance précise qui décrit le mieux l'indicateur « condition cadre ». La règle d'évaluation repose sur l'attribution d'une note à appliquer selon une échelle de 1 à 5 ; où la note de « 1 » indique que peu d'efforts sont déployés dans le domaine, et la note de « 5 » indique que la situation est fortement acceptable. À la fin de l'exercice d'attribution des notes par sous-condition cadre, une note moyenne de synthèse est calculée (sur 5) pour la condition cadre. Le système d'évaluation permet de montrer clairement où sont situées les carences les plus importantes en vue de l'amélioration de l'environnement des affaires et d'appui à l'entrepreneuriat féminin. Ce scoring permettra de présenter les résultats graphiquement sur un diagramme radar/araignée et permettra de manière visuelle d'identifier les sous-conditions nécessitant un appui soutenu.

- Hôtel d'entreprise : structure d'appui qui prend en charge les porteurs de projets dans le secteur de la recherche.

Résultats

Évaluation de l'accès au financement par les femmes entrepreneures

Les services financiers couvrent un large panel de services et programmes comme le microcrédit, les emprunts bancaires commerciaux, les systèmes de garantie d'emprunt, la micro-assurance ainsi que le capital d'amorçage ou le capital-risque. Les produits offerts dans le cadre de ces services sont conçus pour répondre aux besoins des entreprises à différents niveaux du cycle de vie de l'entreprise, depuis le démarrage jusqu'à la maturité. Les services financiers sensibles à la dimension genre prennent en considération les besoins spécifiques des femmes entrepreneurs tout en offrant des services dans un environnement avec lequel il n'y a pas de préjugés sexistes. Le résultat qui en découlerait est une participation équitable des entreprises appartenant aux femmes dans les services financiers.

Deux sous-conditions sont analysées pour les services financiers sensibles à la dimension genre, car ces deux sous-conditions ont un impact sur le démarrage, le développement et la croissance des entreprises appartenant aux femmes.

Sous-condition A : participation des femmes entrepreneurs aux programmes de financement génériques.

L'éventail des services financiers développés par l'Algérie.

Il existe en Algérie un certain nombre de services financiers publics et privés à la création d'entreprise.

Les services financiers publics

Les services financiers mis en place par l'État.

Dispositif de soutien à l'emploi des jeunes ANADE.

Le dispositif Anade comprend une partie de soutien financier qui cible les jeunes chômeurs situés dans la tranche d'âge 19-35 ans, lorsque l'investissement génère au moins trois (3) emplois permanents (y compris les jeunes promoteurs associés dans l'entreprise) et l'âge limite du gérant de l'entreprise créée ne pourra dépasser quarante (40) ans.

a) Le volet financier du service de l'ANAD prévoit l'octroi des prêts non rémunérés par le Fonds de l'ANAD à hauteur de 25 % pour les investissements ne dépassant pas 2 millions de DA 20 % pour les investissements ne dépassant pas 10 millions de DA au total.

b) Bonification des taux d'intérêt sur les crédits octroyés par les banques fixée à 60 %, 80 % et 95 % selon la nature et la zone géographique d'implantation.

Dispositifs microcrédit ANGEM

– Le dispositif ANGEM octroie un prêt non rémunéré de 25 % du coût global de l'activité lorsque le montant de l'investissement se situe entre 100 000 DA et 400 000 DA US) ;

– Octroi d'un prêt non rémunéré pour l'achat de matières premières de 25 % du coût global, qui ne saurait dépasser 30 000 DA ;

– Bonification du taux d'intérêt de 70 % du cout global de l'activité dont le financement se situe entre 100 000 et 400 000 DA ;

– Octroi d'un crédit sans intérêt de 100 000 DA, alloué à l'acquisition de matières premières. Ce dispositif est *fortement utilisé par des femmes au foyer* réalisant une activité destinée à améliorer le revenu familial ;

– Octroi d'un crédit sans intérêt de 1 million DA destiné à l'acquisition de petits matériels et équipements pour les personnes désireuses d'exercer une activité manuelle.

Dispositifs « Fonds d'amorçage pour soutenir la création de start-up innovantes »

Parmi les nouveautés inscrites dans le nouveau projet de loi d'orientation sur le développement de la PME, amendant la loi n° 01-18 relative à la PME (2001), la mise en place de Fonds d'amorçage pour soutenir la création de start-up innovantes. Ce fond financera notamment les frais de recherche et de développement, prototypage, business plan, etc.).

Dispositifs Crédit d'investissement « ETTAHADI » pour le développement du secteur de l'artisanat.

Il existe également des services financiers publics destinés à promouvoir l'activité de création et de développement dans le secteur de l'artisanat : crédit d'investissement « ETTAHADI ». Ce crédit est octroyé aux artisans pour les besoins de production artisanale, pour l'acquisition d'équipements pour la production artisanale rurale liée à l'activité agricole, la réparation de matériels agricoles, la création de petites activités.

Dispositifs crédit d'investissement « CRÉDIT RFIG » pour le développement du secteur Agricole.

Le crédit RFIG est un crédit bonifié, octroyé par la BADR, pour les paysans pour couvrir les frais de campagne et les frais d'exploitation. C'est un crédit d'une durée de 2 années. La couverture totale des charges d'intérêt est prise en charge par le Ministère. Les bénéficiaires de ce crédit sont : les agriculteurs et les éleveurs, à titre individuel ou organisés en coopératives, groupements, associations, ou fédérations ; Les fermes pilotes ; Les entreprises économiques qui concourent à l'intensification, la transformation, la valorisation et le stockage des produits agricoles.

Dispositif crédit octroyé par le fonds d'investissement « Crédit Zaket » pour le développement du secteur agricole.

Le « Crédit Zaket » bonifié est un prêt sans intérêt prélevé sur les revenus du Fonds de la zakat au profit des jeunes chômeurs pour les aider à créer des micro-entreprises de production ou de services. Le Fonds de la Zakat a été mis en place par le ministère des Affaires religieuses et des wakfs dans le but « d'investir 37,5 % de ses revenus au profit des jeunes universitaires ainsi que des diplômés de la formation professionnelle. Ce fonds est alimenté des fonds récoltés de la zakat. Ces fonds sont versés aux banques qui les octroient, à leur tour, aux bénéficiaires dont la liste est arrêtée par un comité de wilaya, composé de donneurs, d'imams et de représentants de quartier.

Les « crédits zakat » bonifiés ont été plafonnés entre 300 000 DA et 500 000 DA. Les crédits zakat bonifiés peuvent être allongés à 1 million de DA en fonction de la collecte des fonds de la zakat. Tous les jeunes citoyens en situation de chômage sont éligibles au crédit bonifié afin de créer leur propre atelier d'artisanat individuel ou collectif et de devenir ainsi des « citoyens actifs ».

Les services financiers privés

Les acteurs privés ont également pris l'initiative de mettre en place des services financiers au profit des jeunes créateurs d'entreprise :

Dispositifs de la Confédération algérienne du patronat citoyen (CAPC)

La CAPC a annoncé en 2016 la création d'un fonds de 1 milliard de dinars d'aide aux start-up algériennes. Intégré à Jil CAPC, ce fonds est mis en place sous forme de microcrédits. Le taux d'intérêt sera de 2 %, sera géré par les membres Jil CAPC.

Le CAPC a signé également une convention avec la banque publique BNA portant création d'un guichet dédié aux femmes chefs d'entreprises.

Dispositifs microcrédit DEVED (Programme de développement durable) de GIZ (Coopération allemande de développement)

En 2013, le ministère du Développement de l'industrie et de la Promotion de l'investissement en partenariat avec l'ABEF, deux banques CNEP Banque et Al Baraka Bank et GIZ-DEVED ont mis en place un service de financement des très petites entreprises (TPE) au niveau des banques.

Dispositifs micro crédit (FIDES Algérie)

En 2010, la société de services à capitaux suisses a créé un produit financier islamique destiné à répondre aux attentes de la population de la wilaya de Ghardaïa. DEVED-GIZ en partenariat avec la Banque Al Baraka ont mis en place ce service financier orienté vers les artisans. La création de la société de services FIDES Algérie a été décidée après avoir constaté que « 90 % des PME ciblées par le programme DEVED ne pouvaient pas accéder à des financements bancaires ». La wilaya de Ghardaïa a été choisie comme wilaya pilote pour tester ces produits de financements adaptés aux petites entreprises. La clientèle ciblée est constituée d'artisans et d'artisanes, de petits commerçants et de petites entreprises de services de proximité, régis par le régime fiscal du forfait et qui n'ont en général pas de comptabilité.

Dispositif micro crédit (ONG Touiza Algérie)

L'association Touiza conduit, à travers ses chefs de projets, des programmes de développement solidaire « création de microentreprises ». Les créateurs bénéficient de microcrédits qui leur permettent de créer des activités génératrices de revenus. L'association cible notamment les femmes rurales en finançant des ateliers de couture pour les femmes, l'élevage d'ovins et caprins, etc. Le programme « Touiza Solidarité » a été mené en partenariat par la délégation de l'Union européenne en Algérie et le ministère de l'Emploi et de la Solidarité et par l'Agence de développement social (ADS). Le programme a assuré le financement de sessions de formation pour les représentants, la réalisation de projets associatifs. Les partenaires du projet sont l'Institut national de Paris La Défense, le Centro de Investigacion y Cooperacion para el Desarrollo (CIDEAL) et l'Agence de développement social (ADS).

Le rapport des femmes aux services financiers développés par l'Algérie en faveur du développement de l'entrepreneuriat féminin

Toute la diversité des services financiers mis en place par le gouvernement traite les clients sur le même pied d'égalité. Il n'y a pas d'approche spécifique pour le DEF, hormis un service de guichet unique proposé par le patronat dans le cadre de son engagement à développer l'entrepreneuriat féminin en Algérie. Les femmes chefs d'entreprise considèrent le financement comme étant une des contraintes majeures pour la création d'entreprise mais surtout pour le développement. Les femmes qui ont participé aux focus ont mis l'accent en particulier sur le financement pour le développement de leurs activités.

Les rapports des femmes chefs d'entreprises avec les institutions financières semblent être globalement difficiles et/ou conflictuels. Les contraintes rencontrées avec les banques peuvent être classées en trois catégories, celles relevant strictement du domaine économique, celles relevant du domaine réglementaire et enfin, celles relevant du domaine culturel.

Les contraintes liées aux facteurs économiques

Les refus d'accéder aux crédits relèvent, selon certaines femmes, de la solvabilité des entreprises. Le rejet du crédit est souvent motivé par le fait que l'étude du projet par la banque a révélé des insuffisances ou des difficultés de remboursement du crédit. « *Ma demande de crédit a été refusée parce que la banque a estimé que mes rentrées ne sont* pas régulières » (Alger). Une autre participante au focus a révélé que les banques n'attribuent pas systématiquement les crédits demandés. « *Moi j'ai demandé une somme avec un bien immobilier comme garantie et on m'a donné 10 % de la somme, sachant que le marché est acquis avec les conventions signées à l'appui* » (Bejaia).

Dans le même contexte économique, les femmes chefs d'entreprise pointent du doigt la réactivité des banques. « *J'ai fait des demandes de crédit mais la banque a répondu après plusieurs mois.* (Annaba) D'autres participantes ont relevé également les lenteurs dans le traitement des dossiers. *"D'abord il y a cette bureaucratie qui nous plombe, quand on a un marché, on a des délais de livraison, quand vous allez voir votre banquier, le dossier est prêt et soumis à une étude, entre temps il faut attendre. Pour faire face, je me retourne généralement vers ma famille et les amis. (Bejaia)*

Les banques n'aident pas les opérateurs en difficulté. *'J'ai ouvert des comptes bancaires partout, il a fallu que je trouve une banque privée et difficilement pour qu'elle accepte de m'accompagner. Les banques nationales, c'est une catastrophe, ils ne vous prennent pas du tout au sérieux, et quand une entreprise a un redressement fiscal et qu'on vous demande de payer par tranche, la banque ne vous suit plus, elle vous lâche, comme si vous aviez commis un crime. Comment régler ma dette fiscale si la banque m'aide à prendre en charge un marché ? On n'a pas de trésorerie, pas d'extrait de rôle apuré, comme ça l'entreprise n'évolue pas. Des collègues hommes ont pu avoir des marchés même avec des extraits de rôle non apurés.* » (Bejaia)

Les contraintes liées aux facteurs réglementaires,

Les demandes de garanties exigées par les banques pour accéder au crédit (hypothèques) sont jugées trop exorbitantes par les femmes chefs d'entreprise. '*Les garanties sont énormes, il te demande d'hypothéquer ta bâtisse si tu fais une demande de crédit matériel et s'il y a un problème, tu perds ta maison ou ton bien, et pour renouveler un crédit, il faut tout refaire en termes de paperasse*' (Annaba). D'autres participantes ont relevé la même contrainte en rapport avec l'attribution des crédits : 'À *la BADR, on m'a dit qu'il y avait une personne qui avait le même nom que mon mari et il paraît qu'il aide pas mal de gens à avoir un crédit, j'ai fait de même, dix jours après il me remet la réponse de la banque et j'ai eu un refus total, et quand j'ai dit pourquoi, il m'a dit parce que tu n'as pas un bien à mettre en garantie*' (Bejaia).

Les contraintes liées aux facteurs culturels,

Nombreuses sont les femmes chefs d'entreprise qui refusent de contracter un crédit pour des convictions religieuses. Elles refusent que leur demande de payer les intérêts sur le crédit. '*J'ai toujours refusé de demander un crédit. Ma pratique religieuse me l'interdit parce qu'il y a des intérêts à payer*' (El Bayedh).

Sous-condition B : Programmes de financement spécifiques destinés aux entreprises appartenant aux femmes

Pour s'attaquer aux inégalités entre les sexes dans l'accès aux financements et aux contraintes les plus problématiques auxquelles les femmes sont confrontées (par ex. : incapacité à fournir les garanties appropriées, faibles capacités pour élaborer des propositions de financement solides, etc.), le gouvernement ou d'autres organes peuvent établir des programmes de financement spéciaux pour les femmes entrepreneurs. Concernant cette sous-condition-cadre relative à l'existence de programmes spécifiques aux femmes pour accéder aux financements en Algérie, les femmes chefs d'entreprises qui ont participé aux focus groups ont indiqué qu'il n'y avait pas de traitement spécifique par genre au niveau des banques. Tous les demandeurs de crédits sont traités selon une procédure unique, la solvabilité de l'entreprise qui demande le crédit et la qualité du dossier de demande de crédit. Lorsque l'entreprise répond aux critères exigés par les banques, alors là elles deviennent des accompagnatrices et des partenaires des entreprises. '*Notre entreprise n'a pas de problème d'accès au crédit. La banque sait que nous sommes de bons payeurs, alors elle nous donne facilement les crédits demandés. Lorsque votre dossier est bien motivé, l'examen du dossier par la banque ne peut être que favorable*' (Oran). La problématique de l'accès au financement n'est pas spécifique aux femmes chefs d'entreprise. Elle concerne tous les opérateurs, quelle que soit leur taille et quel que soit le secteur d'activité. Cette question est récurrente, elle est constamment à l'ordre du jour dans les débats entre les opérateurs et les banques, entre les associations et le gouvernement lors de la tripartie. La convention signée entre la **'CAPC' et la Banque BNA** portant création d'un guichet dédié aux femmes chefs d'entreprises peut être considérée et classée comme un service financier destiné aux femmes entrepreneures. Hormis cette convention, il n'y a pas de produits financiers destinés spécifiquement aux femmes.

Évaluation et notation de la Condition cadre Accès aux services financiers sensibles à la dimension genre

Évaluation et notation de la sous-condition cadre participation des femmes entrepreneures aux programmes de financement génériques.

L'équipe d'évaluation a attribué une note de 2/5 à cette condition cadre relative à la participation des femmes entrepreneures aux programmes de financement génériques. L'équipe a identifié plusieurs services financiers offerts aux entrepreneurs, ces services commencent à se spécialiser et à développer des approches spécifiques pour les femmes. Le Forum des chefs d'entreprise (FCE) a été le premier à soutenir un service dédié aux femmes : le Guichet dédié aux femmes entrepreneures. Les institutions qui offrent des services financiers commencent graduellement à distinguer dans la gestion de leur portefeuille leurs clients hommes et les entreprises appartenant aux femmes

4.2-Evaluation et notation de la sous condition cadre Programmes de financement spécifiquement destinés aux entreprises appartenant aux femmes.

Condition-cadre : Accès aux services financiers sensibles à la dimension genre				
A. Participation des femmes entrepreneures aux programmes de financement génériques : Note 2/5				
1	**2**	**3**	**4**	**5**
Approche passive – quelques entreprises appartenant aux femmes comme clients	Début de reconnaissance du potentiel du marché des femmes entrepreneures et début de la mise en œuvre de formations sensibles à la dimension genre destinées aux agents de crédit, mais ne touche pas encore activement le marché des femmes entrepreneures par le biais d'efforts promotionnels	Reconnaissance du potentiel du marché des femmes entrepreneures, mise en œuvre des formations sensibles à la dimension genre destinées aux agents de crédit et touche activement le marché des femmes entrepreneures grâce à des activités promotionnelles	Efforts actifs pour atteindre le marché des femmes entrepreneures grâce à des activités promotionnelles, des prêts adaptés et des services financiers sont élaborés pour les femmes entrepreneures	Les prêts adaptés et des services financiers sont élaborés pour le marché des femmes entrepreneures, les cibles de performance sont généralement fixées par rapport au nombre de prêts accordés aux entreprises appartenant aux femmes, le système financier est considéré comme attentif aux femmes, les données clients sont suivies et rapportées sur la base d'une ventilation par sexe
B. Programmes de financement spécifiquement destinés aux entreprises appartenant aux femmes note : 2/5				

1	2	3	4	5
Il n'y a pas de services financiers destinés spécifiquement aux entreprises appartenant aux femmes/ femmes entrepreneures	Il existe un petit nombre de programmes de prêts destinés aux femmes, mais essentiellement aux micro-entreprises appartenant aux femmes.	Il existe des programmes de crédits pour les entreprises de différentes tailles et à différents stades de développement (du démarrage à l'expansion), mais essentiellement accessibles dans certaines parties du pays (par ex. : centres urbains) ; pas de preuve montrant l'existence de programmes de participation axés sur les femmes (capital d'amorçage et capital-risque).	Les programmes de garantie de prêts destinés aux entreprises appartenant aux femmes complètent les programmes de crédit destinés aux femmes entrepreneures à différents stades de leur développement (du démarrage à l'expansion) ; mais sont essentiellement accessibles dans les zones urbaines	Les programmes de crédits (microfinance et financement des banques commerciales) et la participation (capital d'amorçage et capital-risque) pour les femmes existent et sont accessibles aux femmes entrepreneures dans les zones urbaines et rurales, y compris grâce aux solutions fondées sur les TIC comme le mobile money.

Récapitulatif des notes des sous-conditions
Sous-condition A : __2___
Sous-condition B : ___2__
Note totale:___4_____ moyenne 2/5

Source : à partir de nos analyses

L'équipe d'évaluation a attribué une note de 2/5 à cette sous condition cadre relative aux programmes de financement spécifiquement destinés aux entreprises appartenant aux femmes. Malgré le constat de la diversité et de la multiplicité des services financiers offerts aux entrepreneurs, les statistiques continuent à montrer que les crédits octroyés aux femmes restent encore faibles comparativement aux crédits octroyés aux hommes. Les services financiers semblent être bien étoffés pour ce qui concerne l'offre financière en direction des femmes entrepreneures. Certes, il n'y a pas encore d'approche systémique axée sur le genre, ni de discrimination observée. Les difficultés d'accès aux services financiers, mentionnées par les femmes chefs d'entreprise, ne concernent pas l'étendue des services mais des pratiques bureaucratiques et le manque de confiance entre les opérateurs et les banques. Il existe un petit nombre de programmes de prêts destinés aux femmes, et pour réduire cet écart dans les crédits octroyés aux hommes et aux femmes, il paraîtrait important de créer plus de services financiers spécifiquement destinés aux femmes entrepreneures.

Tableau 1 : La grille d'évaluation pour la condition-cadre accès au financement du DEF

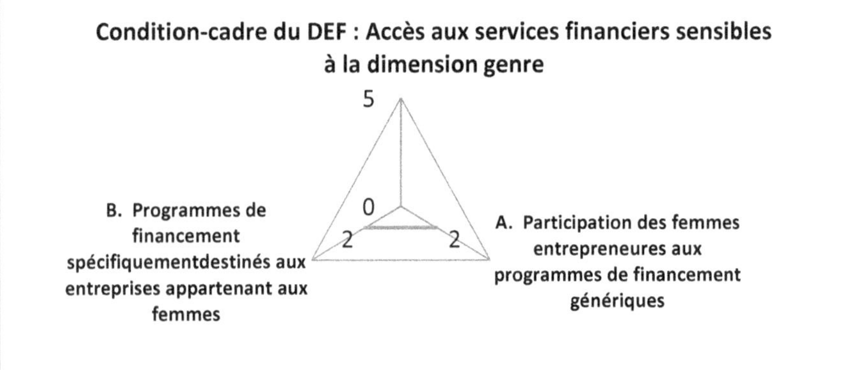

Source : à partir de nos analyses

Conclusion

L'évaluation des conditions d'accès aux services financiers a permis pour la première fois d'établir un diagnostic presque exhaustif de la situation en Algérie. Cette évaluation a fait ressortir un paysage institutionnel dense d'encadrement de l'activité entrepreneuriale ainsi qu'un système financier. Certes, si la cartographie des parties prenantes a permis d'identifier les institutions et les organismes qui œuvrent dans le domaine financier, elle a mis en évidence deux types de dysfonctionnements importants. D'abord, l'absence d'un cadre global de coordination et de concertation pour assurer la cohérence globale des politiques mises en place. Ensuite, les politiques et les institutions en charge de la mise en œuvre de la politique n'ont pas encore le rythme de croisière pour pouvoir adopter de nouvelles approches ciblées et spécialisées selon les spécificités et les caractéristiques des acteurs, mais aussi en fonction des secteurs et des territoires.

À titre d'exemple, la dimension genre reste timide dans les différentes politiques et dans les actions des institutions financières. Les approches sectorielles et les orientations sectorielles ne tiennent pas suffisamment compte de la dimension genre lorsqu'elles traitent des questions de secteurs innovants, des secteurs émergents, de niches, etc. L'examen des sous-conditions-cadres met en évidence plusieurs contraintes d'ordre institutionnel et socioculturel qui réduisent un accès équitable aux différents services d'appui financier malgré l'existence d'un cadre juridique et réglementaire très riche. Une approche intégrée et concertée devrait sans aucun doute se focaliser sur les faiblesses relevées dans les différentes sous-conditions-cadres et initier des actions d'ajustement ciblées.

En ce qui concerne la première sous-condition-cadre relative à la participation des femmes entrepreneures aux programmes de financement génériques, il faudra, premièrement, revoir et adapter l'offre de financement afin de diversifier les services en fonction du secteur, de la région et de la taille des entreprises. Deuxièmement, renforcer les capacités des prestataires de services financiers (banques et organismes publics) à comprendre les besoins spécifiques des femmes entrepreneures et pourquoi cela est important pour attirer et garder des clientes femmes.

En ce qui concerne la deuxième sous-condition-cadre relative aux programmes de financement spécifiquement destinés aux entreprises appartenant aux femmes, il faudra élargir l'expérience « Guichet pour les femmes » avec la banque BNA à l'ensemble des banques publiques et privées. Créer un fonds public spécial destiné aux femmes entrepreneures afin d'améliorer leur accès au financement pour le démarrage et l'expansion de leurs entreprises serait un mécanisme d'impulsion de l'entrepreneuriat féminin en Algérie.

DEUXIÈME PARTIE :

STRATÉGIES DE FINANCEMENT ET DÉVELOPPEMENT DE L'AFRIQUE

Chapitre 4.

Financement des micro- entreprises : illustration à partir des stratégies d'autofinancement adoptées par les étudiantes entrepreneures de l'Université Gaston Berger de Saint-Louis (Sénégal)

Mbombé Kane, Felix Ntep et Demba Kane
Université Gaston berger de Saint-Louis, Sénégal

Introduction

Les dernières décennies témoignent d'une production scientifique impressionnante sur le thème de l'entrepreneuriat féminin. Ce thème s'affirme aujourd'hui comme étant un sous-champ distinct de l'entrepreneuriat (Cornet et Constantinidis, *2004*). En effet, l'entrepreneuriat féminin se présente comme un axe stratégique permettant le développement économique et social des pays. Les rapports de l'OCDE (2004) confirment que l'entrepreneuriat féminin est une source non négligeable de croissance économique insuffisamment exploitée dans les pays du monde.

En Afrique, il est maintenant admis que les femmes jouent un rôle prépondérant dans la stabilité de la famille et le développement économique (Beltran, 2006). À cet égard, Lancelin (1993) estime qu'elles entreprennent de petites activités, notamment dans le commerce pour trouver des revenus additionnels indispensables, afin d'assurer la survie de leur famille et de leurs enfants. Mieux encore, de nombreux travaux révèlent qu'elles ne sont pas uniquement cantonnées dans les activités d'affaires par nécessité. Les femmes sont de plus en plus nombreuses à se lancer par détermination et opportunités. Empiriquement, on observe de véritables activités avec des objectifs, et des perspectives qui s'inscrivent dans une véritable dynamique entrepreneuriale féminine (Ntep et Zammar, 2020). D'après les conclusions du rapport de l'Agence nationale de la statistique et de la démographie (2016), qui parle du cas du Sénégal, les femmes constituent plus de la moitié de la population globale (52 %) et 32 % des entreprises créées appartiennent aux femmes. Par ailleurs, le rapport de 2017 du GEM (Global Entrepreneurship Monitor) révèle que le Sénégal comptait plus de femmes chefs d'entreprise en Afrique subsaharienne où 25,9 % de la population féminine est engagée dans une activité entrepreneuriale. Cette situation demeure inchangée en 2025 : les femmes représentent toujours une proportion significative des chefs d'entreprises en Afrique.

Dans ce contexte, l'entrepreneuriat des étudiantes constitue un objet de recherche promoteur. De plus en plus visible à l'échelle nationale, ce type d'entrepreneuriat se traduit par des créations et des développements d'entreprises à « taille humaine », lesquels constituent un moyen pour pallier le chômage et les nombreuses difficultés rencontrées pour accéder au marché du travail (Dia, 2011). À cet égard, un rapport publié en mai 2014 par le ministère de l'Emploi sur les politiques et dispositifs concernant l'insertion et la création d'emplois au Sénégal révèle que le taux de chômage des diplômés du niveau supérieur est particulièrement élevé. De 16 % en 2005, il est passé à 31 % en 2011 avec une proportion préoccupante des femmes (FEM 2020). Ce phénomène s'explique, entre autres raisons, par la non-pertinence des curricula de l'enseignement supérieur par rapport aux besoins du marché, et par le fait que le secteur privé offre peu d'opportunités d'emplois salariés (Dimé, 2015).

Par ailleurs, il existe des enquêtes qui montrent que les femmes diplômées sont davantage confrontées à des pratiques de recrutements discriminatoires basées sur des stéréotypes socioculturels (Saar, 2004). Cette difficulté d'accès au marché du travail et l'existence du « plafond de verre » dont la présence limite l'ascension des femmes au sein des organisations (Buttner et Moore, 1997 ; Dimé, 2015, Assoumou et al., 2017) constituent des motifs qui font que les étudiantes à l'université ont recours à l'entrepreneuriat comme alternative face à ces incertitudes du milieu professionnel. Malgré cette volonté d'entreprendre, le taux de création d'entreprise par les jeunes diplômées reste très faible.

La recherche la plus récente réalisée par l'International Survey on Collegiate Entrepreneurship a montré que moins de 1 % des jeunes femmes diplômées de l'enseignement supérieur créent une entreprise[1].

[1] ???

Cette situation, similaire à celle que rencontre le Sénégal, est causée par des contraintes socioculturelles, notamment le manque de formation, le poids de la responsabilité familiale et la difficulté de concilier vie professionnelle et vie familiale. Il faut ajouter à ces contraintes celles liées au contexte universitaire difficile, particulièrement la difficulté de concilier le temps d'étude et celui consacré à l'entrepreneuriat, la difficulté d'acquérir un espace au sein de l'université pour développer l'activité et rester proche de celle-ci.

Aussi, le besoin d'autonomie est tel que les étudiantes, possédant des activités génératrices de revenus, s'accommodent bien de ces contraintes pour réussir en entrepreneuriat (Dimé, 2015). Dans le cadre de cette recherche, nous allons étudier l'aspect financier qui conditionne fortement le développement des activités entrepreneuriales des étudiantes. La question à laquelle nous tenterons de répondre est celle-ci : comment les étudiantes des universités sénégalaises financent-elles le développement de leurs microentreprises ?

Nous allons nous focaliser sur le cas des étudiantes de l'université Gaston Berger de Saint-Louis. Nous ne doutons pas qu'elle présente des similitudes avec les autres universités du Sénégal. D'autre part, il existe une littérature abondante et variée sur le financement du développement des entreprises. Dans cette littérature, il existe également un consensus global sur l'efficacité des stratégies du financement du développement (Charreaux 2007). À cet égard, nous nous sommes focalisés sur un cas de cette stratégie, c'est-à-dire l'efficacité de la stratégie d'autofinancement, pour éclairer le sujet de ce chapitre. En plus, nous nous sommes appuyés sur une méthodologie qualitative exploratoire, se basant sur l'étude comparative de trois cas de microentreprises, pour révéler empiriquement ce cas. Cette approche théorique et méthodologique a révélé que les situations entrepreneuriales, les aspirations et expériences de leurs auteurs sont spécifiques en contexte difficile d'affaires (Boring, 2016). Pour arriver à cette conclusion, nous avons structuré ce chapitre en trois parties. La première partie parle de la revue littéraire, tandis que la deuxième partie décrit la méthodologie adoptée. La troisième partie présente les résultats et la discussion de ces derniers.

Revue de littérature

Pour tenter de répondre à la question centrale de notre recherche, nous avons procédé par détour : d'abord présenter la problématique de financement des activités et puis révéler, à partir de la littérature, les aspects explicatifs des solutions apportées par l'autofinancement.

Problématique du financement des entreprises des femmes

La problématique de financement des entreprises se pose, dans la littérature, en termes de comportements. Deux sont plus souvent évoqués : la réticence des banques classiques à financer les PME, arguant, officiellement, que ces dernières demandent des sommes moins importantes, et ne proposent pas suffisamment de garanties pour qu'elles octroient ces sommes. De Briey justifie bien ainsi cette réticence pour le cas de l'Afrique : « *Il est donc difficile pour les prêteurs de récolter des informations pour déterminer la qualité des débiteurs. De telles recherches entraineraient un coût démesuré pour les prêteurs au vu des faibles montants de prêts demandés (...), l'appareil judiciaire est bien fréquemment trop faible dans ces pays pour pouvoir jouer efficacement son rôle (récupération des biens mis en garantie, etc.)* » (2005, p.4).

Puis, nous avons le comportement des dirigeants de ces PME qui se tournent de plus en plus vers les institutions de microfinance, qui leur offrent des crédits à des conditions débitrices avantageuses, même si le coût global est lourd de conséquences pour les microentreprises (Ntep, 2021).

À cet égard, les relations entre les banques et les entreprises dirigées par les femmes illustrent bien ces deux comportements révélés dans la littérature. Ainsi, plusieurs auteurs ont démontré que les femmes entrepreneures sont victimes d'attitudes discriminatoires de la part des institutions bancaires (Riding et Swift, 1990 ; Orser et Foster, 1994), alors que d'autres auteurs révèlent qu'il n'existe aucune discrimination relative à l'accès au financement (Haines et *al.*, 1999).

Quel que soit le point de vue retenu, les femmes ne ressentent pas toujours le besoin d'emprunter auprès des banques qui leur exigeraient des conditions insoutenables pour leurs activités (Cornet et Constantinidis, 2004). Toutefois, la majeure partie des chercheurs semblent s'accorder sur le fait que ces différences d'accès au financement sont beaucoup plus personnelles, structurelles et sectorielles que discriminatoires : ceci justifie bien que les femmes adoptent des stratégies capables de mobiliser facilement le financement du développement de leurs activités entrepreneuriales, comme nous allons le dire au paragraphe suivant.

Stratégies d'autofinancement en création et développement d'entreprise

Par stratégie d'autofinancement, nous entendons l'ensemble des moyens propres mis en œuvre pour financer les activités sans recourir aux dettes. Il s'agit, concrètement, pour une entreprise, de conserver le contrôle de ses décisions d'investissement et de développement et d'éviter de se trouver en situation de surendettement, en autofinançant ses activités. Deux approches théoriques nous aident à comprendre ces stratégies d'autofinancement : la théorie financière et la théorie d'effectuation.

La première théorie est l'œuvre des travaux de Modigliani (1958) et Miller et Modigliani (1963), puis de ceux de Myers et Majluf (1984), sur le choix du mode de financement par les dividendes et celui de l'autofinancement. Sous l'hypothèse d'absence de fiscalité, les premiers travaux montrent que la structure de financement et la politique de dividende n'ont aucune influence sur la valeur de marché de la firme. L'autofinancement ne peut donc se comprendre, dans un cadre explicatif fondé sur l'efficience, que si on lève certaines des hypothèses qui sous-tendent ces travaux, notamment l'hypothèse de libre disponibilité de l'information. Les deuxièmes travaux, fondés sur l'asymétrie de l'information, accordent une place relativement explicite à l'autofinancement. Ainsi, les travaux de Myers et Majluf (1984) se situent dans le courant du signal. Ce courant propose une explication de la politique financière comme moyen de transmettre l'information aux investisseurs qui ne la détiennent pas. Charreaux (2007, p.4) résume ainsi cet argument : « La *politique de dividendes s'expliquera comme moyen de transmettre une information sur les opportunités de croissance de l'entreprise, ce qui conduira à une meilleure évaluation et à une hausse du cours ; on en déduit, a contrario, qu'une politique de rétention privilégiant l'autofinancement constitue un signal défavorable.* » Jensen (1986), quant à lui, propose un modèle d'explication qui est à la base de sa célèbre théorie du free cash-flow. À l'inverse du modèle précédent de Myers et Majluf, il donne une vision négative de l'autofinancement. Le Free Cash-Flow constitue l'excédent de fonds (issus de l'autofinancement) comparativement au montant des opportunités d'investissement jugées rentables (à valeur actuelle nette positive) pour les actionnaires.

Ces modèles explicatifs sont bien résumés ainsi par Charreaux (2007, p.5) : « *Concernant le premier point, selon le modèle mobilisé, l'autofinancement est vu soit positivement, soit négativement. Il est vu positivement quand il permet de pallier les effets négatifs de l'asymétrie d'information en évitant de faire appel à de nouveaux actionnaires, négativement, lorsqu'il accroît la latitude des dirigeants* ».

Nous pouvons dire que dans la théorie financière, la stratégie de l'autofinancement est nécessaire quand elle aide les dirigeants à se soustraire à la discipline du marché.

La théorie de l'effectuation, quant à elle, explique le comportement humain en entrepreneuriat (Sarasvathy, 2001). Selon cette théorie, l'avenir est intrinsèquement imprévisible et l'entrepreneur se concentre sur les éléments contrôlables pour prendre des décisions. Ainsi, l'entrepreneur conduit son projet en se basant sur les principes de la perte supportable, la flexibilité et l'expérimentation. Il construit son capital social, ce que Bourdieu (1980) appelle un réseau de relations sociales, ou ce que l'on peut appeler le « carnet d'adresses », qu'il transforme en capital économique, c'est-à-dire en argent. À cet égard, le bricolage financier semble être la stratégie qui peut atteindre cet objectif et permettre à l'entrepreneur ou au futur entrepreneur de dynamiser la reconstruction d'un autofinancement, lequel va l'aider à créer et à développer une entreprise (Baker et Nelson, 2005 ; Ntep, 2021).

Le cadre théorique de référence que nous avons retenu pour faciliter notre travail de terrain s'inspire donc des travaux théoriques et empiriques évoqués ci-dessus. L'approche suggérée mobilise le concept d'autofinancement du point de vue dynamique, à travers la façon de capter et d'activer les ressources financières qui sont à la portée des mains de l'entrepreneur. Elle n'exclut donc ni les aspects théoriques inspirés par la théorie financière et par la théorie de l'effectuation, ni ceux liés aux comportements évoqués précédemment.

Ainsi formulé, il reste donc à rendre compte des aspects méthodologiques qui vont aider à illustrer ce cadre théorique. Tel sera l'objectif du paragraphe suivant.

Aspects méthodologiques

Choix de la démarche qualitative et inductive

Pour Strauss et Corbin (1990), la recherche qualitative permet d'obtenir des résultats sans passer par des procédures d'analyses statistiques. Cela peut faire référence à la vie des individus, à leur histoire, à leurs comportements, mais aussi au fonctionnement organisationnel, aux mouvements sociaux ou aux relations interactionnelles. La recherche qualitative est d'autant plus intéressante que, selon Maxwell (1998), *« il est plus important de comprendre le processus par lequel les choses se produisent dans une situation particulière que de mesurer, même rigoureusement, les résultats ou de comparer une situation donnée à d'autres situations ».*

En outre, la démarche qualitative laisse au chercheur un degré de liberté important dans la réalisation de son projet et l'observation ne porte pas seulement sur des espaces prédéterminés. L'approche qualitative cherche à explorer un phénomène en profondeur, à en comprendre la structure et le rôle du contexte sur son fonctionnement (Fayolle, 2004). Par ailleurs, pour Erikson (1986), la caractéristique la plus distinctive de l'enquête qualitative réside dans la mise en exergue de l'interprétation qui doit être celle des individus étudiés.

Dans notre recherche, nous avons adopté une démarche qualitative telle qu'expliquée par les auteurs cités ci-dessus. Elle accorde une place centrale aux significations, aux interprétations des vécus et des expériences des femmes, en situation entrepreneuriale en milieu universitaire, à l'université Gaston Berger de Saint-Louis. Il s'agit de rendre compte nettement de la capacité des étudiantes à construire et à activer un répertoire de moyens financiers, en milieu universitaire plus ou moins éloigné du monde des affaires.

À cet égard, nous avons utilisé la technique de collecte et d'analyse de données qualitatives.

Collecte de données

Nous avons d'abord procédé à la collecte des données pour révéler les cas de stratégies d'autofinancement en contexte d'entrepreneuriat féminin. Selon Hamel (1998), « l'étude de cas consiste à rapporter un phénomène à son contexte et à l'analyser pour voir comment il s'y manifeste et se développe ». Pour les auteurs, tels que Eisenhardt, 1989, Yin, 1994 et Hlady Rispal, 2002), la méthode de cas est particulièrement appropriée pour des questions interpellant une expérience intéressante des acteurs et le contexte de cette expérience essentielle.

Ainsi, dans le cadre de cette étude, nous avons fait le choix d'étudier trois cas issus du secteur de l'agroalimentaire et de la restauration. Ils sont justifiés par leur accessibilité aux étudiantes, conciliant études avec entrepreneuriat, en contexte difficile d'entrepreneuriat. L'âge des étudiantes-répondantes varie entre 25 et 27 ans. Nous les avons choisis en fonction de trois critères : être étudiante, créer et développer une entreprise par le biais de l'autofinancement. En outre, toutes ces entreprises détenues par ces étudiantes sont en phase de stabilisation plus ou moins avancée, offrant ainsi un potentiel de découverte utile à la génération d'une théorie sur l'adoption de l'autofinancement par les femmes entrepreneures. La collecte des données par entretiens semi-directifs a eu lieu au sein du campus social de l'université Gaston Berger de Saint-Louis. Elle a été faite en totalité par Mademoiselle Kane, d'abord dans le cadre de son mémoire de master, sous la direction de Demba Kane, puis dans le cadre de cette recherche. Pour cette dernière, la collecte des données s'est étalée sur une semaine, deux heures et demie ont été consacrées à recueillir les informations sur notre sujet de recherche, notamment sur les thèmes tels que les caractéristiques des entrepreneures, leur motivation à entreprendre, les sources et les modalités de financement. La saturation étant atteinte après trois enquêtes, chez chaque étudiante. Les informations recueillies ont été traitées et analysées comme suit.

Méthode de traitement et d'analyse des données

Après les entretiens, nous avons d'abord transcrit les entretiens, puis fait appel à l'analyse thématique de contenu. Cette dernière renvoie à l'opération qui consiste à transformer le texte multiforme et varié d'un entretien en une analyse unique et originale de son contenu autour de ses thèmes et sous-thèmes, au moyen d'une codification. Dans notre recherche, nous avons procédé à la lecture des entretiens, puis nous avons identifié et regroupé les informations clés, en nous basant sur les aspects théoriques énumérés précédemment, qui concernent les caractéristiques des entrepreneures, leur motivation à entreprendre et les stratégies d'autofinancement des activités entrepreneuriales. Nous avons enfin ressorti trois cas sur la base de ces regroupements. Nous avons travaillé ensemble à cet égard : chaque coauteur de cette recherche a contribué, à travers des discussions et des critiques, à chaque étape de l'analyse. Cette opération d'analyse de contenus s'est étalée sur un mois et demi. Une comparaison des aspects essentiels de ces cas s'est faite sur la base de leurs similitudes et de leurs différences. Les résultats sont présentés comme suit, au paragraphe suivant.

Présentation des résultats

Pour respecter la confidentialité des enquêtées, nous avons attribué des dénominations aux différents cas étudiés. Ainsi, le premier cas est nommé « ALPHA », une entreprise collective spécialisée dans la transformation de plantes aromatiques en infusion de thé ; le deuxième, « BETA », se concentre sur la fabrication de produits alimentaires prêts à consommer ; et le troisième, « GAMMA », comme BETA, évolue également dans la fabrication de produits alimentaires prêts à consommer. Pour chaque cas, nous avons relevé les caractéristiques des entrepreneures, leurs sources de motivation et les stratégies d'autofinancement adoptées pour la survie de leurs activités. Notre objectif est de mettre en lumière les similitudes et différences expliquant la survie de leurs entreprises en termes de ressources financières. Les verbatims des entretiens illustrent certains aspects des thèmes étudiés dans cette recherche.

Entreprise ALPHA

L'entreprise ALPHA est dirigée par un trio de jeunes femmes :

- Cofondatrice étudiante en master 2 Agrobusiness à l'université Gaston Berger de Saint-Louis, elle est cofondatrice de l'entreprise ALPHA et responsable financière d'une association religieuse.
- Cofondatrice 2 : étudiante en master 2 en Développement et management des unités commerciales (DMUC) à l'université Gaston Berger de Saint-Louis. Elle a fait un stage à la Compagnie sahélienne d'Entreprise (CSE) en tant qu'agent de saisie.
- Cofondatrice 3 : étudiante en master 2 à l'université Gaston Berger de Saint-Louis en Agrobusiness, elle est également assistante de sa grande sœur, dirigeante d'une entreprise d'art et de mode.

Elles se sont engagées dans la transformation agroalimentaire en fabriquant du thé naturel, « SECRET DE MON THÉ ». Créée en août 2019 et formalisée en 2020, l'influence de leurs amies et leurs parcours universitaires les ont motivées à choisir l'entrepreneuriat et l'agroalimentaire. Une des cofondatrices explique : « L'entrepreneuriat ne m'intéressait pas beaucoup, mais c'est sous l'influence d'une de mes copines cofondatrices que nous avons fini par nous y intéresser. Notre parcours universitaire a aussi joué un rôle. » Une autre cofondatrice ajoute que les difficultés à trouver un stage après la licence et un module d'entrepreneuriat ont influencé leur décision : « On a eu un bon parcours de licence, mais c'était difficile de trouver un stage. Après avoir suivi le cours d'entrepreneuriat avec M. Ntep, notre copine nous a encouragées à nous lancer. »

Pour financer leur activité, les cofondatrices d'ALPHA ont collecté et vendu de la paille d'arachide pendant la période de la Tabaski, utilisant leurs bourses des trois derniers mois. Leurs bénéfices étant insuffisants, elles ont ensuite vendu du jus de citron. Les recettes ont permis de démarrer leur activité de transformation agroalimentaire, promouvant la consommation locale et réduisant les produits chimiques en faveur de produits naturels. Ainsi est né « SECRET DE MON THÉ », un produit composé de plantes aromatiques 100 % naturelles facilitant la digestion et soulageant les remontées gastriques.

L'autofinancement a été crucial pour ALPHA, grâce à leurs activités génératrices de revenus et leurs bourses étudiantes. Une cofondatrice témoigne : « Avant de nous lancer dans l'agroalimentaire, nous avons vendu de la paille et du jus de citron. Les bénéfices n'étaient pas énormes, mais nous avons chacune cotisé 125 000 F CFA de nos rappels de bourses. » Elles ont aussi participé à des concours, gagnant une subvention de 150 000 F CFA pour augmenter leur production. Pour des raisons religieuses, elles n'ont jamais contracté de prêts bancaires : « Nous y avons pensé, mais nous ne l'avons pas fait à cause de nos convictions religieuses contre l'intérêt et par peur de la pression d'une dette bancaire. »

Entreprise BETA

La propriétaire de BETA est doctorante en deuxième année à l'UFR SEG en Analyse économique et quantitative. Elle suit également une formation privée en master Réseaux et télécommunications et un master 2 en Ingénierie logistique à l'université virtuelle du Sénégal (UVS). Engagée dans l'entrepreneuriat depuis 2018, elle a créé sa propre entreprise de restauration, « Saveur Ndar ». Issue d'un père agronome, elle a hérité de sa passion pour l'agriculture. En 2020, elle s'est lancée dans la production de fruits et légumes et a diversifié ses activités en se tournant vers l'aviculture à Ndiawdoune. Son souhait est d'implanter des kiosques modernes pour la vente.

La propriétaire de BETA a démarré son activité avec zéro franc en poche, se concentrant sur la communication et le paiement en avance : « J'ai juste fait des affiches et de la publicité ; les gens ont commandé et donné une avance. Avec cet argent, j'ai démarré l'activité. » Pour maintenir son activité, elle a développé des activités génératrices de revenus : « Je vends de la poudre de Moringa et d'autres produits pour alimenter ma caisse et acheter d'autres choses. À chaque problème financier, je crée d'autres activités pour générer des ressources. » Elle n'a jamais reçu de financement ou de subvention et continue de financer son entreprise de manière autonome.

Entreprise GAMMA

La propriétaire de GAMMA est étudiante en master 2 Médecine (UFR 2S) à l'université Gaston Berger de Saint-Louis et entrepreneure dans le domaine de la restauration pâtisserie, une passion d'enfance. Elle a débuté en 2019 mais a dû faire une pause à cause de ses études. Elle a repris ses activités cette année, travaillant sur commande selon sa disponibilité.

Pour pallier les contraintes financières au début de son activité, elle a collaboré avec les boutiquiers du campus, qui lui fournissaient les produits nécessaires à sa production. Elle explique : « Au début, je n'avais aucun financement, je collaborais avec des boutiquiers qui acceptaient de me donner les produits dont j'avais besoin. Après production, les produits étaient exposés dans ces boutiques et, après-vente, nous partagions les bénéfices. ». Par la suite, elle a recherché des subventions pour augmenter sa production.

Synthèse des résultats

Les aspects essentiels des cas que nous venons de présenter sont similaires et parfois différents. Ainsi, l'aventure entrepreneuriale des étudiantes est partout financée sans recours à l'endettement extérieur, c'est-à-dire par autofinancement ou grâce à l'épargne de leurs bourses ou aux revenus générés par des activités annexes. Elles sollicitent également leur entourage proche (famille, amis) pour des prêts informels sans échéance fixe, principalement lorsque leur activité progresse et nécessite un accroissement de production.

Leur parcours est carrément différent, ainsi que l'élément déclencheur de l'éveil entrepreneurial : une étudiante s'est engagée en entrepreneuriat après avoir assisté à un cours sur l'entrepreneuriat, d'autres l'ont été par nécessité et par opportunités. Le cas ALPHA présente une situation avec laquelle il y a une mise en commun qui a abouti à la création d'un produit naturel. Cette mise en commun va au-delà de l'apport financier. Elle se révèle aussi en termes de travail en commun et de partage d'expérience (conseil technique, réseautage). Même si le point sur l'accommodation aux pesanteurs socioculturelles et pédagogiques n'apparaît pas nécessaire pour notre étude, nous pouvons dire que nos répondantes ont du mal à concilier la réalisation de leur projet et la présence aux cours magistraux. En cause, la programmation des cours se fait sans interruption toute la journée, et ce sur les sept jours de la semaine. Bénéficiant du caractère non obligatoire de leur présence en cours, elles peuvent donc jongler pour réaliser leur projet d'affaires.

Ces stratégies démontrent la capacité des étudiantes entrepreneures à s'adapter et à innover pour surmonter les obstacles financiers et pérenniser leurs entreprises. Cependant, il est pertinent de préciser que les étudiantes entrepreneures utilisent souvent une gestion intuitive basée sur l'expérience et les conseils reçus via leur réseau. Cela inclut la gestion financière de leur entreprise. Néanmoins, certaines ayant une formation en gestion, comme les dirigeantes d'APHA, appliquent des techniques de gestion plus formalisées telles que la tenue d'une comptabilité normale, l'analyse des coûts et des bénéfices pour prendre des décisions éclairées.

Discussion des résultats

Nos résultats démontrent que face aux défis du financement, la majorité des femmes entrepreneures en milieu universitaire se sont tournées vers l'autofinancement. Elles ont principalement utilisé leurs épargnes personnelles, issues de leurs bourses d'études, ainsi que les revenus générés par des activités annexes et des partenariats gagnant-gagnant. Ces résultats confirment les conclusions de Ntep (2021), qui souligne que les femmes recourent souvent à des stratégies de bricolage pour rester actives financièrement, c'est-à-dire en utilisant les ressources financières disponibles.

La pertinence de ces résultats est mise en évidence par le fait que toutes les femmes entrepreneures étudiées ont choisi l'autofinancement pour développer leurs activités entrepreneuriales. Elles ont invoqué des raisons telles que la peur de supporter le poids d'une dette bancaire et des barrières religieuses interdisant les prêts bancaires en raison des intérêts. Cette stratégie d'autofinancement se révèle être une solution pragmatique et adaptée dans un contexte avec lequel l'accès au crédit est presque impossible pour le profil d'étudiants.

En ce qui concerne la méthodologie adoptée, l'étude qualitative exploratoire basée sur l'analyse comparative de trois cas d'entreprises s'est avérée pertinente pour comprendre les dynamiques de financement des PME en milieu universitaire. Cette approche a permis de capturer les expériences vécues par les entrepreneures et de mettre en lumière les stratégies spécifiques qu'elles utilisent. L'utilisation des entretiens semi-directifs a été particulièrement utile pour recueillir des données détaillées et nuancées, permettant une compréhension approfondie de notre sujet de recherche. Cependant, l'instabilité du milieu universitaire sénégalais (grèves répétitives des étudiants, causées par le retard des bourses, et des enseignants qui demandent que l'État leur donne plus de moyens pour accomplir leurs missions d'enseignement) et la problématique de la programmation des cours magistraux constituent des obstacles à l'épanouissement entrepreneurial des étudiantes. Comme le suggère la recherche de Daft (1992), les entreprises situées dans des environnements instables et incertains nécessitent une planification plus rigoureuse. Les femmes de notre étude illustrent bien cette nécessité, en développant des stratégies qui leur permettent non seulement de survivre, mais aussi de prospérer dans un environnement difficile.

Nos résultats révèlent également qu'au-delà de l'épargne de leurs bourses et des revenus provenant des activités annexes et connexes, la participation à des concours de pitch de projets organisés par des structures d'accompagnement public comme la DER avec son programme SEEDS (Soutien à l'entrepreneuriat étudiant et à la dynamique startups), ou des programmes privés tels que l'Academy for Women Entrepreneurship (AWE) constituent des sources de revenus non négligeables. Tous ces aspects démontrent donc la pertinence de la diversification des ressources constitutives de l'autofinancement. Ce dernier étant nécessaire et suffisant pour aider à financer la création et le développement des activités entrepreneuriales des étudiantes sénégalaises.

Conclusion

Les résultats de notre étude ont souligné l'importance de l'autofinancement comme moyen de financement principal pour ces entrepreneures. Le recours à la littérature sur les stratégies d'autofinancement, et à la méthodologie qualitative, nous permet de dire que les étudiantes de l'UGB utilisent des stratégies d'autofinancement particulières pour financer les étapes de leurs projets entrepreneuriaux. Ces stratégies se révèlent dans leur capacité à capter et à activer les ressources financières à la portée de leurs mains.

Notre recherche a également mis en évidence l'importance de la mise en commun dans le succès des entrepreneures. L'autofinancement est donc fortement recommandé durant la phase de démarrage. Il se révèle dans ce cas d'étude comme une solution pragmatique et efficace, une alternative moins risquée que les prêts bancaires traditionnels.

Cependant, le nombre restreint de participantes et les différences de perception rendent difficile la généralisation des résultats. Bien que les résultats de cette étude ne puissent être généralisés, ils permettent de mieux comprendre les réalités d'une problématique du financement des activités entrepreneuriales en milieu universitaire encore peu exploré. En termes de perspectives, il serait intéressant de mener des recherches plus larges incluant un plus grand nombre de participantes et explorant d'autres secteurs d'activité pour mieux cerner les diverses stratégies de financement adoptées par les étudiantes entrepreneures.

Chapitre 5.

Accompagnement comptable des PME entièrement subventionnées en phase de démarrage : l'exemple des PME COPA en République Démocratique du Congo

JUSTIN KAMAVUAKO DIWAVOVA
Université de Kongo et Institut Supérieur Pédagogique de Mbanza-Ngungu
et
VAL MASAMBA LULENDO
Université de Kongo et l'Université de Kinshasa

Introduction

Les concours de plans d'affaires (COPA) sont une initiative du Gouvernement congolais qui vise à sélectionner, sur la base d'un plan d'affaires innovant, les PME établies, les femmes et les jeunes entrepreneurs à soutenir dans le cadre du Projet d'appui au développement des micro, petites et moyennes entreprises (PAD/MPME) porté par le Gouvernement congolais.

341 MPME appartenant aux jeunes et exerçant dans trois secteurs d'activités (agro-industrie, industrie légère et services) ont vu le jour dans deux grandes villes du pays (Kinshasa et Matadi). Ces MPME ont été subventionnées par le gouvernement congolais dans le cadre de l'ambitieux programme national de développement du secteur privé lancé en février 2020 avec le concours financier de la Banque mondiale.

Se trouvant toutes dans leur phase de démarrage, ces entreprises naissantes traversent depuis un temps la zone de fortes turbulences. En effet, bien qu'ayant perçu la première tranche de leur financement pour acquérir les actifs fixes nécessaires (soit 80 %), la plupart des PME COPA rencontrent des difficultés dans la gestion industrielle et comptable. Sur le plan industriel, les rapports de coaching renseignent une mauvaise gestion des relations avec les fournisseurs des équipements et l'incapacité de ces PME à réaliser dans les meilleurs délais et au moindre coût les produits/services voulus par le client. Et sur le plan comptable, on note leur incapacité à publier les états financiers reflétant le principe comptable de l'image fidèle du fait de l'absence des dispositions claires en matière de traitement comptable des subventions publiques.

En effet, les problèmes que soulève la phase de démarrage suscitent notre attention en tant que chercheurs et praticiens de l'entrepreneuriat pour deux raisons principales. La première est théorique, elle tient au souci de combler l'insuffisance des travaux documentant la phase de démarrage de la petite entreprise (Paul, 1988 ; Sammut, 1998 ; Gibb et Ritchie, 1982 ; Ostgaard et Birley, 1994 ; Ojala, 2009 ; Barbaroux, 2015 ; Song et Archambault, 2018 ; Song et Bérubé, 2021). La seconde est d'ordre professionnel, il s'agit de poser des bases qui encadrent le travail de coaches en création d'entreprise pour mieux accompagner les PME pendant cette phase du processus entrepreneurial que la littérature considère comme cruciale par le fait que peu d'entreprises naissantes seulement parviennent à la franchir.

En se focalisant sur le processus de gestion comptable, cette étude vise à mieux éclairer les enjeux comptables inhérents au fonctionnement d'une entreprise privée dont la création a été entièrement subventionnée par l'État, c'est-à-dire une entreprise à zéro capital de départ (EZCD). En effet, si les référentiels comptables existants n'explorent que partiellement les problèmes financiers soulevés par une subvention, en la considérant comme un supplément au capital de l'entreprise destiné à appuyer son fonctionnement (subvention d'exploitation ou d'équilibre) ou à financer ses actifs fixes (subvention d'investissement), ce papier a l'ambition d'aller plus loin en fournissant une analyse plus complète et précise de cette problématique.

L'étude tente donc d'apporter des éléments de réponse à la question centrale : *quel traitement comptable réservé aux opérations liées à la subvention dans une PME à zéro capital de départ ?* Concrètement, il est question ici de savoir, dans une perspective d'accompagnement des PME subventionnées, comment enregistrer en comptabilité : 1) la décision d'octroi de la subvention, 2) les affectations de celle-ci au cours de l'exercice comptable, 3) la partie de la subvention non utilisée à la fin d'un exercice comptable et 4) l'appropriation progressive de l'entreprise privée subventionnée par l'entrepreneur, c'est-à-dire la formation du capital de départ. Les différentes réflexions menées dans cette étude constituent des axes non négligeables d'accompagnement susceptibles d'améliorer la prise en charge des PME en phase de démarrage dans la production et la diffusion des données financières fiables, gages de leur succès et pérennité.

Pour tenter de répondre à notre problématique, nous fournirons dans la première section des explications opérationnelles au concept d'accompagnement entrepreneurial, convoquerons la littérature comptable (les référentiels Syscohada et IFRS) pour cerner la problématique du traitement comptable des subventions et formulerons notre hypothèse de recherche. Ensuite nous exposerons dans la deuxième section notre démarche méthodologique : la méthode et le terrain de notre recherche. Enfin, nous apporterons dans la dernière section des réponses aux questions de recherche soulevées.

Cadre conceptuel et formulation de l'hypothèse

Dans plusieurs pays d'Afrique et en RD Congo plus particulièrement, l'entrepreneuriat est perçu à la fois comme un vecteur de croissance économique par la création de nouvelles entreprises (GEM, 2005) et un outil d'insertion professionnelle des femmes et des jeunes par la lutte contre le chômage et les discriminations sur le marché de l'emploi mais aussi par ses réponses aux problèmes de violence dans les quartiers difficiles (Schieb-Bienfait, 2013).

Conscient de ces enjeux socioéconomiques, le Gouvernement congolais, à travers le Projet d'appui au développement des micro, petites et moyennes entreprises (PADMPME), a estimé qu'il était opportun et urgent de passer à la mise en œuvre de ce projet salvateur[1]. Le concours basé sur la rédaction du plan d'affaires (COPA) lancé en décembre 2018 constitue le point de départ de ce processus de création massive d'entreprises piloté par l'État congolais avec l'implication de ses multiples partenaires. Cette première phase du processus entrepreneurial a permis de faire la sélection de PME, de femmes et de jeunes entrepreneurs à subventionner. Pour la réussite du projet, comme on peut le voir à travers la figure 1, un accent particulier a été mis sur **l'accompagnement** des entrepreneurs recrutés, une mission qui a été confiée à l'incubateur I&F

[1] Le projet vise à fournir du capital de démarrage (subventions en espèces) aux jeunes entrepreneurs motivés (de 18 à 35 ans) qui ont de nouvelles idées viables, mais qui ont besoin d'un capital de démarrage, d'une expérience pratique et d'un mentorat dans les pratiques d'affaires pour réussir.

Entrepreneuriat[2] pour la zone Ouest du projet PADMPME couvrant deux centres urbains du pays (Kinshasa et Matadi). Afin de situer le cadre théorique de cette étude et de formuler par la suite notre hypothèse de recherche, il semble logique d'éclairer le concept d'accompagnement et de montrer comment cette activité a été conduite dans le cadre du projet PADMPME.

[2] I&F signifie « Incubation d'entreprises et Formation en Entrepreneuriat ». Créée en décembre 2007 par monsieur Val Masamba, l'I&F est une structure d'accompagnement entrepreneurial rattachée à l'Université Kongo en RDC dans la province du Kongo central. Nous y prestons en qualité de coaches depuis sa création.

Figure 1. Processus entrepreneurial suivi par le PADMPME

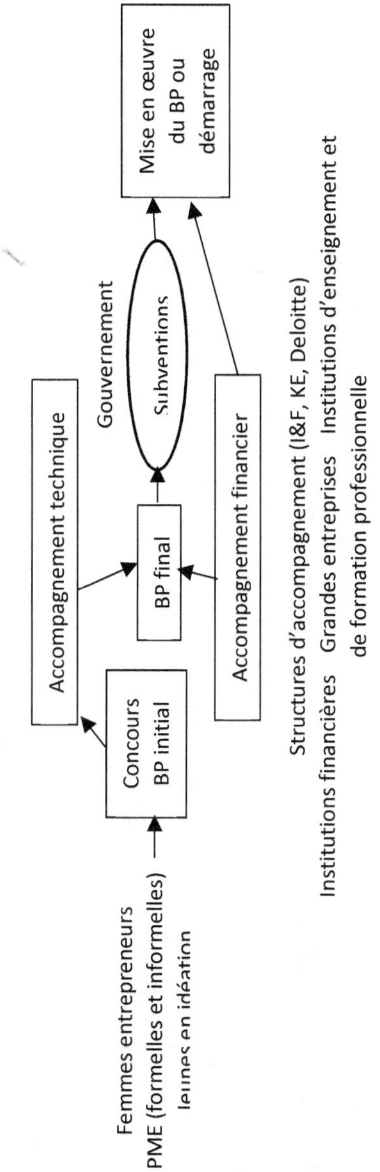

Source : PADMPME, Rapport de lancement du projet, Kinshasa, 18-19 février 2020

L'accompagnement des entrepreneurs en contexte du PADMPME

Notions d'accompagnement entrepreneurial

Accompagner un acteur se réclamant accompagnateur, c'est conseiller et former un porteur de projet d'affaires dans un cadre sécurisé où il crée son propre emploi de manière pérenne, tout en minimisant les risques liés à l'activité entrepreneuriale. Pour Doukou (2001), c'est une pratique d'aide à la création d'entreprise fondée sur une relation qui s'établit dans la durée entre un entrepreneur et un individu externe à son projet de création. À travers cette relation, rapportent Cuzin et Fayolle (2004, p.79), « l'entrepreneur réalise des apprentissages multiples et accède à des ressources ou développe des compétences utiles à la concrétisation de son projet d'entreprise ».

En des termes simples, l'accompagnement peut être vu comme un processus d'apprentissage au métier d'entrepreneur qui suppose l'existence d'un accompagné qui a besoin d'aides (il manque d'argent, d'informations, des compétences, des marchés, des partenaires, etc.) et la présence d'un accompagnateur qui vient l'aider dans sa démarche. En s'inscrivant dans la même veine, Castellani (2005) propose une classification des structures d'accompagnement en fonction du type d'aides qu'elles peuvent apporter à l'entrepreneur.

Tableau 1. Typologie des structures d'accompagnement et leurs missions

Phase du processus	Mission (type d'aide fournie)	Type d'accompagnateur
Sensibilisation	Infos sur les opportunités, l'environnement des affaires et les partenaires clés : Accueillir, informer et orienter les créateurs	Chambres de commerce et d'industrie Chambres de métiers
Idéation/découverte des opportunités (*de l'idée à l'opportunité*)	Formation sur les opportunités d'affaires Informations sur le secteur et sur le métier, Conseil sur l'idée d'affaire (analyse SWOT).	Boutique de gestion Incubateurs
Formalisation du projet (*de l'opportunité au projet ou business plan*)	Formation sur le processus entrepreneurial Appui aux études de faisabilité	Incubateurs/Couveuses

	Appui au prototypage (mentoring) Coaching sur la production du BM et BP	
Financement du projet (*Levée des fonds d'amorçage*)	Formation sur la culture et la finance Mise en réseau (connexion financière) Négociation et levée des fonds d'amorçage Coaching sur l'utilisation des fonds	Incubateurs/Couveuses Institutions financières
Mise en œuvre du projet ou démarrage (*du projet à l'entreprise*)	Formations sur le management d'un projet et sur les formalités juridiques de création Coaching sur la mise en œuvre du BP	Pépinières

Source : Adapté de Castellani, 2005

En République démocratique du Congo comme dans plusieurs pays d'Afrique subsaharienne, l'accompagnement entrepreneurial (AE) serait dans sa phase de lancement (Masamba, 2016). À ce titre, le marché de l'AE congolais connaît un nombre encore faible d'acteurs tant publics (cas de l'ANADEC, du FOGEC, du FPI, de l'ANAPI) que privés (COPEMECO, I&F entreprenariat, FENAJEC, Silikin Village, Ingenious City, Kivu entrepreneurs, Un jour nouveau, etc.) dotés de réelles pédagogies d'accompagnement. La plupart des structures d'accompagnement qui y opèrent ont à peine moins de cinq ans d'expérience. Certaines utilisent de « façon galvaudée le concept d'incubateur », comme l'évoque l'ONUDI (2016, p. 30), hormis l'I&F Entrepreneuriat qui est le précurseur de l'accompagnement privé des créateurs d'entreprises en République démocratique du Congo avec ses 15 ans d'existence. Ce dernier est, de ce fait, impliqué dans le projet PADMPME, en tant que partenaire clé en charge de l'accompagnement des jeunes hommes et des femmes entrepreneurs recrutés à la Compétition nationale de plans d'affaires et qui, en plus, pilote la zone Ouest du projet.

L'avènement du PADMPME en RDC est une belle illustration des travaux de recherche sur les politiques publiques de développement axées sur la promotion de l'entrepreneuriat et des PME (Boutillier et Uzunidis, 1995 ; Albagli et Henault, 1996 ; Bacali et al., 2011 ; OCDE, 2015). En effet, grâce à un emprunt contracté à la Banque mondiale en 2018, le gouvernement congolais s'est résolu à fournir pour une durée de cinq ans une combinaison d'interventions pour appuyer la croissance des micro, petites et moyennes entreprises et l'entrepreneuriat des jeunes. Parmi ces interventions figurent en bonne place les subventions aux jeunes entrepreneurs comme solution à leur problème de manque de fonds d'amorçage et l'accompagnement technique pour combler leur déficit en compétences entrepreneuriales et managériales. C'est dans cette seconde composante qu'il semble intéressant de cerner le rôle d'accompagnateur joué par l'incubateur I&F dans le cadre du projet PADMPME.

L'accompagnement à l'I&F se décline en trois activités inter reliées : l'incubation, la pépinière et le petit quartier industriel (PQI). La première activité porte sur les conseils et les formations permettant à l'incubé de formaliser un projet bancable[3]. Au niveau de la pépinière, l'objectif poursuivi est d'aider les entreprises issues de l'incubation à mieux affronter leurs premiers instants de la vie en profitant des services comme : l'hébergement physique (domiciliation de l'entreprise), l'accès au service administratif partagé, le coaching managérial, le réseautage, la mise en connexion financière. La dernière activité consiste à intégrer les entreprises innovantes accompagnées dans un petit quartier industriel pour y avoir accès aux savoirs et ressources techniques nécessaires au développement de leurs activités. La pédagogie d'accompagnement de l'I&F repose sur le modèle TCC-GRP[4]. Dans son déploiement, le business model version GRP (Génération-Rémunération et Partage de la valeur) est rempli au début, pendant et à la fin du processus d'accompagnement pour faciliter

[3] Il s'agit d'après Frédéric Iselin et Thierry Bruhat (2003, p. 239) de « faire murir un projet pour le rendre attractif aux investisseurs ».

[4] C'est une révision opérationnelle du business model GRP en mettant en contribution la théorie de la connaissance créative et la théorie de convention (Masamba, 2013 ; 2016). Cette approche d'accompagnement résout le problème de mobilisation des ressources recherchées par les porteurs de projet et facilite en même temps la co-construction de leurs futures entreprises.

l'autoévaluation des activités de l'incubé et construire progressivement les stratégies de développement de sa future entreprise.

Dans le cadre du projet PADMPME, l'I&F met en avant son expertise en formation, coaching et mentorat en création d'entreprise en proposant deux services d'accompagnement : collectif et individuel. Dans le premier type, les formations collectives sont organisées par grands thèmes suivant un calendrier arrêté de commun accord avec les incubés. De manière générale, ces formations portent sur cinq grands thèmes : ***les compétences et attitudes entrepreneuriales*** ainsi que le réseautage, la ***gestion logistique de* la *production*** en mettant en avant-plan le processus de production socle de la fabrication de la valeur, ***la gestion commerciale*** (études de marché, méthodes de communication et de négociation, vente et gestion de clients), ***la gestion des ressources humaines*** (droit du travail, contrats de travail, recrutement et embauche) et ***la gestion financière* et fiscale** (gestion des stocks, calcul des coûts, fixation des prix de vente, calcul des marges, établissement des états financiers prévisionnels, établissement des devis et factures, notions de comptabilité, de droits des affaires et de fiscalité). Avec le second service, l'occasion est donnée aux porteurs des projets pointus et atypiques d'être accompagnés exclusivement de manière personnalisée.

Il importe de signaler que le mode de financement utilisé par le Gouvernement pour financer les projets retenus au COPA, à savoir, la subvention, pose de sérieux problèmes de coaching liés notamment à la production et la diffusion des informations financières dans les entreprises accompagnées. Ces problèmes sont discutés au point qui suit.

Traitement comptable des subventions publiques dans les entreprises

La subvention publique est une aide accordée par une autorité publique à une entité pour lui permettre soit de couvrir certaines de ses charges courantes (subventions d'exploitation) ou exceptionnelles (subventions d'équilibre), soit d'acquérir ou de créer des immobilisations (subventions d'investissement). Ainsi, en considérant l'objet de la subvention, il y a lieu de ne pas confondre ces trois catégories d'aides qui sont allouées aux entités sans obligation de remboursement. Pour ce faire, les entités doivent se référer aux décisions notifiées par l'autorité publique pour déterminer la nature, l'objet et les conditions d'emploi des biens et fonds alloués. Nous explorons dans ce point la position de l'acte uniforme relatif au droit comptable et à l'information financière de l'OHADA (référentiel en vigueur en RD Congo) et celle de normes financières internationales IAS/IFRS en matière de subventions publiques.

Traitement comptable des subventions publiques en IAS/IFRS

Le traitement comptable des subventions publiques est présenté dans la norme IAS 20. Dans cette norme, la subvention publique est définie comme une aide prenant la forme de transfert de ressources à une entité, en échange du fait que celle-ci s'est conformée ou se conformera aux conditions motivant la subvention.

Comptabilisation des subventions d'investissement

En IFRS, les subventions liées à des actifs, y compris celles non monétaires évaluées à la juste valeur, doivent apparaître au bilan, soit en produits différés, soit en déduction du montant de l'actif immobilisé qu'elle a financé (Obert, 2017, p. 453-455).

Cas 1 : Comptabilisation des subventions d'investissement en produits différés

Octroi de la subvention : (D) 449 État subventions d'investissement à recevoir ou 52 Banque et (C) 477 Produits constatés d'avance ;

Chaque année au 31/12, on comptabilise les dotations aux amortissements : (D) 681 Dotations aux amortissements et (C) 28 Amortissements des immobilisations ;

Chaque année au 31/12, on vire une quote-part de la subvention au résultat d'une somme de la dotation aux amortissements pratiquée pour le bien multiplié par le rapport existant entre le montant de la subvention et la valeur d'entrée de l'immobilisation : (D) 447 Produits constatés d'avance et (C) 799 Reprises de subventions d'investisse-ment.

En cas d'un actif non amortissable, la quote-part de la subvention à virer au résultat est déterminée en tenant compte des périodes sur lesquelles s'échelonnent les coûts à engager pour satisfaire les obligations d'octroi de la subvention. Par exemple, l'octroi d'un terrain peut être conditionné à la construction d'un bâtiment en son sein. Dans ce cas, la durée de vie du bâtiment peut être utilisée pour calculer la quote-part de la subvention à virer au résultat.

Cas 2 : Comptabilisation des subventions d'investissement en déduction de l'actif immobilisé

- Octroi de la subvention : (D) 449 État subventions d'investissement à recevoir ou 52 Banque et (C) 21/22/23/24 Actif immobilisé ;
- Chaque année au 31/12, on comptabilise les dotations aux amortissements à partir de la valeur nette de subvention de l'actif immobilisé. Aucune écriture de reprise n'est passée.

Comptabilisation des subventions d'exploitation et d'équilibre

Les subventions octroyées pour couvrir des charges spécifiques (subventions d'exploitation ou d'équilibre) sont enregistrées dans le compte de résultat via le compte « Autres produits », décomposable en « subventions d'exploitation » et « subventions d'équilibre » ; sinon, elles sont présentées en déduction des charges auxquelles elles sont liées.

Cas 1 : Subventions d'exploitation ou d'équilibre comptabilisées en produits :

Octroi de la subvention : (D) 449 État, subventions d'exploitation ou d'équilibre à recevoir TTC ou 52 Banque et (C) 71/88 Subventions d'exploitation ou d'équilibre HT, (C) 44 État, TVA collectée.

Cas 2 : Subventions d'exploitation/d'équilibre comptabilisées en déduction de la charge liée :

Octroi de la subvention : (D) 449 État, subventions d'exploitation ou d'équilibre à recevoir TTC ou 52 Banque et (C) Classe 6 Charges HT et (C) 44 État, TVA récupérables.

Traitement comptable des subventions publiques en SYSCOHADA

En comparaison avec les IFRS, l'acte uniforme comptable de l'Ohada offre une analyse un peu différente des subventions publiques, surtout en ce qui concerne les subventions enregistrées au bilan (subventions d'investissement). En effet, les subventions d'exploitation et d'équilibre subissent le même traitement que dans les IFRS : elles sont enregistrées immédiatement en produit dans le compte de résultat. Par contre, pour les subventions d'investissement, le SYSCOHADA prévoit leur inscription au bilan dans les capitaux propres avec la possibilité d'échelonner sur plusieurs exercices le produit reçu.

Ainsi, lorsque les subventions portent sur une immobilisation amortissable, l'étalement de celles-ci suit le même rythme que les amortissements constatés. Les subventions qui portent sur une immobilisation non amortissable peuvent être étalées par dixième du montant de l'actif, sauf en présence d'une clause d'inaliénabilité.

Résumé des écritures sur les subventions d'investissement :

– Au moment de la réception de la subvention : (D) 449 État subventions d'investissement à recevoir ou 52 Banque et (C) 14 Subventions d'investissements ;

– Chaque année au 31/12, on comptabilise les dotations aux amortissements : (D) 681 Dotations aux amortissements et (C) 2828 28 Amortissements ;

– Chaque année au 31/12, on reprend la subvention (on la vire au résultat) à la somme de la dotation aux amortissements pratiquée pour le bien multipliée par le rapport existant entre le montant de la subvention et la valeur d'entrée de l'immobilisation : (D) 14 Subventions d'investissements et (C) 799 Reprises des subventions d'investissement.

Hypothèse de la recherche

Si l'on considère que les subventions publiques octroyées aux MPME COPA doivent couvrir l'ensemble de leurs besoins financiers au démarrage (investissements et besoins en fonds de roulement), il va falloir, ***pour une tenue responsable et régulière de la comptabilité dans ces MPME, implémenter l'option préconisée par le SYSCOHADA consistant à inscrire les subventions d'investissement au passif, dans les fonds propres et à les virer progressivement au résultat suivant le rythme des amortissements***. Dans cette optique, l'appropriation de l'entreprise par l'entrepreneur se fera par l'incorporation progressive (jusqu'à l'épuisement de la subvention) des bénéfices au capital de l'entreprise.

Méthode et terrain de recherche

L'analyse des problèmes comptables dans les MPME COPA nouvellement lancées par les jeunes entrepreneurs dans le cadre du projet PADMPME est l'objet de la présente étude qui nous intéresse à double titre : en tant que scientifiques d'abord et professionnels ensuite. En tant que scientifiques, cette étude nous a permis de combler un vide constaté dans la littérature portant sur le traitement comptable des subventions publiques dans les entreprises. Ce vide se résume à la question : quel traitement comptable adéquat réserver à des subventions dans les entités entièrement créées grâce à une subvention publique ? Sur le plan professionnel (en tant qu'accompagnateurs des jeunes entrepreneurs COPA), cette étude permet de proposer un mode de traitement comptable des subventions afin d'anticiper les problèmes qui risquent de se poser lors de la clôture des comptes dans les MPME COPA accompagnées. En conséquence, notre étude s'inscrit dans le positionnement positiviste puisque la démarche méthodologique suivie pour répondre à notre problématique est hypothético-déductive : nous avons exploré les dispositifs comptables les plus utilisés dans les entreprises en matière de traitement des subventions publiques (IFRS et SYSCOHADA notamment), nous avons pris parti pour certaines options préconisées par ces référentiels et avons simplement proposé l'option qui s'adapte le mieux à notre contexte d'étude.

Bien que cette étude soit qualitative car développant une réflexion sur la tenue régulière de la comptabilité dans les entreprises à zéro capital de départ accompagnées par l'I&F, nous avons veillé à mobiliser aussi certains outils d'analyse quantitative pour accroitre sa qualité. Le recours à la statistique descriptive a facilité notre compréhension sur le profil des jeunes entrepreneurs et les caractéristiques de leurs entreprises au démarrage. Toutefois, il convient de préciser que les données collectées dans cette étude proviennent essentiellement des sources secondaires. En effet, en réalisant les activités de coaching à l'I&F, nous avons eu le privilège de consulter les documents susceptibles de nous renseigner sur l'objet d'étude (le rapport de sélection des jeunes entrepreneurs, les rapports de coaching transmis à l'unité de coordination du projet PADMPME et les fiches individuelles de coaching des incubés).

L'unité d'analyse de cette recherche est l'ensemble de jeunes entrepreneurs subventionnés dans le cadre du projet PADMPME (confère tableau deux suivant).

Tableau 2 : Profil des jeunes entrepreneurs et caractéristiques de leurs affaires au démarrage

		Fille	**%**	**Garçon**	**%**	**Total**	**%**
Niveau de scolarité	Primaire ou pas étudié	8	5	2	1	9	3
	Secondaire non achevé	61	**40**	34	18	95	28
	Diplôme d'état (ou Bac)	43	**28**	58	**31**	101	30
	Université non achevée	28	19	76	**40**	104	30
	Université achevée	12	8	19	10	31	9
Total 1		**152**	**100**	**189**	**100**	**341**	**100**
État civil	Célibataire	107	**70**	140	**74**	247	72
	Marié	45	30	49	26	94	28
Total 2		**152**	**100**	**189**	**100**	**341**	**100**
Motivation première à se lancer en affaire	Valoriser un savoir/talent	65	**43**	62	33	127	37
	Se prendre en charge	54	35	96	**51**	150	44

		Fille	%	Garçon	%	Total	%
	Contribution au ménage	15	10	9	5	24	7
	Autres	18	12	22	11	40	12
Total 3		**152**	**100**	**189**	**100**	**341**	**100**
Activité exercée	Agro-transformation	69	**45**	66	35	135	40
	Industrie légère	24	16	42	22	66	9
	Services	59	39	81	**43**	140	41
Total 4		152	100	189	100	341	100
Subventions reçues	12 000 USD	102	**67**	140	**74**	242	71
	20 000 USD	50	33	49	26	99	29
Total 5		152	100	189	100	341	100

Source : Données secondaires de l'I&F, 2022, *ibid.*

La figure deux représente nettement ce profil des jeunes, lequel résulte des caractéristiques telles que le niveau d'étude, la motivation entrepreneuriale, l'activité exercée et la subvention possible à obtenir pour cette activité à son démarrage.

Figure 2. Profil des jeunes entrepreneurs et caractéristiques de leurs entreprises

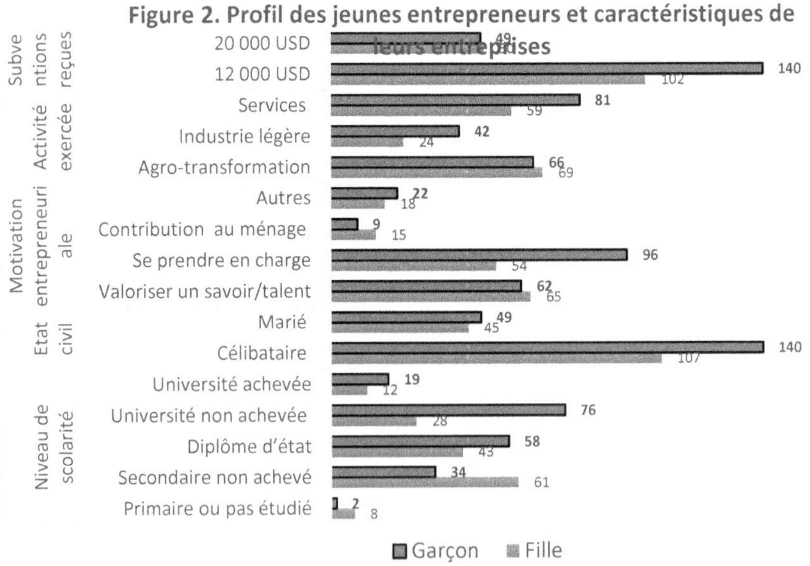

Source : Données secondaires de l'I&F, 2022

Les données descriptives présentées ci-haut concernent les jeunes entrepreneurs retenus au COPA. Ils sont jeunes selon Carrington (2006) car tous sont âgés de moins de 35 ans au moment de la création de leurs entreprises. Les entreprises lancées appartiennent dans une grande proportion à des garçons (55 %) qu'à des filles (45 %). Les jeunes entrepreneuses filles sont moins scolarisées que les jeunes garçons puisque la majorité d'entre elles (40 %) n'a pas achevé les études secondaires et 28 % possèdent le diplôme d'État (l'équivalent du BAC en RDC). Alors que chez les garçons, un grand nombre d'entre eux (40 %) est en pleine formation universitaire et 31 % possèdent déjà le diplôme d'État. De plus, les jeunes entrepreneurs garçons sont plus célibataires que leurs homologues filles, même si, dans l'ensemble, un pourcentage non négligeable de jeunes est marié (28 %). Le service est le secteur qui a le plus accueilli les MPME appartenant aux jeunes garçons (41 %) et l'agro-transformation a plus concerné les MPME appartenant aux jeunes entrepreneurs filles (45 %). En outre, se prendre en charge, valoriser un savoir-faire ou un talent constituent les motivations majeures à la décision de se lancer en affaires pour la grande majorité des jeunes entrepreneurs (80 %). Enfin, le démarrage des MPME a été rendu possible grâce à des subventions publiques de tailles différentes : la petite soit 12 000 $ et la grande soit 20 000 $. Ce financement est censé couvrir l'ensemble des besoins financiers des entreprises naissantes accompagnées et ce, à raison de 80 % pour les investissements et 20 % pour les besoins en fonds de roulement. Toutefois, il sied de noter en général que moins de 30 % des jeunes entrepreneurs ont reçu la grande subvention. Parmi eux, on trouve plus de jeunes entrepreneuses filles que leurs homologues garçons. Cette prise en compte remarquée de la dimension genre dans l'accès aux financements répond à la vision du PADMPME et surtout à celle de la Banque mondiale, son partenaire financier privilégié. En effet, il a été démontré dans la littérature que la femme africaine joue un rôle capital dans la survie au quotidien de la famille et de la communauté (World Bank, 2012).

Résultats et discussions

L'analyse des effets de subventions publiques sur la qualité de l'information financière dans les MPME COPA accompagnées par l'I&F est un des défis majeurs que la présente étude cherche à relever. En effet, si l'on considère que les subventions publiques octroyées aux MPME COPA doivent couvrir l'entièreté de leurs besoins financiers (investissements et besoins en fonds de roulement), il va falloir réfléchir sur les solutions idoines à apporter aux problèmes soulevés. Dans ce dernier point, nous présenterons les résultats relatifs au traitement comptable des subventions dans les entreprises et justifierons le choix de l'option qui cadre avec la réalité des entreprises sous étude.

Les solutions comptables aux problèmes des subventions publiques

Le tableau trois ci-dessous résume les positions de SYSCOHADA et IFRS sur le traitement comptable des subventions publiques et montre les limites de chaque approche utilisée.

Tableau 3. Traitement comptable des subventions publiques

		IAS/IFRS		**SYSCOHADA**
Subventions d'investissement	Méthode	Produits différés	Déduction de l'actif	Inscription au passif
	Octroi/ réception	(D) 449 Etat ou 52 Banque (C) 477 Produits constatés d'avance	(D) 449 Etat ou 52 Bq (C) Classe 2 Immobilisations	(D) 449 Etat ou 52 Banque (C) 14 Subvention d'investissement
	Amortis (31/12/N)	(D) 681 Dotation aux amortissements (C) 28 Amortissement des immobilisations	(D) 681 Dotation aux amortissements (C) 28 Amortissement des immobilisations	(D) 681 Dotations aux amortissements (C) 28 Amortissement des immobilisations
	Virement (31/12/N)	(D) 477 Produits constatés d'avance (C) 799 Reprise Subvention	RAS	(D) 14 Subvention d'investissement (C) 799 Reprise Subvention
Conséquences/limites		Ces ressources stables n'apparaissent pas dans les fonds propres au Bilan	Dotation calculée sur la valeur nette (VN) de subventions Pas de traces de subventions au bilan	Ces ressources durables de financement apparaissent clairement dans les fonds propres au passif du Bilan

Source : à partir de la compilation de la littérature comptable

En ce qui concerne les subventions publiques, la technique comptable est différente en IAS/IFRS et en SYSCOHADA. Elles apparaissent clairement dans ce dernier cas et pas du tout dans le système international IAS/IFRS.

Discussions sur les axes d'accompagnement comptable des PME COPA

Au vu des solutions existantes concernant le traitement comptable des subventions, nous nous efforcerons ici d'apporter les éléments de réponse à la question : quel traitement comptable réserver aux subventions accordées aux MPME COPA qualifiées d'« entreprises à zéro capital de départ » du fait de l'absence des apports de l'entrepreneur au démarrage des activités.

Pour ce faire, notre réflexion part du constat que les solutions sur le traitement comptable des subventions publiques préconisées dans les deux grands dispositifs comptables utilisés pour la tenue régulière de la comptabilité dans les entreprises (Syscohada et IFRS) s'adaptent bien à la réalité des entreprises disposant déjà d'un capital de départ (capital social, capital personnel). Dans ce cas précis, les subventions d'investissement viennent compléter les fonds apportés par l'entrepreneur. Cependant, ces solutions semblent poser quelques soucis pour la tenue de la comptabilité dans les entreprises créées essentiellement grâce à des subventions, comme c'est le cas avec les MPME COPA sous-études.

L'impertinence des solutions IFRS

En contexte de création d'entreprise, pour que la structure financière d'une entreprise soit saine, Papin (2018) rappelle que le total du montant des immobilisations et du besoin en fonds de roulement (BFR) doit être financé par des capitaux permanents. Le BFR survient si l'entreprise fait crédit à ses clients et si elle doit disposer de stocks. L'indisponibilité de la trésorerie causée par ces éléments peut être en partie compensée par du crédit obtenu des fournisseurs et le reste constitue le besoin en fonds de roulement (BFR). Avec le financement COPA, les subventions d'investissement couvrent les immobilisations et le BFR à raison de 80 % et 20 %.

En IFRS les subventions d'investissements apparaissent au bilan, soit en produits différés, soit en déduction du montant de l'actif subventionné. Dans le bilan de l'entreprise à zéro capital de départ (EZCD), cette analyse serait inappropriée car elle poserait deux problèmes, comme le montre clairement le tableau 4 :

1) la difficulté de chiffrer aisément les capitaux propres (Manh et Maillet, 2010, p.94) ;

2) la difficulté de faire figurer les immobilisations subventionnées dans la rubrique des actifs fixes parce que couvertes à 100 % par la subvention (limite de la méthode 2).

Cette façon de traiter la subvention violerait le principe comptable de l'importance relative car la subvention COPA est, selon nous, une information significative dont l'omission ou l'inexactitude risque de désorienter les décisions économiques à prendre sur la base des états financiers.

Tableau 4 : IAS 20 et bilan d'une EZCD

	Extrait Bilan lors de l'octroi de la subvention		Extrait Bilan au 31 décembre	
	Actif	Passif	Actif	Passif
Méthode 1 : produits différés	Actifs non courants	Capitaux propres Passifs non courants 477 Produits d'avance	Actifs non courants 24 Matériels Subvention (Y) 28 Amortissements (-X)	Capitaux propres 13 Résultat (report subvention) Passifs non courants 477 Produits d'avance
	Actifs courants 449 Etat subvention 52 Banque	Passifs courants	Actifs courants 52 Banque	Passifs courants
Constat	*La subvention est enregistrée comme un produit à répartir sur plusieurs exercices*		*La subvention non virée au compte de résultat reste au passif jusqu'à son épuisement*	
Méthode 2 : Subvention en éduction de l'actif immobilisé	Actifs non courants 24 Matériel subvention (Y) Subvention (-Y)	Capitaux propres Passifs non courants	Actifs non courants 24 Matériel non subvention (Y) 28 Amortissements (-X)	Capitaux propres 13 Résultat Passifs non courants
	Actifs courants 52 Banque	Passifs courants	Actifs courants 52 Banque	Passifs courants
Constat	*Pas de trace de la subvention au niveau des ressources. Les matériels subventionnés en 100 % n'apparaissent pas à l'actif immobilisé*		*Idem*	

Source : à partir de notre enquête

La pertinence des solutions SYSCOHADA

Le SYSCOHADA prévoit l'inscription des subventions d'investissement au bilan dans les capitaux propres avec la possibilité d'échelonner sur plusieurs exercices le produit reçu. Cette option de traiter les subventions d'investissements serait pertinente pour l'établissement du bilan de l'entreprise naissante pour deux raisons : 1) la facilité de déterminer le montant des ressources durables de l'entreprise car dans les fonds propres figure le montant net de la subvention d'investissement non encore virée au compte de résultat, 2) la possibilité de former progressivement le capital de l'entreprise en insérant dans le contrat de subvention une clause permettant à l'entreprise de procéder à la capitalisation des réserves constituées pendant la période d'amortissement de la subvention. Le tableau 5 ci-dessous résume toutes ces analyses.

Tableau 5 : SYSCOHADA et bilan d'une EZCD

	Bilan IFRS lors de l'octroi de la subvention		Extrait du Bilan IFRS au 31 décembre	
	Actif	Passif	Actif	Passif
Méthode 1 : produits différés	Actif immobilisé	Capitaux propres 14 Subventions d'investissement Dettes financières	Actifs non courants 24 Matériels Subvention (Y) 28 Amortissements (-X)	Capitaux propres 14 Subventions d'investissement Passifs non courants 477 Produits d'avance
	Actifs courants 449 Etat subvention 52 Banque	Passifs courants	Actifs courants 52 Banque	Passifs courants
Constat	*La subvention d'investissement est enregistrée dans les fonds propres*		*La subvention non virée au compte de résultat reste dans les fonds propres jusqu'à son épuisement*	

Source : à partir de notre enquête

Conclusion

Les concours de plans d'affaires (COPA) sont une initiative du Gouvernement congolais qui vise à sélectionner sur la base d'un plan d'affaires innovant les PME établies, les femmes et les jeunes entrepreneurs à financer dans le cadre d'un projet d'appui au développement des micro, petites et moyennes entreprises (PADMPME) porté par le Gouvernement congolais et financé par la Banque centrale en 2018.

Grâce à cet emprunt, le Gouvernement congolais a résolu de fournir pour une durée de cinq ans une combinaison d'interventions pour appuyer la croissance des micro-, petites et moyennes entreprises et l'entrepreneuriat des jeunes. Parmi ces interventions figurent en bonne place les subventions aux jeunes entrepreneurs comme solution à leur problème de manque des fonds d'amorçage et l'accompagnement technique pour combler leur déficit criant en compétences entrepreneuriales et managériales. 341 entreprises appartenant aux jeunes et exerçant dans trois secteurs d'activités (agro-industrie, industrie légère et services) ont vu le jour grâce à ce programme ambitieux et, toutes ces entreprises traversent depuis un temps une zone de fortes turbulences qui a suscité notre attention dans cette étude.

Subventionnées et accompagnées, ces entreprises naissantes se voient aujourd'hui obligées de publier leurs premiers états financiers reflétant le principe comptable de l'image fidèle. D'où la problématique du traitement comptable de la subvention que la présente étude pose à travers les questions : comment enregistrer en comptabilité : 1) la décision d'octroi de la subvention, 2) les affectations de celle-ci au cours de l'exercice comptable, 3) la partie de la subvention non affectée à la fin de l'année et 4) l'appropriation progressive de l'entreprise subventionnée par l'entrepreneur, c'est-à-dire la formation du capital de départ ? L'objectif étant donc de mieux éclairer les enjeux comptables liés au fonctionnement d'une entreprise privée dont la création a été entièrement subventionnée par l'État.

En comptabilité, d'après les dispositifs comptables existants (IFRS, SYSCOHADA), la subvention est analysée en contexte d'une entreprise établie disposant déjà d'un capital de départ. On la considère comme un complément des ressources permettant à l'entreprise de faire face à ses problèmes de fonctionnement (subventions d'exploitation ou d'équilibre) ou d'acquérir des actifs durables (subventions d'investissements). La présente étude a relevé dans le tableau 5 ci-haut les limites de ces dispositifs comptables en ce qui concerne le traitement comptable de la subvention en contexte de la création d'entreprises entièrement subventionnées,

L'étude propose ainsi une analyse comptable plus complète de la subvention. On soutient que la subvention doit être inscrite au bilan (dans les capitaux propres) de l'entreprise dans l'ensemble subventionnée. Cette option, conforme au SYSCOHADA, aurait un triple avantage pour l'EZCD : 1) réaliser le suivi des actifs fixes subventionnés, 2) faciliter la reprise au compte de résultat de la subvention se rapportant à chaque exercice comptable et 3) permettre l'appropriation progressive de l'entreprise par l'entrepreneur via l'incorporation au capital des bénéfices accumulés pendant la période d'amortissement de la subvention.

Bien qu'elle ait permis d'améliorer notre compréhension des enjeux financiers de la subvention dans une entreprise sans capital de départ, cette étude gagnerait en analysant d'autres enjeux caractérisant les premiers instants de la vie de PME COPA en RDC. On étudierait par exemple la pertinence des business plans élaborés par les jeunes entrepreneurs (leur adéquation avec la réalité du terrain, les erreurs de prévision commises et leur impact sur le fonctionnement). Ou encore s'intéresser à la gestion industrielle et commerciale des unités impulsées (leur capacité à fabriquer et à commercialiser les premiers produits exigés par le marché).

Chapitre 6.

Quel financement entrepreneurial adapté pour les PME africaines en période post Covid-19 ?

ADAMA BOCAR SOKO et RAZANE CHROQUI
Hassan First University of Settat, National School of Applied Sciences, LISA Morocco

Introduction

Le financement des petites et moyennes entreprises (PME) est à l'ordre du jour depuis plusieurs décennies en Afrique. Une pléthore d'articles, d'ouvrages, de thèses et de mémoires en sciences sociales démontre un intérêt marqué à son égard. Leurs contenus démontrent bien qu'il y a beaucoup à faire pour garantir un financement efficace aux PME (Brenner, Fouda et Toulouse 1993, Contamin 1990). À cet égard, il en ressort deux comportements de financement. Le premier comportement est la réticence des banques classiques formelles qui ne prennent pas le risque de financer tout le développement des PME et, quand elles acceptent de le faire, le niveau des taux d'intérêt est tel que seul le démarrage d'entreprises, qui offre des garanties matérielles réelles et vérifiables, peut être éligible (De Briey 2005, Doumbia 2009). Le deuxième comportement est conforme aux propriétaires des PME qui demandent des sommes moins importantes, lesquelles n'attisent pas l'intérêt des banques classiques (Baumann 1996, Servet et Dupuy 1987). Le premier comportement a été largement justifié par l'existence d'asymétries d'informations de plus en plus marquées entre la banque classique et les propriétaires des PME, rendant difficile ex ante l'évaluation de la qualité de prêteur de ce dernier, et ex post, la vérification du bon respect des clauses d'un contrat (Stigler 1961, Stiglitz et Weiss 1981). Le deuxième comportement a été justifié par les possibilités offertes aux propriétaires de PME par les banques alternatives qui leur proposent des crédits à des conditions avantageuses (Bouman 1977, Miracle, Miracle et Cohen. 1980, Lelart 1990, Hugon 1996, Hulme et Mosley. 1996, Aryeetey et Udry. 1997).

Le débat est focalisé sur ces deux comportements observables dans tous les pays africains. La question longtemps débattue porte sur la mise à disposition des financements, en faveur des PME. Le point de vue des acteurs à capacité de financement étant privilégié. Celui des acteurs ayant besoin de financement, n'étant évoqué que pour justifier leur comportement financier passif vis-à-vis des conditions débitrices des banques, c'est-à-dire de l'existence du taux d'intérêt, des frais de gestion et parfois des biens demandés en garantie. La pandémie de la covid-19, qui a ébranlé les économies de tous les pays du monde, a tout simplement relancé ce débat et l'intérêt des points de vue évoqués. C'est précisément la survie et la croissance des PME en période postcovid-19 qui sont au cœur du débat (Mamaro et Sibindi, 2022 ; Yang Liu et al., 2022). Pour tenter de contribuer à ce débat, nous allons répondre à cette question : quel financement adapté aux PME en période postcovid-19 ? Nous allons focaliser notre attention sur le financement entrepreneurial, qui se concentre sur la mobilisation et l'utilisation des ressources financières des PME pendant la phase de développement de ces dernières (Gompers, 2011). Le développement des PME étant un processus qui débute avec le démarrage et qui englobe la prise de risque, l'organisation et l'innovation faites par les entreprises, à taille humaine, lesquelles constituent l'épine dorsale de toute économie d'un pays (Eggers, 2020). L'objectif étant de révéler les sources de financement qui facilitent ce processus entrepreneurial. Pour atteindre cet objectif, nous allons nous appuyer sur l'analyse de la littérature liée à la finance entrepreneuriale, et sur un cas de financement du développement d'une PME en contexte mauritanien.

Le plan de rédaction comporte trois parties, en plus de cette introduction et de la conclusion. La première partie met en exergue la revue de la littérature sur le financement des PME : ici, nous serons critiques, parce que le but est d'éclairer sur le financement adapté en contexte difficile africain, où la majorité des travaux de recherche accepte à demi-teinte les comportements financiers particuliers africains. La deuxième et la troisième partie focaliseront leur analyse sur ce que l'on appelle le financement entrepreneurial : le but étant de préciser ceux qui siéent à la structure de financement des PME africaines en période postcovid-19.

Revue de la littérature

Le but de cette revue de la littérature est d'éclairer sur le financement entrepreneurial adapté aux PME, après la période de la covid-19. Le contenu de cette littérature est récent et en construction.

Un nouveau corpus théorique en construction

Ce nouveau corpus théorique tient principalement au fait que plusieurs hypothèses de la finance traditionnelle ne s'appliquent pas aux PME (Paré et Demerens, 2011). Pour Saint-Pierre (2010), les trois principales hypothèses non validées sont les suivantes :

1) il n'y a pas de séparation entre la propriété et le contrôle de la firme entrepreneuriale ;

2) l'aversion pour les risques des entrepreneurs n'est pas conforme à la théorie financière ; et

3) la diversification de portefeuille des entrepreneurs n'est pas réalisée conformément à la théorie financière.

Si la finance traditionnelle n'est pas une source efficace pour comprendre la gestion financière des PME en création et en développement, il est à constater qu'elle n'est pas totalement hors-sol. Les théories développées, au sein de cette finance et pour les grandes entreprises, comme la théorie de l'agence et la théorie de l'asymétrie de l'information, restent adaptées à ce type d'entreprises.

De plus, des théories spécifiques ont été développées comme la théorie de l'ordre hiérarchique (*Pecking Order Theory*), les théories de l'endettement parmi lesquelles celles fondées sur les actifs (*Asset Based Lending Theory*) ou sur les partenariats (*Relationship Lending Theory*) et, enfin, la théorie du cycle de vie financier, en faveur des PME. À cet égard, le texte de Myers et Majluf (1984) a aidé à révéler et à vulgariser le *Pecking Order Theory*. Le texte d'Ang (1991) souligne que ce type de financement correspond aux petites et moyennes entreprises, lesquelles prennent des décisions de financement qui visent à ordonner leurs préférences pour le financement interne par rapport au financement externe, ou pour les dettes par rapport aux fonds propres. Il s'agit donc de la juxtaposition des moyens de financement, à la fois internes et externes, lorsqu'on est en situation d'information imparfaite. L'analyse de Vasiliou, Eriotis et Daskalakis (2009) montre que la priorité à la mobilisation ou à l'utilisation des ressources internes, si elle est avérée, n'implique pas nécessairement que l'étape suivante corresponde aux dettes ou aux ressources externes.

Berger et Udell (1998) analysent le financement des PME en création et en développement, même si cela n'est pas applicable à toutes, à travers un paradigme du cycle de croissance, dans lequel différentes structures financières sont optimales à différents stades de ce cycle. Le cycle de vie de la jeune entreprise se décompose en cinq phases : amorçage, démarrage, survie, croissance rapide et maturité. Ce cycle peut s'exprimer en termes financiers soit par le chiffre d'affaires, soit par le résultat (profit ou perte), soit par la génération de flux de trésorerie ou encore par la composition de l'actif et du passif de la firme entrepreneuriale.

Étant en perpétuelle construction théorique, nous pouvons oser cette supposition : la mobilisation ou l'utilisation des ressources financières internes par les propriétaire-dirigeants des PME peut être dissociée de celle des ressources externes, quelle que soit la phase du cycle de vie où elles se trouvent. Étant entendu qu'il a été démontré que les dirigeants des PME ont moins eu recours à l'endettement pour financer la création et le développement de leurs entreprises (Binks et Ennew, 1998 ; Cole, 2008).

Choix des modes de financement entrepreneurial

Deux axes sont privilégiés dans les tentatives de compréhension de la finance entrepreneuriale adaptée aux PME. Le premier axe traite de la PME face aux différents modes de financement, le second s'intéresse aux investisseurs. Dans ce qui suit, nous allons nous intéresser aux comportements financiers des PME. Ces derniers prennent en compte les deux axes cités dessus. À cet égard, le texte de Felix (2021) montre que les PME sénégalaises juxtaposent différents modes de financement au cours de leur cycle de vie. De nombreux textes ont également montré que les PME africaines choisissent beaucoup plus les modes de financement qui ne contraignent pas fortement leur développement (Bouman 1977, Miracle, Miracle et Cohen. 1980).

Les textes de De Briey (2005) et Doumbia (2009) ont démontré que l'attitude de la banque est de prêter moins aux PME africaines, qu'elles qualifient de risquées. Cette attitude des banques classiques est d'autant plus observable et avouée qu'elle ne laisse pas indifférent l'État en Afrique, qui tente, dans la limite de ses moyens et de ses possibilités d'actions, de renforcer les capacités financières de toutes petites entreprises et des moyennes entreprises, en créant des fonds spéciaux à leur égard ou en créant des organismes qui encouragent et accompagnent les initiatives privées et collectives.

Plusieurs expériences en Afrique ont montré que l'État s'y prend un peu mal, car leurs actions en faveur du financement, en particulier, ont plutôt ciblé les entrepreneurs, qui ont pris de l'argent, par exemple au Sénégal pour faire autre chose que de financer le développement de leurs entreprises. D'autres actions de l'État ont émergé à la suite de la restructuration et de l'organisation du secteur bancaire en Afrique entre 1993 et 2003. Par exemple, la création des organismes d'État qui s'occupent de la promotion des entreprises en déficit ou en difficulté de financement. En Afrique de l'Ouest et du Nord, il existe des incubateurs et des organismes, dont le but est de rechercher des financements aux PME qui n'ont pas les possibilités de demander des crédits auprès des banques classiques.

En dehors de l'État et des banques classiques, les banques alternatives ont pris à bras le corps le problème de financement des PME, en proposant des produits adaptés aux besoins de financement, qui ne sont pas totalement éligibles aux financements classiques. Quoi qu'encore insuffisants, ces produits financiers tendent bien que mal, dans certains pays africains, à soutenir le développement des PME (Fall et Ndiaye, 2007). Par banques alternatives, entendez d'une part les structures opaques telles que les caisses des groupes de solidarité, les associations familiales et des tontines de quartiers (Henry et alii, 1991), et d'autre part les structures moins opaques qui, selon Baumann, « ont un caractère plus ou moins officiel qui se manifeste entre autres par un règlement intérieur, des contacts institutionnalisés avec les autorités et les bailleurs de fonds [...] ces systèmes de financement décentralisé fonctionnent la plupart du temps comme des mutuelles d'épargne et de crédit. » (Baumann, 1996, pp. 54-63). L'un des objectifs des structures alternatives et informelles, en pole position, est de faciliter l'accès aux crédits, en allégeant certaines conditions débitrices aux propriétaires de toutes petites entreprises, qui ont adhérés à ces structures. Le coût de ces crédits est acceptable, même quand son taux débiteur à court terme est important (Bekolo et Bilongo, 1990). Au Sénégal, par exemple, ce taux variait entre 2 % et 24 %, dépassait le taux plafonné de la BCDEAO en 2014. La pérennisation de ces structures est liée à la grande proximité spatiale et culturelle entre les responsables de ces structures et leurs membres, au respect des engagements de ces derniers et à la mutualisation des risques. Le montant des crédits qu'elles octroient à leurs membres permet de suppléer à l'absence ou à l'insuffisance du financement des étapes du développement des PME.

L'on peut parler aussi d'alternative, la finance islamique qui se développe actuellement dans le monde, dans certains pays africains en particulier, et qui propose des produits financiers islamiques – par exemple la musharaka, mudaraba, murabaha, al ijara wa iktina- adaptés aux besoins des petits entreprises non éligibles aux financements classiques. Le principe est celui du partage des pertes et des profits (3P). Dans ce principe, la rémunération par le taux d'intérêt, qui est contraire à la *charia*, est remplacée par le partage des pertes et des profits dans toute transaction commerciale et financière. Il est le leitmotiv des théoriciens de la finance islamique, puisqu'il est conforme à la *charia*. Le droit de percevoir une rémunération est contrebalancé par le devoir d'être mis en contribution. À cet égard, la participation permet donc l'accomplissement de ce devoir. Plutôt que de prêter de l'argent aux propriétaires de PME qui le veulent, et d'attendre le retour sous forme d'intérêts, les banques préfèrent s'associer avec ces derniers dans les opérations rentables. Elles proposent donc les produits financiers participatifs, qui respectent la charia, pour sceller leurs associations avec les prêteurs. Par exemple, dans le cadre du partenariat al ijara wa iktina, la banque met à la disposition du porteur des équipements dont il a besoin et ce, dans le cadre d'une location avec la possibilité de lui céder définitivement les équipements en question, ou dans le cadre de la musharaka, la banque et son client créent une entreprise en commandite simple, c'est-à-dire apportent des capitaux pour la réalisation d'un projet déterminé et s'engagent à partager ensemble aussi bien les bénéfices que les pertes éventuels.

La banque, qui respecte ce principe, fonctionne selon les préceptes de solidarité liés à la *charia*. Elle prête de l'argent, qui vient en totalité des dons de ses partenaires, sans en demander les intérêts en retour. Elle participe au capital de projets productifs qui peuvent être rentables. Elle finance les ventes à tempérament. Elle assiste les entreprises dans la construction de leur business plans de développement. L'on a des raisons de croire à un avenir meilleur avec ces banques islamiques, à l'instar de la Banque islamique de développement et du groupe financier El Baraka, fondé en 1982 par l'homme d'affaire saoudien Kamel (Galloux, 1990). La première banque promeut le développement économique et le progrès social des pays membres et des communautés islamiques dans les États qui ne sont pas membres, conformément aux principes de la *charia* (Allali, 1990). La deuxième banque, est présente dans de nombreux pays subsahariens, finance les projets qui innovent dans le social (Allali, 1990, op.cit.). Toutefois, il faut préciser que ces banques rencontrent, dans certains pays africains, des difficultés qui nous donnent à penser que ce principe n'est pas totalement respecté.

En clair, les aspects essentiels de la littérature que nous allons retenir pour faciliter notre étude empirique (collecte et analyse des données) sont liés à la théorie de l'ordre hiérarchique, à la théorie de l'endettement et à la théorie du cycle de vie. Ces aspects se révèlent dans les choix des modes de financement en contexte difficile de financement entrepreneurial. Il s'agit, plus exactement des difficultés de financement, de la mobilisation et de l'utilisation des ressources pour poursuivre la reprise et la survie des activités des PME après la période covid-19. Cette dernière couvre les années 2020 à 2021.

Méthodologie de la recherche

Démarche épistémologique et méthodologique adoptée

Les sciences de gestion se basent sur différents paradigmes épistémologiques pour comprendre, expliquer, prédire ou transformer un phénomène, l'objet complexe qu'est l'entreprise (Martinet et Pesqueux, 2013). Ces paradigmes se révèlent sur un continuum allant du positivisme au postmodernisme, en passant par le réalisme critique et l'interprétativisme (Thietart, 2014). Pour tenter d'apporter des réponses à notre problématique de recherche, nous avons opté pour la posture interprétativiste. Cette dernière va s'appuyer sur la méthodologie compréhensive, mieux à même de saisir la nature construite des modes de financements adaptés aux besoins de financement des PME. Cette méthodologie vise en priorité à comprendre le sens plutôt qu'à expliquer la fréquence et à saisir comment le sens se construit dans et par les interactions, les pratiques et les discours. Elle nous aidera à capter et à restituer les données, provenant de deux sources, notamment l'observation participante et les entretiens renouvelés (Yin, 2003, 2009).

Il est vrai que le portrait quantitatif des modèles de financement des PME reste difficile à dresser, le chevauchement, l'imbrication et la complémentarité entre les pratiques formelles et informelles de financement complexifiant le travail des producteurs de statistiques mauritaniennes. Néanmoins, il existe des travaux qui ont tenté d'appréhender cet aspect dans une recherche globale de solution à la promotion de l'entrepreneuriat des petites entreprises (Kane et Ntep, 2014, Kane et Chroqui, 2021). L'étude de cas est donc en droite ligne des travaux cités, en contexte mauritanien.

Collecte et analyse des données

La collecte des données par entretiens s'est réalisée à Nouakchott, dans une zone de transaction commerciale, au marché de Teyaret, auprès d'une femme qui est propriétaire-dirigeante d'une maroquinerie moderne. Cette dernière emploie quatre personnes, dont deux s'occupent de la fabrication. Cette entreprise utilise les techniques ancestrales, des objets de désirs à collectionner (sacs, babouches, sandales et habits traditionnels), une personne aide la propriétaire à tenir la caisse et une dernière personne s'occupe de la livraison, à domicile, pour les commandes fermes.

Par ailleurs, nous avons été autorisés par cette femme à consulter certains livres comptables, où étaient mentionnées les quelques dettes ou ressources empruntées à la banque et aux partenaires de cette entreprise. Les entretiens se faisaient en face-à-face sur le lieu de travail, puisqu'il s'agit « (...) d'amener les sujets à vaincre ou à oublier les mécanismes de défense qu'ils mettent en place vis-à-vis du regard extérieur sur leur comportement ou leur pensée » (Thietart et al., 2014).

Ils ont été renouvelés six fois, pendant un an. Nous avons atteint la saturation empirique au septième entretien, puisque nous avons remarqué que les réponses de notre enquêtée étaient sensiblement les mêmes que les précédentes. Au total, nous avons fait 150 heures d'entretiens, soit deux mois d'entretiens en face-à-face de 4 heures par jour, 3 jours par semaine, et 54 heures d'entretiens par téléphone, soit une heure et 30 minutes par semaine, pendant neuf mois. Nous observons en même temps cette femme, au moment où elle créait son site web. Cette temporalité de l'enquête est justifiée, parce que nous travaillons hors de la Mauritanie, et que c'est durant nos congés professionnels que nous avons fait des entretiens en face-à-face.

L'analyse de contenus des données a été adoptée (Bardin, 1977 ; Vanlin, 2007). Elle a été faite manuellement, pour respecter scrupuleusement l'esprit de notre enquête, c'est-à-dire être au plus près de la réalité. Nous estimons, comme l'a dit Tesch (1990), que les logiciels d'analyse de données, certes nécessaires, peuvent saper notre esprit de créativité et notre liberté de choix des points de référence à analyser. La lecture flottante des données de notre enquête a permis de faire ressortir les points de référence essentiels, en nous appuyant sur les aspects énumérés dans notre analyse de la littérature. C'est ainsi que nous avons identifié douze points de référence au début, sur la base d'un codage ouvert. Ensuite, nous avons procédé au regroupement de ces points, sur la base d'un codage axial simplifié (Glauss et Strauss 1967). Nous avons eu en tout deux points de référence, en respectant le principe de lien ou de ressemblance entre tous les points identifiés au début de notre analyse. Ces deux points constituent donc les niveaux de compréhension de nos résultats. Ils seront illustrés, au paragraphe suivant, à travers les extraits de récits de vie, numéroté par la lettre R suivant d'un chiffre.

L'objectif n'étant pas de présenter tous les extraits de récits du corpus de nos enquêtes, nous avons choisis cinq extraits, parce qu'ils représentent bien les contenus des aspects énumérés dans la littérature, notamment les difficultés rencontrées pendant la crise du covid-19 et les manières d'alterner les sources de financement pour réaliser le développement des PME.

Résultats

Les résultats révèlent un cas de financement entrepreneurial qui se donne à lire à deux niveaux : la reprise et le bricolage financier

La difficile reprise des activités

Le premier niveau de compréhension montre une reprise difficile des activités de vente et de production. En effet, Madame M. tient une boutique, au marché de Teyaret, où elle vend des objets de désir à collectionner et tendance, dont certains sont des pièces rares aux motifs ancestraux mauritaniens et marocains. De Gucci à Chanel en passant par Dior, Louis Vuitton et du cuir fait maison, les espaces d'exposition de cette boutique possèdent les plus belles marques de sacs à main et des accessoires de luxe. Ses revenus de vente lui permettent de payer le loyer de sa boutique, le salaire de ses quatre employés et de rembourser son prêt contracté trois ans plus tôt auprès d'une banque commerciale de la place. Avant la période covid-19, le portefeuille client de cette boutique était constitué de 40 % des clients étrangers, fonctionnaires des ambassades et des représentants consulaires, américains, européens et de touristes africains. Elle faisait mieux face à ses engagements avec ce portefeuille clients. La période de la covid-19 a carrément remis en cause ses prévisions de vente et le respect de ses engagements. À cet égard, voici ce qu'elle nous dit :

R1 : « *(...) J'avais de la peine pour mes employés, que je connais bien les difficultés, puisque j'avais été obligé de les mettre en chômage technique. Il y a eu arrêt complet de l'activité, et je passais un moment difficile (...). Je n'ai eu aucune aide de l'État, rien que des promesses, mais nous avons la possibilité de renégocier les termes de remboursement de nos prêts et nos loyers. Le seul avantage que nous avons reçu de l'État, puisque ce dernier a forcé les bailleurs et les banques à redonner confiance à leurs clients, en acceptant de revenir sur les échéanciers de remboursement et le coût des prêts (...).*

En clair, le développement de sa PME a été compromis avec la crise de covid-19. Aucune vente n'a été réalisée en cette période, où le confinement imposé par l'État mauritanien pour cause d'utilité publique a tari les achats des clients. À coup sûr, comme nous allons le montrer, la propriétaire de la boutique a usé de son talent et de sa détermination pour continuer ses activités économiques génératrices de revenus.

La mobilisation et l'activation des ressources après la crise de la covid-19

Le deuxième niveau de compréhension montre une activité entrepreneuriale particulière : l'activation des ressources financières mobilisées auprès des personnes qui constituent les réseaux d'affaires de la propriétaire de la maroquinerie enquêtée. En témoigne l'extrait de récit suivant :

R2 : *(...) je passais un moment. J'ai un moment pensé fermer ma boutique, mais en regardant en arrière, j'ai mesuré l'effet que ma décision aura sur mes employés, parce qu'ils n'ont que ce travail pour subvenir à leurs besoins (...). Il fallait donc changer de stratégie. Comme je connais beaucoup de monde, certains étant mes clients, d'autres mes proches parents, mon père et ma sœur en particulier, j'ai opté pour aller leur demander de m'aider financièrement à garder ma boutique (...).*

En effet, la décision de rester active a donné à penser à mobiliser autrement les ressources financières. Cette attitude révèle un aspect essentiel du financement : le choix d'un mode de financement peu coûteux et moins contraignant que celui des banques classiques. En témoigne le récit suivant :

R3 : *(...) Je recevais ces aides en compte-goutte, parfois tardivement, mais je recevais tout. Certains donateurs justifiaient leur retour comme indépendant de leur volonté. J'avoue que je les comprenais bien, puisque les temps sont devenus durs. Ce que j'ai apprécié chez eux, c'est qu'ils s'efforçaient à ce que je sois toujours active (...)*

Ce choix est fait, parce que la propriétaire de la boutique enquêtée avait au préalable constitué un réseau d'affaires conséquent. Il s'agit des personnes sur qui Madame M. pouvait compter : d'abord certains de ses clients, ensuite ses parents. La particularité de ces derniers est qu'ils sont là en cas de besoin. Leur soutien financier ne coûte presque rien au propriétaire, en termes d'intérêt économique, mais coûte en termes de demandes à satisfaire, ou de contre-don, comme le disait le sociologue Mauss (1923). En témoigne l'extrait de récit suivant :

R4 : (…) *Ce que j'ai apprécié chez eux, c'est qu'ils s'efforçaient à ce que je sois toujours active. C'était une bonne chose pour moi. Par contre je suis toujours tendue, après avoir déposé un dossier de prêt, pendant ce long moment où la banque va étudier mon dossier et prendre une décision. Ils m'ont évité ça. Mais leur soutien a un coût, même si ce n'est directement pas de l'argent qu'ils veulent. Surtout du côté des parents, je sais que j'aurai à donner ceci, cela. Par exemple, j'ai promis de les rembourser à temps et d'aider mon père à finir sa maison. Je suis à l'abri pendant que je cherche les voies et moyens pour sécuriser mon entreprise, en diversifiant les espaces de vente (...). Je pense que le financement de l'aide à mon père sera ponctionné sur les résultats futurs et non dans les fonds que j'ai reçus d'eux (...).*

Cet autre aspect mérite d'être révélé dans ce sous-paragraphe, celui qui parle de l'utilisation du reliquat de remboursement, obtenu après renégociation du crédit bancaire, pour payer le loyer et d'autres charges connexes après la période covid-19. En effet, un arrêté gouvernemental a contraint les banques à accorder un allègement des dettes aux entreprises afin de les aider à faire face, en partie, au creux de leur trésorerie. C'est dans ce contexte que Madame M a profité pour soulager quelques-unes de ses dépenses annuelles. Même si nous n'avons pas eu écho du montant, nous pensons que cette action de sa banque a enlevé un souci de plus chez M., puisque, très souvent, certains propriétaires des maisons ne sont pas compréhensibles. Les aides financières de ses proches ont été, entre autres, un ajout supplémentaire important pour satisfaire ou réaliser les besoins relatifs à la pérennisation de ses activités de vente. En effet, comme on peut le lire dans son extrait de récit précédent, Madame M a financé le développement d'un site web de vente en ligne et une moto de livraison à domicile.

R5 : (…), *en diversifiant les espaces de vente en ligne. J'ai innové un tout petit peu en renforçant mes capacités de vente, en plus des expositions en boutique. J'ai accepté le service de mon neveu qui m'a créé un site web, j'ai uniquement payé son hébergement. J'ai acheté une moto (...) pour les livraisons à domicile. J'attends de voir comment ça va évoluer (...). »*

Discussions

Elles concernent les résultats de cette recherche. Notre recherche révèle que le mode de financement adapté en période post-covid-19, en milieu difficile, est celui qui consiste à alterner entre plusieurs sources de financement. Il s'agit de ce que l'on appelle un cas de financement entrepreneurial (Felix, 2021). Après la période de la covid-19, pour être plus précis sur ce sujet, certaines PME ont des difficultés pour faire face à leur remboursement, puisque cette période les a privées de réaliser leur objectif économique et financier. À l'instar du cas étudié dans cette recherche, la majorité des PME encore en activité bricole pour rester active financièrement. De la même façon, elle renégocie, au cas où leur offreur de financement est disposé à le faire, les échéances de remboursement de leur prêt contracté avant la période de la covid-19.

À cet égard, cette recherche est en droite ligne avec de nombreuses recherches sur les modes de financement entrepreneurial des PME africaines (Mamaro et Sibindi, 2022 ; Kane et Chroqui, 2021). De même qu'elle présente le point de vue d'une demandeuse de financement. Ce point de vue est largement occulté dans la littérature, puisque c'est toujours le point de vue des offreurs de financement ou banquiers qui est en question (Baumann, 1996, LiY, 2015, OCDE, 2022).

Elle se base sur une méthodologie compréhensive pour étudier un cas de ce mode de financement. Les entretiens effectués auprès d'une femme propriétaire d'une boutique de maroquinerie ont été, certes, utiles pour étudier ce cas. Mais nous n'avons pas vérifié s'il existait un biais de mémorisation, c'est-à-dire que l'enquêtée est susceptible d'oublier ou de surévaluer certains aspects, qui entravent le travail de recherche sur la réalité du financement post-covid-19. Le but n'étant pas de rechercher cette réalité, nous avons plus tôt multiplié le nombre d'entretiens pour espérer réduire l'effet de ce biais sur la collecte et l'analyse de nos données de l'enquête.

Conclusion

Cette recherche montre bien qu'une petite entreprise peut financer son développement à partir des sources de financement alternatives des banques, quand ces dernières deviennent moins contraignantes en période fragile de financement. En effet, les renégociations des taux et des délais de remboursement, couplées au bricolage financier, constituent des techniques de financement que la propriétaire de la maroquinerie a utilisées pour éviter la fermeture de sa boutique. Pour révéler ces résultats, nous nous sommes basé sur l'analyse de la littérature existante sur ce sujet et sur une enquête qualitative et exploratoire, effectuée dans la ville de Nouakchott, au marché de Teyaret.

Cette recherche ajoute des connaissances dans la littérature du financement des entreprises, mais elle contient aussi des limites. C'est le point de vue du demandeur de financement, lequel est largement occulté dans la littérature, qui est mis en évidence dans cette recherche à travers les résultats obtenus. L'objectif n'étant pas la généralisation de ces résultats, nous cherchons ici à révéler un cas d'un mode de financement adopté par une petite entreprise en milieu fragile de financement. Malgré cette limite, qui n'entrave pas la qualité de nos résultats, nous pouvons dire que cette recherche ouvre une nouvelle piste de réflexion sur la problématique du choix du mode de financement des entreprises en période postcovid-19.

Chapitre 7.

The 3F Strategy: Opportunities and Threats for Sustainable Economic Growth in Developing Countries

LARIOUI ABDERREZAK ET HIMRANE MOHAMMED
University of Jijel, Algeria

Introduction

In recent years, the world has witnessed rapid and profound digital transformations that are pushing towards a transition to a very complex stage that is different from any change humanity has witnessed before, characterized by business intelligence and its integration with technology under the framework of what is called the "Fourth Industrial Revolution." This revolution, which differs from its predecessors, is rapidly spreading. The accompanying technologies, with exponential growth versus linear growth, and the widening scope and depth of their effects to include all fields, and their ability to bring about radical changes in production systems, economic relations, and the way societies operate. This new reality has made the use of information and communications technology reach an advanced stage through innovative applications such as the internet of things, computing, cloud, big data, artificial intelligence applications, and 3D printing.

Countries also wish to implement financial inclusion in order to control the parallel economy, or the informal economy that the state cannot control or assess. Because the entities integrated into this type of economy are not subject to the insurance and tax system. Such as institutions that practice illegal activities (arms and drug trade, smuggling humans, prostitution, etc.) or secret activities (small activities, such as selling nuts, freelance activity, private lessons, bicycle maintenance, small tailoring, etc.), as well as even official institutions that carry out inappropriate practices to reduce the value of their tax obligations through fraud. Such as not providing invoices for all sales. These contradictory behaviors may be justified by the citizen's feeling of injustice in the tax system and social insurance, the complexity of regulatory procedures, the low standard of living, which makes it difficult to control the money in the economy, the low growth rate, and weak protection and social insurance. Therefore, we resort to financial inclusion so that everything comes under the watchful eyes of the citizen and the state through electronic cash wallets.

In fact, financial inclusion cannot be achieved except through the development of financial technology, which ensures the provision of electronic financial services to all citizens wherever they are and regardless of the amount of money they hold. Banks are able to control the flow of money "to and from" among citizens. Thanks to the low costs that come with the availability of financial technology, banks or monetary financial institutions can open accounts for simple citizens, and thus they can build a strategy to employ these simple amounts. But with the large number of citizens, they have a greater impact (the law of large numbers).

Financial technology is based on the elements of the Fourth Industrial Revolution associated with big data, cloud computing, the internet of things, artificial intelligence, expert systems, and deep learning. This requires the availability of an information and technological structure capable of ensuring the effectiveness of the information systems required by financial technology. Therefore, countries must formulate a precise and clear strategy in the field of information adoption. Modern means of achieving the goal of financial inclusion are aimed at achieving lasting economic development. By seizing the opportunities, it provides to finance small and medium enterprises and even emerging enterprises, which are considered the basis of economic growth for countries.

In the midst of this digital development, it is important to ask about the strategy followed by developing countries in light of a global trend towards a fourth industrial revolution. Related to financial inclusion, which allows them to benefit from the advantages and avoid the threats to achieve sustainable economic development.

In this context, developing countries, especially African countries, must formulate a technological development strategy based on an orientation towards the optimal use of information technology. Developing countries not to bridge the gap that separates the third world from the developed and civilized world. Because the gap has widened and can no longer be bridged because it includes all aspects of life, and this requires decades of continuous and accumulated work. And then the developed world will have continued to widen the gap on its part, faster and greater.

The expansion of investments by international companies in developing African countries and the increasing interest of developed countries in cooperating with developing countries such as America, Canada, Japan, Germany, China, Turkey, and Russia, in addition to traditional countries (the old colonialists). Such as France, England, Belgium, the Netherlands, Spain, and Portugal, will contribute significantly to bridging the gap between the third world countries and the developed world in the field of information technology, provided that developing countries pay attention to this field,

In this context, our study aims to adopt a complex strategy based on providing the basic components for developing technological infrastructure on the one hand and developing the economic components through financial and technological solutions. In order to enable developing countries to seize opportunities and benefit from the advantages offered by financial inclusion solutions, financial technology, and the revolution. The Fourth Industrial Revolution is used to reduce risks and avoid threats that may pose a danger to the economy of developing countries and hinder the achievement of sustainable economic growth in developing countries.

We propose this model that explains the logical flow diagram for adopting and formulating a 3F strategy.

Figure 1 : Logical Flow Diagram

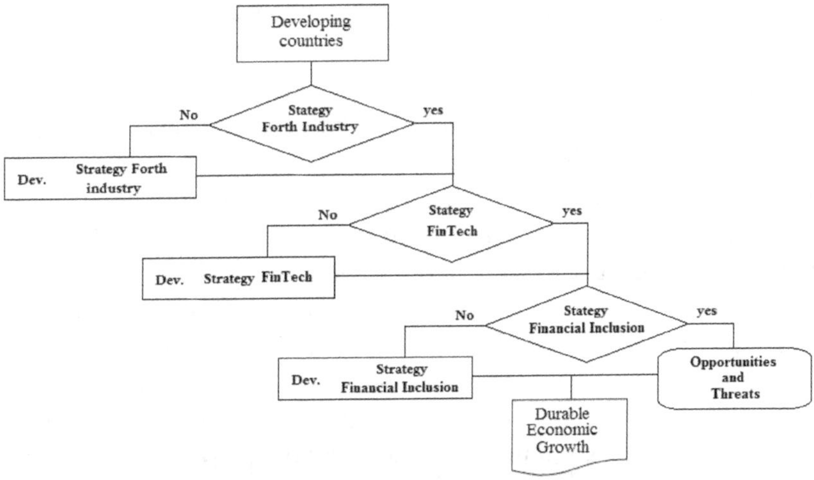

Source : in Larioui, Himrane, 2022.

Components of the Fourth Industrial Revolution

The Industrial Revolution is the process of changing production methods and production systems. This revolution was a period of time full of new inventions and innovations, but it was also an era full of new difficulties and challenges. Beginning with the events of the First Industrial Revolution in England and the Second Industrial Revolution in the United States, we have learned about some major developments in agriculture, technology, and communications, as well as the negative consequences of rapid change, including the dangerous working conditions in factories.

The First Industrial Revolution used coal-fired steam engines in railways and factories as productive power, shifting labor from farmers and artisans to work in small factories. The Second Industrial Revolution, using the new energy of electricity, oil, natural gas, and electricity, provided mass production in large quantities and quickly on a large scale. The Third Industrial Revolution used electronics, information technology, the internet, and computers in industry, which led to the emergence of automatic machines and robots. Some workers were replaced by robots. The Third Industrial Revolution brought about amazing changes by bringing convenience to daily life. (Shopping and withdrawing money online, withdrawing money from ATMs, and communicating via mobile phone) which helped create efficiency in producing products by reducing costs. For the Fourth Industrial Revolution (Industry 4.0), it has made the world of manufacturing linked to the global network in the form of IoT (Internet of Things), which makes the production process connected to digital technology, and the products have also been linked to technology, including the workers who use artificial intelligence systems to be helped in completing production work quickly.

Industry 4.0 is the name given to the Fourth Industrial Revolution, which each time relies on technology. Industry 4.0 creates a revolution in production that increases productivity, contributes to directing the economy, and increases the efficiency of technology in industry. This allows the manufacturing industry to operate faster and more flexibly and be able to produce products more efficiently. This change leads to increased awareness of the consequences and affects workers who must be prepared with the knowledge, attitudes, and skills necessary for the upcoming changes to be able to work with robots and artificial intelligence.

There are many forms of advanced technology being used in industry. But as we enter the era of the Fourth Revolution, these technologies come with higher capabilities from the inclusion of AI, making it possible to extract more potential from the production process and supply chain through joint work between AI and humans.

IoT

- Internet of Things: It is a new revolution of the internet, as it refers to a type of network that connects anything to the internet based on protocols stipulated through information-sensing equipment to conduct information exchange and communications, which enables intelligent recognition of things (physical objects). Or equipment, locating, tracking, monitoring, and managing them (Patel, Patel, 2016).
- Internet of Everything: Cisco believes that the Internet of Everything (IoE) brings together all the elements to make network communications more relevant and valuable than ever before and transform information into actions that create new capabilities, richer experiences, and unprecedented economic opportunities for businesses, individuals, and countries. (Evan, 2012, p. 1)
- Industrial Internet: Industrial Internet, or rather the Industrial Internet of Things (IIoT) or Industry 4.0, which is a network of smart devices connected to form systems that monitor, collect, exchange, and analyze data. It uses the power of smart machines and analytics in real time. The motivation behind this is that intelligent machines are better at capturing data, communicating important information, analyzing it in real time, and using it to drive faster and more accurate business decisions (Posey et al., 2021).

Big Data

The term "Big Data" was first introduced to the world of computing by Roger Magoulas of O'Reilly Media in 2005 in order to define a large amount of data that traditional data management techniques cannot manage and process due to the complexity and volume of this data (Hadi et al., 2015, p. 16). Big Data has been defined as "a new generation of technologies and architectures designed to economically extract value from very large amounts of a variety of data by enabling high-speed capture, discovery, and/or analysis" (Gantz & Reinsel, 2011, p. 6). Madden also defined it as "data that is too large, too fast, or too difficult for current tools to process" (Madden, 2012, 06). Big data arises from electronic processes and from multiple sources and requires powerful technologies and techniques to provide processing. Big data analytics enables organizations to take proactive action and create a competitive advantage.

The term "big data" was present in research in the seventies of the last century, but with a different vision than the same concept in the present day. Big data is used to refer to very large data with a diverse and complex structure that is difficult to store, search, and analyze to reveal hidden patterns and connections.

Some institutions have developed the equipment and expertise to process different types of huge amounts of data, allowing the generation of business intelligence. By focusing on storing it on special devices or distributing it across distributed environments and mining multiple pieces of information. Dimensions, classifying and analyzing them to provide useful information to help gain richer insights to achieve an advantage over the competition, so the concept of big data must be carefully included in the organization's information systems development strategy (Larioui, Himrane, 2022).

Cloud Computing

The term cloud computing was introduced in late 1996 by a small group of technology executives within the offices of Compaq Computer as they were planning for the future of online businesses. Some believe the term was born on 9 August 2006, when Google CEO Eric Schmidt introduced the use of "cloud computing" to describe a new model in which software. Computer power and files are increasingly used across the web rather than directly on desktop computers (Regalado, 2011). But some believe that the term cloud was used to refer to the Internet in the late 1970s, and the cloud computing environment has gained greater popularity due to the ease of implementation and maintenance. As its establishment does not require the provision of a central environment of servers or intensive activities to develop systems, programs, applications, and databases, it may cost the organization a lot of money. In order to obtain, update, and maintain them, the information solutions that the organization desires are obtained directly from cloud computing service providers via the internet. Either free of charge from open sources or at an appropriate rental cost from private paid sources (Larioui, Himrane, 2022).

The National Institute of Standards and Technology (NIST) defines cloud computing as "a model for enabling convenient, on-demand access to a shared pool of computing resources on a ubiquitous network (e.g., networks, servers, storage, applications, and services) that can be quickly provisioned and released with minimal effort administrative or service provider interaction" (Mell & Grance, 2011, 02), as defined by Gartner as a form of computing that uses Internet technology to provide highly scalable resources as a service to multiple clients (Gartner, 2008, 03).

In fact, the cloud computing service is characterized by several basic features, including resource pooling, on-demand self-service, comprehensive network access, measured service, and fast flexibility. Cloud computing services include four types of services:

Infrastructure as a Service (IaaS) : This is the lowest level of cloud computing services, which are services related to the hardware layer. Services in this layer can be divided as follows: a collection of physical resources and virtual resources in a cluster service (Fang Yin, 2010, p. 330). If this service provides hardware infrastructure such as servers, storage, and online devices, the IaaS platform is created based on virtualization technology as a virtual server and storage unit.

Platform as a Service (PaaS) : It is a view of a development platform where web applications are designed, implemented, and deployed. Platforms usually consist of the different layers needed for web applications, such as applications for the backend system (database management system) and an application server. Web according to the chosen programming language, Java, Python, Ruby, and the front-end system capable of dealing with web standards (Pastore, 2013, p. 30).

Software as a Service (SaaS) : It is a software deployment model in which an application is hosted as a service provided to customers over the Internet (Kulkarni et al., 2012, 90). It means providing information software through web browsers as a service to a cloud computing platform so that users can rent informatics programs on demand. SaaS for cloud computing involves reliable applications. SaaS is generally used to refer to business software such as ERP software, CRM, etc. through the internet.

Data as a Service (DaaS) : It is a model of service that refers to the provision of data solutions as a service, which enables access to the data warehouse issued by the cloud service provider, and it facilitates on-demand access to ready-to-use information. As it relies on the concept that the data in this status can be provided upon request to the user regardless of the geographical or organizational separation between them (Rajesh et al. 2012, 25). This service is mainly used by marketing interests to improve audience targeting to launch a promotional campaign.

Artificial Intelligence

Artificial intelligence (AI) is one of the most rapidly growing technology trends in recent years. Many AI technologies mimic human cognitive processes and have recently developed to the point of multiplying applications for self-driving cars, medical diagnostics, personal assistants, algorithmic finance, industrial robotics, video games, etc. This has been helped by the development of computer processing power. Artificial intelligence is a major lever of competitiveness that will engulf all professions. In fact, decision makers also need to understand how to deal with artificial intelligence.

AI focuses on computational models of intelligent behaviors, developing computer systems, reasoning, learning, decision-making, and solving complex problems (Shi, 2011, pp. 9-10). AI has quietly evolved from the development of the digital computer in the 1940s to the present day. It has been proven that computers can be programmed to do very complex tasks (Sofroniou, 2014, p. 2). Simply put, artificial intelligence is a computer system that can do tasks that humans need intelligence to do. AI has already changed the way we live and work (Healey, 2020).

AI is a scientific field that combines computer science, mathematics, engineering, and statistics. It is an area of research to which the university community has been dedicated for more than 50 years. This modern science has seen tremendous growth in its performance thanks to the big data and computing power of modern computers. AI has revolutionized people's cognitive ability, whether it is in analysis or in making decisions.

Components of Financial Inclusion

Financial inclusion means that individuals and businesses can access useful and affordable financial products and services that meet their needs and are delivered in a responsible and sustainable manner. Financial inclusion has been identified as an enabler for achieving the Sustainable Development Goals, reducing extreme poverty, and promoting shared prosperity. Being able to access a transaction account is a first step. Toward broader financial inclusion because a transaction account allows people to store money and send and receive payments, ensuring that people around the world can access a transaction account remains a focus of the World Bank Group. Access to financial services facilitates daily life, helping families and businesses. It helps plan everything, expand your business, invest, and manage risks, which can improve overall quality and allow mobile money services to flourish (for example, in Sub-Saharan Africa, mobile money account ownership rose from 12% to 21%) (worldbank.org, 2022).

New business models, such as e-commerce, allow for financial inclusion. This strategic approach is through the development of a National Financial Inclusion Strategy (NFIS) to promote responsible and sustainable financial services, bringing together various stakeholders including banks, financial institutions, ministries of communications, the education sector, and consumer protection associations. ...etc. When countries take a strategic approach and develop national financial inclusion strategies in cooperation between countries, they increase the pace of reforms and their impact on the sustainable growth of these countries (worldbank.org, 2022).

Electronic Communications

The information revolution, especially the emergence of computers at the beginning of the second half of the last century, and especially after the emergence of the internet in the 1990s, constituted a digital shift whose developments accelerated following the development of information technology and its innovative applications. The development of the internet and networks has made it possible to operate in a more connected world than before. Communications infrastructure is essentially based on the internet that connects devices around the world. The interaction between infrastructure, transport standards, protocols, applications, and content is crucial to communications. Communications infrastructure, wired and wireless, includes all the current (telephone wires, cables, satellites, waves, mobile technology) and expected (6G, standard electrical grid, internet balloons, drones) physical means of ensuring the flow of information over the internet. The internet works primarily through wired and wireless telephone networks, in addition to private lines, satellites, and the WiMAX network (Gacem, Larioui, 2022, p. 63).

As electronic communications are based on mobile applications and mobile terminals (smartphones and tablets) through mobile versions of commercial websites, the number of devices connected to the internet is expected to reach 50 billion at any time from 2025 onwards (ITU, 2018).

E-commerce and e-signature

According to the UNCITRAL Model Law on Electronic Commerce, the first legislative text that adopts the basic principles of non-discrimination, technological neutrality, and functional parity is considered the basis of modern electronic commerce law. It was adopted on June 12, 1996, in addition to additional article 5 bis as adopted in 1998. This law guarantees several principles, including the principle of non-discrimination, the principle of technological neutrality, and the principle of functional parity. The Model Law was accompanied by an enactment guide that provides basic and explanatory information to assist states in preparing the necessary legislative provisions and may guide other users on how to use the text of the 1996 law and additional article 5 bis as adopted in 1998 (UNCITRAL, 2006, p. 306).

The United Nations Convention on the Use of Electronic Communications in International Contracts was concluded in New York and was adopted on November 23, 2005. Aiming to facilitate the use of electronic communications in international trade by ensuring that contracts concluded and other communications exchanged electronically are valid and enforceable to the extent possible. Similar to traditional paper contracts and letters, the agreement applies to all electronic letters exchanged between two parties whose workplaces are located in two different countries. The agreement sets standards for achieving functional parity between electronic letters and paper documents, as well as between electronic authentication methods and written signatures. The agreement also specifies the time and place of sending letters. Moreover, the Convention stipulates the general principle that the legal validity of a communication cannot be denied merely because it is in electronic form (UNCITRAL, 2005).

The UNCITRAL Model Law on Electronic Signatures was also adopted on July 5, 2001, and aims to enable and facilitate the use of electronic signatures by setting standards on the technical reliability necessary to achieve parity between electronic and written signatures. The Signatures Law helps countries to develop a modern, coordinated, and fair legislative framework that addresses the subject of the legal treatment of electronic signatures in an effective treatment and adds certainty to their legal status. The Signatures Law specifies the technical reliability standards necessary to achieve parity between electronic and written signatures. It also specifies basic rules of conduct that may serve as guidelines for evaluating the duties and obligations of the signing party, the party relying on the signature, and third parties. The trustworthy entity that intervenes in the signing process. This law also contains provisions that favor the recognition of foreign certificates and electronic signatures on the basis of the principle of substantive equivalence that ignores the place of origin of the foreign signature (UNICITRAL, 2002).

Components of Financial Technology

Electronic banks

Electronic banks represent one of the latest innovations in the banking sector, and this has brought about a transformation in the financial industry through technologies and multiple forms of banking services. The launch of electronic banking services (e-banking) has contributed to accelerating the digital transformation of banking activity and the emergence of new players in the finance sector. This is in response to international standards and regulations, enhancing the banking rate of citizens, as well as enhancing competitiveness between various public and private banks and developing banking services, as electronic banking services provide advantages and savings to customers in terms of ease and cost of transactions, but they impose challenges on governments, central banks, and commercial banks. New financial system regulation and supervision and the design and implementation of macroeconomic policies, because the emergence of electronic banking services will rapidly change the financial landscape and increase the possibilities of rapid capital movements across borders, in addition to the inability of monetary policy to influence inflation and economic activity.

Electronic money and electronic payment

Electronic money, or digital money, is the result of the creative combination of creating value and transferring it from one person to another through computer programming, information processing, coding, and encryption via an Internet connection. Electronic money has been defined as "any electronic payment method—any material, device, or system that makes payment by transmitting stored information electromagnetically." In recent years, interest in research has increased on the role of central banks in confronting private electronic money to avoid the risks of monetary fluctuations that arise. It will affect monetary policy, as its intervention in this framework could be through the Central Bank Digital Currency (CBDC). With the continued development of the use of private electronic money, central banks must respond urgently to ensure the completion of electronic commerce contracts through the provision of digital money, as the only relationship that links the public to the central bank lies in providing money, as it is the only one authorized to create it. The public has the right to demand that central banks keep pace with digital development, and therefore the responsibility of the central bank is an economic matter and cannot be evaded. The central bank's digital currency is known as "an electronic form of central bank money that the public can use," meaning that it allows the public to keep the central bank's liabilities in digital form. It is a digital currency that is created under the supervision of the monetary authority within a legal framework by the central bank. Thus, it expresses the digital form of paper money, so it is subject to the monetary policy of the central bank and takes the digital procedural path corresponding to the issuance or printing of traditional money, as it is a digital form of central bank money that differs from the balances in reserve accounts or traditional settlement accounts, and there are experiences of some central banks in attempts to create their own electronic money, such as Jasper1 for the Canadian Central Bank, eKrona for the Swedish Scandinavian Bank, e-RMB for the Chinese Central Bank, Sand Dollar for the Central Bank of the Bahamas, Ubin for the Monetary Authority of Singapore, in addition to advanced research for some countries such as England (Gacem, Larioui, 2022, p.70-71).

Components of the Strategy of African Developing Countries

The strategy of African countries to achieve sustainable development is based on the following three-dimensional strategy in order to bridge the gap between the developed world and African countries in order to benefit from the advantages of technological development in all aspects of life, allowing development for Africans.

Opportunities and advantages

The continent of Africa has great economic potential and rich cultural diversity, and it is an area that attracts future investment for international companies wishing to expand in this region. However, understanding the management peculiarities and opportunities available in Africa is necessary to achieve success.

With more than 650 innovation centers on the continent in 2020, Africa's technology industry is growing by providing countless opportunities, able to meet the needs of the African population by establishing true centers of research and development, which has attracted the interest of global technology giants. This is what made it benefit from the great interest of foreign investors. Considered one of the last "blue oceans" of global technological growth, it attracts attention. From the digital giants. Because its population is among the youngest in the world, it will provide a large consumer market, a market that continues to develop thanks to the extensive use of smartphones and the Internet, which is now possible on the continent. Through facilities and infrastructure suitable for developing technologies, it attracts foreign investors and large international groups. By establishing their presence in Africa, these tech giants are undoubtedly the vectors of growth by creating thousands of jobs, which is a boon for African youth who benefit from training in these areas, but also thanks to their investments and financing in regional and local facilities and their support for initiatives. However, Western and Chinese investments alone will not be enough to make the technology sector stable in Africa and ensure sustainable development of the sector. The focus must be on African initiatives, supported by African countries themselves, to usher in a true "African digital revolution" (Morgan Philips, 2021).

The African continent annually achieves more than 40 million new births, and the number of annual deaths has reached about 10 million, with an average annual increase of about 30 million annually, while Europe achieves about 6 million births annually, and is approximately the same number of deaths annually, as for North and South America combined. They achieve about 12 million births and about 6 million deaths, while Asia achieves about 65 million births and about 25 million deaths annually, that is, an average increase of about 40 million people annually. Today, Africa's rate of increase matches the Asian continent, making it a global investment pole.

The population in Africa has increased from about 700 million people in 2015 to about 1,400 million people at the end of 2022, meaning that the internet community (those born after the advent of the internet) is estimated at more than 840 million people (60% of the population is less than 25 years old), in addition to the cost of education on the African continent is low, making it a future pole for the development of information technology and digitization.

The African continent is distinguished by its natural richness, which qualifies it to develop an industrial and technological base. In addition to its location in the middle of the other continents, which makes it a transit area on the one hand, and its proximity to the most important countries in the world, and the interest of developed and industrialized countries to invest in it, Africa possesses natural wealth of oil, gas, gold, iron, and uranium. It qualifies it to develop infrastructure capable of achieving development for the continent (unfortunately, most of this wealth is plundered by colonial and controlling countries).

Risks and threats

Africa's strategic vision is based on creating profound and lasting change to better help Africa improve its security and its ability to withstand the risks and threats facing the African continent that hinder achieving sustainable growth by finding a balanced approach to combating drugs and ensuring personal safety from organized crime, terrorism, and violence. Example, protecting Africa's resources from waste, preventing illicit financial flows and ensuring acceptable livelihoods, as well as protecting people and institutions from corruption and economic crime and making criminal justice systems more effective and accountable.

The strategic vision is defined in partnership, inclusion, innovation, and education to achieve the goals of Africa, which has capabilities that allow the launch of an era of unprecedented transformation and requires the adoption of new and innovative methods, in line with the strategy of the United Nations on the one hand and the African Union on the other hand, and achieving this will require concerted efforts from all countries. Africa, whether at the strategic or operational level, to comprehensively address new and emerging needs and challenges in Africa by mobilizing the financial resources necessary to implement the strategic vision that requires large investments from a wide range of developed countries outside of Africa, as well as ensuring sources of funding at the national and regional levels.

Innovative solutions and approaches to contribute to enhancing Africa's resilience and security in the face of threats related to drugs, crime, violence, terrorism, corruption and money laundering, which may impede the development of a strategy to achieve sustainable development in Africa. Rapid technological developments to address economic, social and environmental challenges in Africa have received widespread attention both At the national or regional level, allowing the use of technology and digital services for member states and through partnership with the private, scientific and academic sectors and investment in innovation-based methods using science, technology and digital means to develop the banking and monetary system and develop industry in Africa.

Conclusion

The 3F combined strategy seeks to support African investment initiatives to fill important gaps in the field of information technology to achieve greater impact and better results towards achieving the sustainable development goals in 2030. Therefore, the leaders of African countries must make a change towards achieving sustainable development goals by linking governments, organizations, experts, institutions, and people. Across Africa and around the world, to unite and assist IT change-makers while electronic banking can provide a number of benefits to customers and new business opportunities for banks, there is still a need for greater harmonization and coordination at the international level. Moreover, the ease with which capital can be moved between banks and across borders in an electronic environment creates greater sensitivity to economic policy management.

To ensure the success of the 3F strategy through the integration of Industrial Revolution 4.0, financial inclusion and financial technology, and the informational interconnection between cloud computing technology, big data, the Internet of Things, and artificial intelligence, which gives this strategy to institutions, technical proposals are presented from different angles of IT management in African countries; these proposals are as follows:

◎ Developing the appropriate technical infrastructure for the development of information systems, Industry 4.0, financial inclusion, and financial technology;

◎ Follow up on the development of the legislative system that allows ensuring that banks and institutions are empowered to develop information systems based on cloud computing, big data, and the Internet of Things;

◎ Providing organizational bodies and structures that allow managing and monitoring the activity of the Fourth Industrial Revolution, financial inclusion, and financial technology;

◎ Providing a security framework to protect data and information systems from risks (electronic crimes and natural disasters);

◎ Developing educational curricula in line with the age of digitalization and information (those with practical knowledge oversee the process within the framework of a strategic vision for Africa's future without restrictions, in line with the nature of advanced information technologies);

◎ Build strong partnerships, integrate innovation, and prioritize prevention-based and information security approaches to ensure the safety of production systems and production lines to provide secure and reliable communications;

◎ Develop big data environments, advanced analytics, big data warehouses, advanced data analysis, and systems planning;

◎ Integrating information systems horizontally and vertically, linking internal and external business processes by changing the concept and approach of work, and emphasizing the creation of value for customers, which helps to work in larger quantities, save time, reduce more errors, and work with complete efficiency;

◎ Developing the industrial Internet of Things architecture through a central electronic control system that allows real-time performance analysis, decision-making, and interaction.

TROISIÈME PARTIE :

DYNAMIQUE ENTREPRENEURIALE FÉMININE AFRICAINE : ÉTUDE DE CAS

Chapitre 8.

L'entrepreneuriat féminin en Mauritanie : Obstacles et perspectives pour son développement

NENE KANE
Université de Nouakchott, Ancienne ministre, Mauritanie

Introduction

Ces dernières décennies ont été marquées par l'arrivée massive des femmes dans le secteur marchand. Autrefois cantonnées dans la sphère domestique, elles accèdent désormais à la sphère économique traditionnellement dominée par les hommes. Comment s'est opéré ce changement ?

Il va sans dire que la femme vit dans une situation de dépendance à l'homme. La femme est surchargée de travail, travaux domestiques, travaux champêtres et élevage dans l'exploitation familiale, travaux secondaires pour ses propres besoins et ceux de ses propres enfants. Elle est aussi chargée de l'entretien de ses beaux-parents et de ses propres parents. La femme est soumise à une forte pression sociale. En position de soumission, elle doit se conformer aux règles sociales. Dans cette société où l'homme est en situation de domination, il a la responsabilité de la famille. Ainsi, il prend les décisions importantes, assure la gestion économique du ménage, notamment la gestion des productions vivrières et des cultures de rente. Il participe aux décisions communautaires et sert d'interface avec le monde extérieur.

Faut-il rappeler que le contexte familial standard mauritanien est semblable à celui décrit par de nombreux auteurs du XXe siècle : l'homme détenait l'autorité et assurait le revenu ainsi que toutes les dépenses du ménage et les femmes étaient confinées aux tâches domestiques, à la procréation et à l'éducation des enfants dans « un espace limité de domesticité » (Dichéneaut et Orhan : 83). De ce fait, la réussite sociale des enfants est attribuée à la mère. En effet la bonne conduite de la mère et son comportement irréprochable dans son ménage semblent être la clé de la réussite des enfants, ce qui se traduit en wolof par « Ligueyu ndey moye anu dome », expliqué amplement dans l'ouvrage de Sarr (1998). Dans une large mesure, tout l'avenir de l'enfant, même physique et mental, dépend de la soumission de la mère Sarr (1998). Une femme qui a donné une bonne éducation à sa fille peut espérer comme promesse un bon mariage pour sa fille. Cette situation implique un mari ayant réussi, donc riche et célèbre.

De façon générale, les femmes mauritaniennes se trouvent confrontées à de nouveaux rôles auxquels elles n'étaient pas préparées. Il apparaît que le passage direct de la sphère domestique à la sphère économique fut sans précédent. Pour ces femmes, le passage d'un travail non marchand à un travail marchand semble constituer une étape majeure dans l'accès à la liberté économique et l'autodétermination. Les avancées paraissent être lentes, mais l'on constate une évolution sensible du statut de la femme mauritanienne : ainsi, l'on est passé d'une femme domestique dépendante du revenu de son mari à une femme indépendante et dynamique contribuant et prenant en charge entièrement la vie économique du ménage. Ainsi, à l'échelle mondiale, selon la Banque mondiale (2019), une entreprise sur trois serait détenue par une femme (Banque mondiale, 2019). Les études réalisées ici et là confirment cette tendance en affirmant qu'à Nouakchott, trois femmes actives sur dix seraient commerçantes (Lesourd 2006) et une commerçante sur quatre serait de sexe féminin. Selon la Banque mondiale (2019), il existe une corrélation positive entre le taux d'entreprises féminines et le niveau de revenu des pays, mais dans une mesure assez modeste : si dans les pays à faible revenu, seule une entreprise sur quatre est détenue par des femmes, la proportion est de 36 et 37 %, respectivement, dans les pays à revenu intermédiaire et élevé.

Ainsi, pour mener à bien leur existence, les femmes devront se tourner vers les pratiques entrepreneuriales, comme elles ont déjà commencé à le faire depuis les débuts de la sécheresse. De plus, malgré la récente accélération de la réduction de la pauvreté en Mauritanie, le rapport sur la pauvreté a révélé que certains groupes ont été laissés pour compte[1], il s'agit notamment des femmes et des jeunes. Les travaux réalisés dans le domaine de l'entrepreneuriat féminin ont été peu étudiés en Afrique (Kane 2017).

[1] SCAPP et autres rapports produits par les organisations internationales

Tous ces constats conduisent à s'intéresser davantage à l'émergence des organisations féminines. Les recherches antérieures (Kane, 2017) réalisées dans le domaine de l'entrepreneuriat ont adapté plusieurs approches. Les premières d'entre elles se sont intéressées à dégager le profil de la femme entrepreneure en effectuant une comparaison entre femmes entrepreneures et non-entrepreneures. D'autres ont tenté de dégager les similitudes et les différences entre hommes et femmes entrepreneurs et les pratiques de la communauté homosexuelle. Ces recherches ont essentiellement porté sur des femmes ayant effectivement créé leur entreprise, et ont tenté de mettre en évidence les différences de réussite sur le plan entrepreneurial, selon le genre. À l'issue de ces travaux, le style de management de la femme a été cerné. Toutefois, aucun de ces travaux à notre connaissance ne porte sur les obstacles des femmes entrepreneures, notamment dans le contexte mauritanien.

L'entrepreneuriat féminin en Afrique

La prospérité d'un pays ainsi que son développement durable sont notamment conditionnés par sa capacité à créer des organisations et en particulier des petites et moyennes entreprises (PME). Le tissu économique des pays en développement est essentiellement constitué à plus de 85 % de secteur informel formant un système dense d'entités de survie en relation les unes avec les autres. De la même manière, dans les pays du Sud, l'interdépendance des petites structures contribue à alimenter leur activité. En conséquence, elle favorise la création d'emplois, la distribution de revenus qui bénéficient à l'ensemble des acteurs locaux. Cette interdépendance crée les conditions de l'émergence d'une classe moyenne et d'une croissance auto-entretenue bases de tout développement durable (Kane 2017).

Cependant le développement de l'entrepreneuriat en Mauritanie se fait dans des environnements complexes aux évolutions parfois aléatoires et avec des moyens très réduits. Il faut impérativement éviter l'erreur qui consiste à dire qu'il suffit de transférer au Sud les dispositifs ou les actions qui réussissent dans les autres pays pour régler les problèmes. Ce n'est pas possible aussi bien sur le plan culturel que sur le plan des ressources financières et humaines ou que sur le plan technique. Il convient d'ailleurs de rester modeste sur l'expérience des autres pays, qui reste très contextualisée et mobilise souvent des moyens importants pour des résultats relativement modestes. De plus, les organisations féminines sont fréquemment constituées de très petites entreprises individuelles, collectives ou familiales ne nécessitant pas un capital de départ financier important. Ces organismes utilisent une main-d'œuvre peu importante et favorisent un mode coopératif qui ne dissocie pas clairement vie familiale, amicale et entrepreneuriale que compétitive. Ces structures se composent en général de femmes non scolarisées et sans qualification. Le secteur informel constitue le plus souvent le seul refuge immédiat pour la majorité d'entre elles. Il semble nécessaire de souligner que même si le secteur informel est géré de façon empirique, sans organisation rigoureuse, il est parvenu, par son dynamisme, à s'adapter à toutes les fluctuations des marchés et à offrir des produits et services qui défient toute concurrence.

L'enquête Findex (2017) montre que dans les pays à faible revenu, les femmes comme les hommes sont plus susceptibles d'épargner que d'emprunter. L'importance relative de l'épargne par rapport à l'emprunt diminue avec le niveau de revenu et s'inverse dans les pays à revenu élevé, où l'emprunt est plus souvent privilégié que l'épargne. Toutefois, les écarts entre les sexes subsistent à tous les niveaux de revenu : les taux d'emprunt et d'épargne à des fins entrepreneuriales sont systématiquement plus élevés chez les hommes que chez les femmes.

Selon la Banque mondiale (2019), dans toutes les régions à l'exception de l'Amérique du Nord, la proportion de femmes ayant accès à un compte bancaire est inférieure à celle des hommes. Le taux de détention d'un compte bancaire est supérieur de 4 % chez les hommes en Europe et Asie centrale, et de 19 % dans la région Moyen-Orient et Afrique du Nord. En Afrique subsaharienne comme au Moyen-Orient et en Afrique du Nord, le taux de détention est de moins de 40 % des femmes.

L'exclusion financière semble être un véritable obstacle, en particulier pour les femmes qui tentent d'accéder à des capitaux pour créer, exploiter ou développer leur entreprise. Selon des estimations de la Banque mondiale (2019), les femmes entrepreneures sont confrontées à un déficit de financement d'environ de 1 500 milliards de dollars dans le monde.

Pour les structures d'accompagnement, on constate toutefois que même si le niveau éducatif des femmes entrepreneures est pour la majorité des cas bas et que les incubateurs sont jeunes et fragiles, la formation occupe un rôle central. Ainsi, la littérature académique sur le sujet demeure relativement marginale et provient majoritairement de sources anglo-saxonnes (Pettersson, 2012). Ces recherches mettent en évidence que les femmes manquent de connaissances sur les compétences nécessaires au développement de leur entreprise et doivent compter plus souvent sur elles-mêmes ou sur leurs réseaux relationnels pour accroître leurs compétences (Ettl et Welter, 2010). Lorsque les femmes se font accompagner, elles ne vont pas pour autant jusqu'à l'étape de création de leur entreprise.

Par ailleurs, la documentation relative à la femme mauritanienne est rare et partielle, en particulier concernant son implication dans les pratiques entrepreneuriales. À titre d'exemple, aujourd'hui encore en Mauritanie, on n'a aucune statistique précise sur le nombre de femmes entrepreneures et sur leur apport quantitatif à l'économie mauritanienne. Par conséquent, une question récurrente qui fait l'objet de débats est : quelle est la contribution économique des femmes mauritaniennes ?

Le développement de l'entrepreneuriat suppose que des conditions d'abord institutionnelles puis économiques et enfin sociales soient réunies pour que les initiatives des créateurs puissent s'épanouir mais aussi que la population manifeste un dessein pour l'entrepreneuriat.

Les obstacles à l'entreprenariat féminin en Mauritanie

L'enquête que nous livrons ici a pour finalité d'identifier les obstacles qui influent sur l'entrepreneuriat féminin en Mauritanie. Ces obstacles ont plusieurs sources : individuelle (entrepreneur), familiale (environnement immédiat), sociale (environnement proche), du système éducatif, de l'État, de la situation économique, du système politique, administratif et juridique, du système bancaire et financier, des médias (environnement institutionnel). Bref, il s'agit des sources de l'écosystème entrepreneurial.

Les informations nécessaires à la réalisation de l'étude ont été recueillies par le biais d'une enquête mixte quantitative et qualitative. Cette enquête est réalisée entre janvier et mai 2019, auprès de 200 femmes entrepreneures, dont 61 % exerçant dans l'informel, 34 % dans les services et 5 % de repreneurs. Les secteurs d'activité relèvent de la production (28 %), du conseil (1 %), du commerce (63 %) et d'activités diverses (8 %).

Les résultats quantitatifs ont permis de décrire les caractéristiques sociodémographiques des entrepreneures investiguées.

Du point de vue démographique : on observe la présence majoritaire de femmes entrepreneures d'âge avancé (la majorité a 45 ans et plus). Les femmes entrepreneures sont pour la plupart mariées, veuves ou divorcées, mais demeurent pour la majorité mariées sous la forme monogamique pour 44 % contre 16 % de polygamiques. Il ressort aussi des résultats que les entrepreneures proviennent de tous les cycles scolaires, avec cependant une prédominance pour le niveau analphabète (45 %). En effet, pour faire face au besoin de la famille, les femmes entreprennent, qu'elles soient issues du foyer ou des institutions publiques et privées. L'activité des conjoints des entrepreneures montre deux tendances : des employés et des chômeurs. Ceux qui sont dans les professions libérales constituent une part négligeable. Le rôle du conjoint est, lui aussi, notoire. Il est celui dont l'influence est la plus souvent jugée comme étant « déterminante ». L'analyse du nombre d'enfants montre que les entrepreneures de notre étude ont pour l'immense majorité d'elles plus de quatre enfants. Les résultats montrent également que le revenu du conjoint a une grande influence sur les pratiques entrepreneuriales des femmes. En effet, nous constatons que lorsque ces revenus sont faibles et donc insuffisants, les femmes entreprennent pour survivre et lorsque ces revenus sont élevés, les femmes investissent pour s'enrichir. En ce qui concerne la motivation, les raisons ayant conduit les femmes à entreprendre sont multiples mais elles peuvent se ramener principalement à la nécessité économique en vue de réduire la pauvreté et de faire face aux charges familiales (les femmes de notre échantillon ont pour la plupart des charges familiales en plus de celles de leurs enfants). En effet, les femmes enquêtées se trouvaient, pour la majorité d'entre elles, en situation de chômage quand elles se sont engagées dans leur projet, tout laisse donc à supposer que ce « passage à l'acte » corresponde à une nécessité de survie liée à une difficile insertion économique. Ainsi, à la question « quels autres facteurs vous ont conduit à envisager de créer votre entreprise ? ».

Les réponses convergent plus sur la nécessité de survie » : « pas de choix, pas scolarisée, pas de revenu, et avec des enfants à charge ».

Après avoir exercé pendant 13 ans comme responsable commerciale, Madame Mariem V., 41 ans, a un niveau bac+2. Depuis son accouchement, elle a du mal à trouver du travail. Elle est actuellement sans emploi. La volonté de créer une entreprise est née chez Mariem V. de la difficulté à trouver un emploi et du souhait « d'améliorer sa situation professionnelle et par là-même, financière ». Madame Mariem V. souhaiterait en effet pouvoir proposer à ses enfants de meilleures conditions de vie : « Je refuse de quémander et de vivre dans une situation de précarité. Elle s'est donc successivement engagée dans divers projets : boutique Boutique Accessoire informatique, entreprise multiservices, boutique exotique, e-boutique... Pour Mariem V., l'entrepreneuriat représente une façon de s'en sortir.

En plus, toujours selon les entrepreneures interrogées, certaines contraintes continuent aujourd'hui à marquer l'entrepreneure mauritanienne. Ainsi, en dépit des efforts du gouvernement, certaines interprétations erronées des préceptes religieux concernant la femme continuent à marquer les mentalités, notamment en milieu rural. Aussi, les femmes éprouvent encore beaucoup de difficultés à se libérer de certaines contraintes sociales (persistance de pesanteurs sociologiques, de certaines pratiques et coutumes, ignorance des lois, dépendance économique, manque de ressources…). Force est donc de constater que le contexte social, avec son cortège de préjugés, ne semble pas offrir suffisamment de possibilités favorables à son développement.

Si pour des considérations religieuses et traditionnelles, la femme mauritanienne n'a pas joué par le passé pleinement son rôle dans la sphère économique, elle paraît occuper depuis des décennies une place incontournable dans toutes les actions de développement économique. Ainsi l'implication des femmes dans la vie sociale et économique en Mauritanie n'est plus à démontrer. Néanmoins, le secteur privé féminin reste peu développé. Il est pénalisé par de multiples contraintes et souffre encore de nombreux handicaps. La liste est longue (Kane 2017) et ne saurait être exhaustive, elle comprend notamment :

– le taux élevé d'analphabétismes ;
– la forte dépendance aux transferts provenant de la famille ;
– le difficile accès au crédit ;
– le regard négatif envers les pratiques entrepreneuriales des femmes ;
– Les idées stéréotypées sur le rôle et la place de la femme dans la société.

C'est dans cet environnement relativement hostile que les femmes entrepreneures, animées par une volonté de survie, s'insèrent parfois avec difficultés dans le tissu économique tant bien que mal.

La nécessité économique reste la motivation la plus importante parmi les femmes de notre échantillon, pour se lancer en affaires. Les besoins d'améliorer leur existence, de lutter contre la pauvreté grandissante, de subvenir aux charges familiales constituent les principales raisons de création d'entreprise chez les femmes de notre échantillon.

Il en résulte que tout programme visant à réduire la pauvreté doit tenir compte de l'environnement des jeunes entrepreneurs, notamment de leurs familles. Il en découle que l'entrepreneuriat féminin en Mauritanie semble encore être à ses débuts, et il est l'héritage d'un passé économique, climatique, politique et social très perturbé. Cependant, des efforts supplémentaires sont souhaitables afin de passer d'un état d'initialisation à l'état d'institutionnalisation en lien avec l'entrepreneuriat. Le soutien et la volonté du gouvernement mauritanien quant au développement de l'entrepreneuriat de même que les aides en provenance des organismes étrangers constitueront un défi pour l'avenir de l'entrepreneuriat. De même, les pouvoirs publics du pays devraient appliquer ou modifier une loi existante. Le but étant de s'assurer du respect des droits financiers des femmes, particulièrement leurs droits de posséder des biens, de percevoir un salaire et de s'employer à rehausser la qualité des services sociaux de base offerts aux femmes. Enfin, les intérêts pratiques se traduisent principalement en termes de développement du potentiel entrepreneurial féminin et plus généralement de la création d'entreprise en tant que carrière. De plus, il apparaît que les entrepreneures ont des difficultés à concilier leurs rôles au sein du foyer dans toutes ses dimensions. La gestion de la famille élargie, les tâches domestiques dans un contexte de pauvreté, les obligations sociales sont autant de facteurs perçus comme limitatifs par les femmes et par les entrepreneures.

Après les questions relatives au profil des femmes de notre échantillon. Nous avons demandé aux femmes entrepreneures de nous énoncer de manière spontanée les facteurs qui peuvent favoriser ou freiner l'entrepreneuriat. Les freins énoncés et les dispositions favorables attendues pour développer l'entrepreneuriat se recoupent, traduisant la cohérence des réponses. Ces facteurs sont traités ici dans l'ordre croissant de leur citation par les enquêtées. Ce traitement s'enrichit des réponses aux questions fermées et ouvertes portant sur le même objet.

- Un environnement financier favorable

Pour remédier au manque de fonds propres des créateurs d'entreprise, il faut faciliter l'accès au crédit en créant des fonds de garanties permettant de limiter les garanties personnelles. Les taux d'intérêt doivent être modérés (39 %) et il faut promouvoir la généralisation du microcrédit (22 %). Des aides financières de l'État incitant à la création d'entreprises peuvent aussi faciliter la création de nouvelles entités (17 %). Par ailleurs, il faut un système bancaire dynamique (12 %), concurrentiel, capable d'accompagner les créateurs d'entreprises et des structures de financement spécialisées et dédiées aux PME (10 %). Les formalités pour obtenir des financements doivent être réduites et l'instruction des dossiers rapide et transparente.

- Un système éducatif avec une orientation plus professionnelle

La formation est jugée inadaptée à l'environnement économique et social et ne mettant pas assez l'accent sur la culture entrepreneuriale (23 %). L'éducation est un moyen privilégié d'inculquer des valeurs et des aptitudes entrepreneuriales. Mais il est bien évident que le développement d'aptitudes et d'attitudes entrepreneuriales constitue un atout pour la société, comme une attitude générale utile à chacun dans sa vie professionnelle et personnelle.

- Une organisation politique s'inspirant des principes de bonne gouvernance

Le clientélisme (39 %), la corruption (19 %), l'absence de relais d'information (20 %), l'égalité des chances (24 %) sont cités comme les freins essentiels au développement de l'entrepreneuriat. En revanche, les facteurs qui peuvent être bénéfiques pour la création d'entreprise sont les suivants : la volonté de s'insérer dans les accords économiques (34 %), la volonté de développement pour le pays (15 %), l'affirmation de l'état de droit (41 %) et le respect des principes de bonne gouvernance s'appuyant sur la méritocratie et la décentralisation (10 %). Ces occurrences sont essentielles pour rassurer les parties prenantes.

- Un cadre administratif et juridique simple et lisible

La mise en place d'un guichet unique permettant à la future entrepreneure de réaliser toutes les démarches administratives, juridiques ou fiscales apparaît comme une formule idéale pour faciliter la création d'entreprise chez les femmes. Il convient aussi ensuite que l'instruction des dossiers soit rapide et réalisée dans des délais connus a priori. Le cadre juridique et réglementaire dont relève la création d'entreprise chez les femmes doit être clair, lisible et adapté, l'obtention des autorisations nécessaires pour créer une entreprise rapide (59 %).

- Une fiscalité adaptée

Les taxes et les impôts doivent être réduits, en particulier dans les premières années de vie de l'entreprise (65 %). Le système fiscal doit être simple, transparent et équitable pour tous. La fiscalité ne doit pas introduire de singularité dans le secteur informel notamment.

- Un environnement sociopolitique favorable

La stabilité politique, la paix sociale, l'absence de troubles sociaux ou politiques (20 %) sont une condition nécessaire à la création d'entreprise. Il faut aussi un environnement macroéconomique favorable avec des politiques économiques stables et lisibles pour rassurer les investisseurs.

- Des infrastructures physiques adaptées

L'insuffisance et la mauvaise qualité des infrastructures physiques (78 % des enquêtés), l'accès difficile aux facteurs productifs comme l'énergie, l'eau, l'accès difficile à la technologie rendent la tâche de l'entrepreneure difficile et découragent les moins endurantes.

- Des conditions économiques peu favorables

Le développement du secteur informel est souvent une réponse à la précarité et aux incertitudes sur l'emploi. La création de son propre emploi est une alternative que l'on ne peut négliger. Devant le risque de perte de pouvoir d'achat et la pénurie d'emplois publics et privés ou la précarité de l'emploi actuel, certains tentent de s'adapter par le travail autonome en créant leur propre entreprise.

- Le rôle de la famille

L'existence d'une culture entrepreneuriale familiale (44 %), l'absence de valorisation de la réussite (38 %) au sein de la famille associée à une entraide financière (18 %) apparaissent comme des facteurs favorables à l'entrepreneuriat.

- Les médias

Les médias ont un rôle à jouer pour faire évoluer la société vers une meilleure vulgarisation de l'entrepreneuriat. Ils doivent également participer à la vulgarisation des portraits d'entrepreneurs réputés, contribuant ainsi à donner une image positive et gratifiante de l'entrepreneuriat féminin.

- Le relais des informations

Pour les femmes de notre échantillon, la transmission des informations apparaît comme un point faible de l'accompagnement actuellement proposé par les structures. Les enquêtées estiment que l'information n'est pas suffisamment relayée aux femmes par les organisations d'accompagnement ou les départements concernés. Elles estiment insuffisante l'information sur l'accès aux financements et subventions. De même qu'elles pensent qu'il n'existe pas suffisamment d'informations sur les fonctions des autres acteurs présents dans le réseau, sur la législation relative à la création d'entreprise.

« On a difficilement accès à la bonne information, ce qui fait qu'on passe souvent à côté des subventions et autres. Les informations qui nous parviennent sont décousues et très souvent pas réelles. » (Extrait du focus group des femmes entrepreneures, 2019)

Conclusion, perspectives et recommandations

Cette recherche conclut sur une note d'espoir. Les femmes mauritaniennes réalisent leurs projets entrepreneuriaux en contexte difficile d'entrepreneuriat. Cette recherche souligne la priorité pour les organismes et institutions d'appui à l'entrepreneuriat et le développement des mécanismes incitatifs favorables à l'entrepreneuriat féminin. En particulier, faciliter les créations et les développements des banques spécialisées dans les financements de toute la création d'entreprises, des organismes d'accompagnement et de conseil, voire des incubateurs au niveau national.

Pour les structures d'accompagnement :

• développer des méthodologies d'accompagnement qui favorisent le transfert d'expériences et de connaissances ;

• créer en amont des formations à l'entrepreneuriat et des réseaux de contacts avec des managers afin d'améliorer les perceptions de désirabilité et de faisabilité de la création par les femmes. Les formations doivent avoir deux finalités accessibles : d'abord révéler les talents d'entrepreneures, ensuite transmettre les techniques et les modes de gestion opératoires, adaptés en contexte, qui aideront à la prise de décision et au suivi des résultats de l'entreprise ou des projets d'affaires. Les formations doivent également donner la priorité au renforcement des capacités entrepreneuriales des apprenants et de la performance des activités entrepreneuriales. Les réseaux peuvent aider à structurer et à trier des informations pertinentes sur le marché à conquérir, sur les besoins de la clientèle ;

• Faciliter le financement des entreprises appartenant à des femmes dans des conditions équitables ;

• Valoriser l'entrepreneuriat féminin à travers des concours nationaux ;

• Établir au niveau national des partenariats entre l'État, le privé et les institutions universitaires, avec une forte implication des deux derniers au sein d'un ou des pôles de compétitivité

Mettre en place un relais d'information :

1. communiquer sur les systèmes d'aide existants, à l'aide des canaux officiels de communications, des forums et des conférences

2. améliorer la connaissance de l'entrepreneuriat des femmes et les données statistiques sur ce sujet. En priorité, créer des banques de données sur les pratiques entrepreneuriales des jeunes. Il faut également utiliser les outils connus, tels que les publications semestrielles et annuelles où l'on trouvera les pratiques entrepreneuriales des femmes, plus spécialement les bonnes pratiques entrepreneuriales servant de modèles à des générations futures.

Au niveau Institutionnel

• Encourager la mise en place des pôles étudiants Entrepreneuriat, Innovation qui doivent être initiés et lancés par les ministères des Affaires sociales, de l'Enfance et de la Famille pour promouvoir l'entrepreneuriat féminin auprès des étudiants ;

- De porter une attention particulière aux spécificités de l'entrepreneuriat féminin. À cet égard, il faut élaborer des enseignements en licence technique et autres pour susciter et développer le gout entrepreneurial et l'esprit d'innovation, au sein des enseignements de spécialisation sur l'entrepreneuriat en master, notamment scientifique et technologique ;
- d'inciter les établissements d'enseignement supérieur à mettre en place des modules de formation continue pour les femmes qui sont actuellement salariées et qui souhaiteraient se mettre à leur compte ;
- Au niveau du choix des politiques macroéconomiques, la mise en place d'une politique nationale de la promotion de l'entrepreneuriat féminin en particulier permet de tracer des grandes lignes et de définir des objectifs prioritaires. Elle doit articuler les questions économiques liées aux femmes, notamment la question de l'entrepreneuriat féminin, avec les préoccupations des politiques macroéconomiques (emploi, réduction du chômage, inclusion financière, développement durable).

Elle permet d'autre part de redéfinir à la lumière de ses objectifs les rôles des institutions susceptibles de faciliter l'épanouissement entrepreneurial des femmes. En particulier, elle permet d'engager un travail nationalement reconnu avec les acteurs institutionnels, les réseaux associatifs et les incubateurs, dédiés à l'entrepreneuriat ;

- Une autre famille de recommandations vise les stéréotypes sur les femmes et plus généralement les représentations en matière d'entrepreneuriat qui peuvent être des freins en amont de la création. En particulier le développement de modèles d'entrepreneures, c'est-à-dire d'exemples d'entrepreneures à même de stimuler un public pouvant s'identifier, et éventuellement ciblant spécifiquement les femmes entrepreneures ;
- La recherche reste le parent oublié dans nos pays. Trop peu d'études existent pour avoir une idée plus juste des besoins des femmes qui optent pour l'entrepreneuriat. Une base de données plus complète permettrait de connaître avec plus de justesse l'impact des politiques et des programmes de formation sur la création d'entreprise chez les femmes ;
- L'autre réponse à l'essor de l'entrepreneuriat féminin en Mauritanie et partout ailleurs est l'innovation technologique comme un accélérateur de croissance. Dans un contexte rendu incertain par les effets

ravageurs de la covid-19, l'accès, la possession et l'utilisation des outils numériques et d'Internet est un atout et un soutien conséquent aux femmes entrepreneures.

- L'adaptation aux exigences de la modernisation de l'économie mauritanienne de certains cadres juridiques, notamment la législation du travail en apportant plus de flexibilité aux marchés de l'emploi, en développant le système d'intermédiation ;
- Les États devront mettre en place les infrastructures des services de base nécessaires au développement du secteur privé ;
- Le développement des secteurs à valeur ajoutée est primordial pour réduire le caractère vulnérable de notre économie et pour promouvoir l'emploi qualifié ;
- Les impératifs de développement durable imposent la gestion conséquente de nos ressources naturelles, la préservation ou l'amélioration du cadre de vie et le développement d'activités n'affectant pas l'environnement. Les entreprises féminines doivent agir dans ce sens le plus rapidement possible pour anticiper les menaces de tous genres qui nous guettent ;
- Pour traduire en acte la vision « ne laisser personne pour compte », il est important de considérer et de répondre aux défis de l'entrepreneuriat féminin en milieu rural, outil de lutte contre le chômage et le sous-emploi. Ces enjeux sont d'autant plus pertinents si l'on veut inverser la tendance de l'exode rural des jeunes, qui constitue un frein important au développement des régions en Mauritanie.

Chapitre 9.

La réalité de l'inclusion financière en Mauritanie

Hanan Khatraty
Université Abdelmalek Essaâdi (Maroc)

Introduction

Dans ce monde interconnecté et technologiquement avancé, les services financiers ne sont plus simplement un ensemble d'opérations et de transactions simples, mais sont devenus un pilier essentiel de la durabilité de la vie économique.

Dans le contexte de cette transformation radicale, le concept d'inclusion financière émerge comme un élément essentiel jouant un rôle efficace dans la promotion de la croissance économique et la réalisation du développement durable à l'échelle mondiale.

Dans notre monde actuel, les services financiers numériques constituent une partie essentielle de la vie économique et sociale. Avec l'évolution technologique significative des dernières décennies, elle a provoqué des transformations majeures dans la manière dont les opérations financières sont effectuées et comment les individus interagissent avec l'argent. Dans cette optique, le concept d'inclusion financière numérique se profile comme un élément incontournable de la transformation économique et sociale.

Les services financiers numériques représentent une évolution majeure dans le monde des affaires et de la finance. Alors qu'ils dépendaient largement des opérations bancaires traditionnelles, les services financiers numériques ont commencé à jouer un rôle de plus en plus important avec le développement de la technologie et la généralisation d'Internet.

De nombreux pays et entreprises ont commencé à proposer des services financiers numériques, y compris la banque en ligne, les transferts électroniques, les paiements numériques et les prêts en ligne. La technologie des téléphones mobiles a également apporté des changements révolutionnaires en permettant aux individus d'accéder aux services financiers via leurs smartphones.

L'inclusion financière, essentiellement, signifie rendre les services financiers disponibles et accessibles à tous, indépendamment de leur contexte économique ou de leur lieu de résidence. Cela inclut la fourniture de comptes bancaires aux individus et aux entreprises, la possibilité d'obtenir des prêts et une assurance, des méthodes de paiement électronique, et d'autres services financiers répondant à leurs besoins diversifiés. Cette autonomisation financière des individus ouvre de nouvelles portes et opportunités pour le développement économique et l'amélioration du niveau de vie.

À la lumière de ce qui précède, nous posons la problématique suivante : dans quelle mesure les niveaux d'inclusion financière sont-ils atteints en Mauritanie ? Pour répondre à cette problématique, nous soulevons une série de questions subsidiaires :

- Qu'entend-on par inclusion financière et quelle est son importance et ses objectifs ?
- Quels sont les défis qui entravent la promotion de l'inclusion financière en Mauritanie
- Dans quelle mesure les services financiers numériques sont-ils utilisés en Mauritanie ?

Objectifs de l'étude et méthode de lecture des articles

- Objectif principal : étudier le concept de l'inclusion financière, analyser son importance et ses dimensions.
- Examiner la réalité de l'inclusion financière en Mauritanie : explorer et évaluer la réalité de l'inclusion financière en Mauritanie.
- Comprendre la transition numérique des services financiers : analyser les implications de la transition numérique sur les services financiers et bancaires.

Pour atteindre ces objectifs et donc répondre aux questions formulées ci-dessus, nous nous sommes basés sur une méthode de lecture des articles à visée descriptive et analytique. Cette méthode va nous permettre de révéler les caractéristiques de l'inclusion financière en Mauritanie.

Les aspects essentiels de l'inclusion financière

Nature de l'inclusion financière

L'inclusion financière est un concept lié à l'autonomisation des individus et des entreprises pour accéder à des services financiers variés et adaptés.

L'objectif de l'inclusion financière est de rendre ces services disponibles à tous, sans distinction, indépendamment de leur contexte économique ou de leur emplacement géographique. Les services financiers relevant de l'inclusion financière comprennent les comptes bancaires, les prêts, l'assurance, les moyens de paiement électroniques, les investissements, et bien d'autres. Plusieurs définitions de l'inclusion financière ont émergé, notamment :

La Banque mondiale qui parle de l'état avec lequel les individus et les entreprises peuvent accéder à des produits et services financiers utiles à des tarifs abordables, répondant à leurs besoins. Cela englobe les transactions, les paiements, les économies, le crédit et l'assurance, qui sont payés de manière responsable et durable (Diaw et Fall, 2022).

Le Groupe des vingt (G20) et l'Alliance mondiale pour l'inclusion financière parlent des mesures prises par les organes de régulation. Elles servent à promouvoir l'accès et l'utilisation par toutes les catégories de la société des services financiers qui répondent à leurs besoins de manière équitable et à des coûts raisonnables. Le Centre pour l'inclusion financière à Washington définit l'inclusion comme l'état avec lequel tous les individus sont capables d'accéder à une gamme complète de services financiers de qualité à des prix abordables et de manière pratique, préservant la dignité des clients (Banque mondiale, 2021).

L'évolution de l'inclusion financière

L'évolution de l'inclusion financière au cours des dernières décennies a été significative, marquée par des changements majeurs dans la compréhension et la mise en œuvre de ce concept. Dans le passé, les services financiers étaient largement limités aux banques traditionnelles, mais avec l'avancement de la technologie et l'augmentation de l'accès à Internet, la prestation des services financiers par des moyens numériques innovants est devenue possible (Lahrour, 2023).

Table 1 : Développements dans l'inclusion financière au fil des années

Période	Développements dans l'inclusion financière
2008-2010	
• Augmentation de l'intérêt pour renforcer l'inclusion financière après la crise financière.	
• Adoption de nouvelles réglementations pour régir le secteur financier et accroître la transparence.	
• Évolution des plateformes bancaires en ligne et augmentation des investissements dans la technologie de l'information financière.	
• 2011-2015	
• Expansion croissante des smartphones et de l'Internet dans de nombreux pays.	
• Développement de nouvelles applications et services financiers numériques visant à faciliter les prêts et la gestion financière.	
• 2016-2020	
• Expansion des services de paiement électronique et augmentation de leur popularité.	
• • Augmentation des investissements dans la technologie financière (fintech).	
• Renforcement de l'inclusion financière à l'échelle mondiale grâce à des initiatives internationales visant à autonomiser les populations défavorisées et à accroître leur accès aux services financiers.	
• 2021-2023	
• Poursuite du développement technologique pour façonner le domaine de l'inclusion financière.	
• Développement de techniques de paiement et de transfert d'argent pour rendre les transactions financières plus sécurisées et efficaces.	
• Engagement continu des pays et des organisations internationales à promouvoir l'inclusion financière comme moyen de stimuler le développement durable et d'accroître la stabilité financière.	

Source ; à partir de notre analyse

Le tableau 1 récapitule les évolutions clés de la compréhension de l'inclusion financière depuis la crise de 2008. Il montre les efforts visant à renforcer l'accès aux services financiers et à accroître la stabilité financière à l'échelle nationale et mondiale.

L'inclusion financière est un concept qui revêt une importance cruciale dans le monde d'aujourd'hui en raison de son impact profond sur l'économie et le développement social. Voici quelques-unes des raisons pour lesquelles l'inclusion financière est essentielle (Benyacoub, 2021)

Promotion du développement économique : l'inclusion financière contribue à fournir des services financiers à une large gamme de la population, y compris les particuliers, les petites et moyennes entreprises. Cela favorise la croissance économique en soutenant l'investissement et la création d'emplois.

Réduction de la pauvreté : l'accès aux services financiers peut contribuer à améliorer le niveau de vie et les opportunités économiques pour les individus et les familles, réduisant ainsi les taux de pauvreté.

Promotion de la stabilité financière : les individus ayant des comptes bancaires et des moyens de paiement numériques peuvent mieux gérer et sécuriser leurs finances, augmentant ainsi leur stabilité financière.

Renforcement de la communication sociale : les services financiers numériques permettent aux individus de communiquer et d'envoyer de l'argent facilement.

Soutien à l'entrepreneuriat et à l'innovation : l'accès aux services financiers peut habiliter les entrepreneurs à financer et à développer leurs projets de manière plus efficace.

Augmentation de la durabilité environnementale : encourager l'utilisation de moyens de paiement numériques peut réduire la dépendance à l'argent, minimisant le gaspillage et contribuant à la durabilité environnementale.

Lutte contre la corruption et promotion de la transparence : les moyens numériques peuvent contribuer à réduire les opportunités de corruption et à accroître la transparence dans les transactions financières.

Amélioration de l'accès à d'autres services : l'inclusion financière peut contribuer à améliorer l'accès aux services de santé, d'éducation et de sécurité sociale grâce au financement et au soutien financier.

Réalisation de la justice sociale : en rendant les services financiers disponibles pour tous, indépendamment du revenu, du sexe, de la race ou du statut social, l'inclusion financière peut réaliser la justice sociale et des opportunités équitables.

Amélioration du crédit et de la gestion des risques : l'inclusion financière contribue à améliorer la capacité à emprunter en comprenant efficacement la gestion des risques financiers.

Atteindre l'inclusion financière est un défi crucial qui doit être relevé partout dans le monde pour garantir un développement durable et une justice sociale.

Indicateurs de mesure de l'inclusion financière

Il existe plusieurs indicateurs utilisés pour mesurer le degré d'inclusion financière (Banque mondiale, 2021) :

- Taux de comptes bancaires : ces indicateurs mesurent la proportion d'individus et d'entreprises détenant des comptes bancaires dans le système financier.
- Taux de prêts et de crédits : ces indicateurs mesurent l'utilisation par les individus et les entreprises des prêts et du crédit.
- Taux d'assurance : ces indicateurs mesurent la proportion d'individus et d'entreprises ayant une assurance santé ou une autre forme d'assurance.
- Utilisation des moyens de paiement électroniques : ces indicateurs mesurent dans quelle mesure les individus utilisent des moyens de paiement électroniques tels que les cartes de crédit et les téléphones portables pour les transactions financières.

En résumé, l'inclusion financière est un facteur important pour stimuler la croissance économique et améliorer la vie des individus, mesurable à l'aide de plusieurs indicateurs comprenant l'accès et l'utilisation des services financiers.

Objectifs de l'inclusion financière

Les objectifs de l'inclusion financière comprennent un ensemble d'objectifs clés recherchés par les gouvernements, les institutions financières et les organisations internationales. Parmi ces objectives :

- Promouvoir l'accès aux services financiers : l'inclusion financière vise à élargir la base des participants au système financier et à rendre les services financiers accessibles à tous, indépendamment de leur emplacement géographique ou de leur classe sociale.
- Améliorer la qualité de vie des individus : en fournissant des moyens d'épargne et d'investissement sûrs et efficaces, l'inclusion financière peut améliorer le niveau de vie des individus et renforcer leur stabilité financière.
- Stimuler la croissance économique : l'inclusion financière contribue à fournir de nouvelles opportunités économiques, à autonomiser les petites et moyennes entreprises et à augmenter les investissements, ce qui conduit à une croissance économique accrue.
- Réduire la pauvreté : en ouvrant des portes d'opportunités économiques aux catégories les plus défavorisées, l'inclusion

financière peut réduire le niveau de pauvreté et réaliser une répartition plus équitable de la richesse.

- Renforcer la stabilité financière : l'inclusion financière peut contribuer à réaliser la stabilité financière des individus et des familles en offrant des opportunités d'investissement et des moyens d'épargne sécurisés.
- Promouvoir le développement durable : l'inclusion financière contribue à renforcer le développement durable en soutenant l'investissement dans des secteurs vitaux tels que l'agriculture, l'industrie et l'infrastructure.
- Atteindre la durabilité sociale : l'inclusion financière peut contribuer à renforcer la durabilité sociale en améliorant l'accès à des services essentiels tels que les soins de santé et l'éducation.
- Améliorer la sécurité financière : l'inclusion financière peut aider à orienter les fonds de manière plus efficace, à examiner les transactions financières et à réduire les pratiques financières illégales.
- Promouvoir l'entrepreneuriat et l'innovation : l'inclusion financière peut encourager l'émergence d'entrepreneurs et d'innovateurs dans le domaine des services financiers.
- Atteindre les objectifs de développement durable. L'inclusion financière est l'un des objectifs clés des Nations Unies pour le développement durable. Elle est dans l'élimination de la pauvreté et la garantie d'un accès équitable aux services de base.

En clair, l'inclusion financière vise à atteindre divers objectifs. Il s'agit de la promotion de la croissance économique, de l'amélioration de la qualité de vie des individus, de la réduction de la pauvreté, du renforcement de la stabilité financière, du soutien au développement durable et à la durabilité sociale, entre autres.

Obstacles et défis de la mise en œuvre de l'inclusion financière

La mise en œuvre de l'inclusion financière est confrontée à de nombreux obstacles et défis qui doivent être abordés avec soin pour garantir le succès de cette approche. Voici quelques-uns des principaux obstacles et défis (Terfas et Lezghed, 2023) :

- Manque de sensibilisation financière : les individus peuvent manquer de sensibilisation quant à l'importance des services financiers et à la manière de les utiliser efficacement. La promotion de la sensibilisation financière nécessite éducation et formation pour les individus.

- Défis technologiques : l'inclusion financière dépend largement de la technologie, et il peut y avoir des défis technologiques liés à la sécurité et à la stabilité technique.
- Défis réglementaires : un cadre réglementaire solide et efficace doit être établi pour le secteur financier afin de protéger les individus et les entreprises contre les risques financiers illégaux.
- Infrastructure financière insuffisante : dans certaines régions et certains pays, l'infrastructure financière peut être faible, rendant difficile la fourniture efficace de services financiers.
- Pauvreté et inégalités : la question de la pauvreté et des inégalités peut constituer un obstacle majeur à la réalisation de l'inclusion financière, les catégories les moins favorisées ayant plus de difficultés à accéder aux services financiers.
- Vérification d'identité : obtenir des documents d'identité officiels peut être un défi pour certains, rendant difficile l'ouverture de comptes bancaires ou l'accès à des services financiers.
- Coût : certains services financiers peuvent être coûteux pour les individus, ce qui peut constituer un obstacle à leur utilisation.
- Défis culturels et sociaux : certaines cultures et sociétés s'appuient sur des traditions et des habitudes de gestion financière traditionnelles, ce qui rend difficile l'adoption de services financiers modernes.
- Défis environnementaux : Les conditions environnementales telles que les catastrophes naturelles peuvent affecter la capacité à fournir des services financiers de manière durable.

Pour surmonter ces défis, les gouvernements, les institutions financières et les organisations internationales doivent travailler de manière coordonnée et collaborative pour développer des stratégies efficaces et des solutions innovantes visant à promouvoir l'inclusion financière et à accroître l'accès aux services financiers.

Dimensions de l'inclusion financière

Les leaders du Groupe des vingt (G20) ont convenu avec la recommandation du Partenariat mondial pour l'inclusion financière sur une série d'indicateurs mesurant l'inclusion financière. Ces indicateurs traitent de trois dimensions principales (Boulahbel et Bendahmane, 2022, Traoré et Alii, 2020) :

- Accès aux services financiers
- Utilisation des services financiers
- Qualité des services financiers

Le concept d'inclusion financière numérique

Le concept d'inclusion financière numérique se réfère à l'utilisation de la technologie numérique pour fournir et gérer des services financiers de manière efficace et sécurisée. Cela englobe l'utilisation des téléphones mobiles, de l'internet et d'autres moyens de technologie moderne pour effectuer des opérations financières. Voici quelques aspects clés pour comprendre le concept d'inclusion financière numérique :

- Paiement électronique : La finance numérique permet aux individus et aux entreprises d'effectuer des paiements et des transferts électroniques en ligne ou via des applications bancaires sur des téléphones mobiles.
- Comptes bancaires numériques : Les comptes bancaires numériques permettent aux individus de gérer leurs fonds et d'accéder à des services bancaires complets sans avoir besoin de se rendre physiquement dans une succursale bancaire. Ces comptes peuvent être ouverts et gérés en ligne.
- Prêts et crédits numériques : La finance numérique offre des moyens d'obtenir des prêts et du crédit de manière numérique, permettant aux individus de les demander et de les traiter en ligne de manière rapide et efficace.
- Assurance numérique : La finance numérique permet aux individus et aux entreprises d'accéder à des services d'assurance de manière électronique, simplifiant le processus d'achat et de gestion des polices d'assurance de façon numérique.
- Technologie de la blockchain : Certains systèmes de finance numérique utilisent des technologies de la blockchain pour assurer la transparence et la sécurité des transactions financières.
- Finance numérique pour l'inclusion financière : la finance numérique vise à élargir l'accès des individus et des entreprises aux services financiers, en particulier dans les régions éloignées des institutions bancaires traditionnelles.
- Innovation et développement : la finance numérique encourage l'innovation dans la prestation et l'amélioration continue des services financiers, contribuant à améliorer l'expérience utilisateur et l'efficacité des opérations financières.

La compréhension de la finance numérique améliore la facilité d'accès aux services financiers et renforce l'inclusion financière, contribuant ainsi à améliorer l'économie et à offrir des opportunités économiques plus larges aux individus et aux entreprises.

Le rôle de la technologie financière dans la promotion de la mise en œuvre des politiques d'inclusion financière

La technologie financière (fintech) joue un rôle crucial dans la promotion de la mise en œuvre des politiques d'inclusion financière et la réalisation de ses objectifs (Banque mondiale, 2021, Boulahbel et Bendahmane, A., 2022). Voici quelques points qui illustrent comment la technologie financière peut contribuer dans ce contexte

- Augmentation de l'accès : la technologie financière peut élargir l'accès aux services financiers, permettant aux individus d'accéder facilement à des comptes bancaires et à des services financiers en ligne via des smartphones. Cela réduit la nécessité d'avoir des succursales bancaires partout et rend les services disponibles dans les régions éloignées.
- Épargne et investissement sécurisés : la technologie financière peut offrir des outils d'épargne et d'investissement sûrs et efficaces, tels que des applications financières et des plateformes de trading en ligne. Cela permet aux individus de développer leur richesse de manière durable.
- Paiements électroniques : la technologie financière permet l'utilisation de moyens de paiement électroniques tels que les cartes de crédit et les applications mobiles, facilitant les paiements et réduisant la dépendance à l'argent. Cela encourage la participation des individus à l'économie numérique.
- Fourniture de services financiers innovants : la technologie financière permet la fourniture de services financiers innovants tels que le financement participatif (crowdfunding) et les cryptomonnaies (comme le Bitcoin), créant ainsi de nouvelles opportunités d'investissement et de financement.

Réduction des coûts : comparée aux structures traditionnelles des institutions financières, la technologie financière peut aider à réduire les coûts opérationnels. Cela peut se traduire par des économies pour les consommateurs et la fourniture de services financiers à moindre coût.

- Analyse de données et rapports : la technologie financière offre une meilleure capacité d'analyse des données et de création de rapports financiers précis. Cela aide les autorités de régulation et les gouvernements à examiner plus efficacement les activités financières et à garantir le financement légal.
- Microfinancement : la technologie financière peut offrir des opportunités aux individus et aux petites et moyennes entreprises

d'obtenir facilement un financement, favorisant ainsi l'entrepreneuriat et la croissance économique.

Cependant, il est important de noter que la technologie financière présente également des défis tels que les problèmes de sécurité et de confidentialité, le contrôle strict des données financières et les défis réglementaires. Une exploitation complète des avantages de la technologie financière nécessite un équilibre entre l'autonomisation technologique et la garantie d'une protection et d'une réglementation appropriées.

La technologie financière dans divers aspects du système financier

- La technologie financière se manifeste dans divers aspects du système financier et transforme la manière dont les services financiers sont fournis et gérés. Voici quelques-uns des principaux aspects inclus dans la technologie financière :
- Paiements de détail et de gros : la technologie financière permet aux individus et aux entreprises d'effectuer des transactions financières rapidement et facilement en ligne et via des applications mobiles. Les individus peuvent payer des factures, effectuer des achats en ligne et effectuer des transferts financiers nationaux aisément. De plus, les entreprises peuvent utiliser la technologie financière pour faciliter les opérations de paiement entre elles et avec leurs fournisseurs.
- Infrastructure des marchés financiers : la technologie financière aide à améliorer l'infrastructure des marchés financiers en fournissant des plates-formes de négociation électroniques avancées et sécurisées. Cela inclut le trading d'actions, de devises, de matières premières et d'obligations.
- Gestion des investissements et de l'épargne : les individus peuvent utiliser la technologie financière pour gérer des portefeuilles d'investissement et réaliser de meilleurs rendements sur leurs investissements. Cela inclut des applications et des plates-formes permettant aux individus d'acheter et de vendre simplement des actions, des obligations et des fonds négociés en bourse.
- Assurance : le secteur de la technologie financière simplifie les processus d'achat d'assurance et fournit des services d'assurance personnalisés aux individus et aux entreprises. Les assurés peuvent obtenir des estimations d'assurance en ligne et personnaliser facilement leurs documents d'assurance.

- Fourniture de crédit : la technologie financière introduit de nouvelles méthodes de fourniture de crédit et d'évaluation du crédit pour les individus et les entreprises. Les prêteurs peuvent utiliser le big data et l'analyse pour prendre des décisions plus précises sur l'octroi de prêts.
- Levée de fonds : Les start-ups et les entrepreneurs peuvent tirer parti des plates-formes de financement participatif pour lever des fonds et financer leurs projets. Cela contribue à stimuler l'innovation et à soutenir les petites et moyennes entreprises.
- Prêt et emprunt en ligne : Les individus et les entreprises peuvent emprunter et prêter en ligne via des plates-formes de financement participatif et des prêts en ligne.
- Transferts d'argent et paiements : la technologie financière permet aux individus et aux entreprises d'effectuer des transferts internationaux d'argent facilement et à moindre coût par rapport aux méthodes traditionnelles.
- Cryptomonnaies : les cryptomonnaies décentralisées telles que le Bitcoin et l'Ethereum permettent aux individus et aux entreprises d'effectuer des transactions financières directes sans intermédiaire financier traditionnel.

De cette manière, la technologie financière améliore l'efficacité, l'accès et la flexibilité dans le système financier, contribuant ainsi à renforcer la mise en œuvre des politiques d'inclusion financière et à atteindre les objectifs.

Réalité de l'inclusion financière numérique en Mauritanie

- En 2021, le monde a connu une reprise de l'activité économique, soutenue par des mesures significatives prises par les gouvernements, associées à des politiques monétaires flexibles et à un assouplissement des mesures de distanciation sociale. Toutefois, cette reprise a varié entre les pays développés et les économies émergentes.

La Mauritanie, après avoir subi une contraction de son économie en 2020 due à la pandémie de COVID-19, a amorcé une reprise économique. Les mesures préventives mises en place et l'isolement sanitaire ont affecté la dynamique économique. Cependant, dans le cadre de la transformation numérique, des changements radicaux ont été observés dans les modèles économiques traditionnels, touchant aussi bien le secteur privé que les services publics. De nombreux ministères en Mauritanie ont commencé à adopter des solutions numériques pour offrir des services gouvernementaux, signalant une transformation majeure vers le numérique dans le secteur public (Banque centrale de Mauritanie, 2023, Merniz et Bendjelloul, 2024).

Dans le secteur bancaire, l'année 2021 a été marquée par le lancement d'applications bancaires numériques telles que **Bankily**, **Masrvi**, et **Al-Sadad**, visant à renforcer l'inclusion financière. Ces outils favorisent la transformation numérique, en facilitant les opérations bancaires et financières via les téléphones mobiles. Les banques doivent donc suivre cette tendance numérique pour rester compétitives, en développant continuellement leurs produits et services grâce aux dernières innovations technologiques.

Les services bancaires numériques visent principalement à promouvoir l'inclusion financière en permettant aux individus d'ouvrir des comptes bancaires, d'effectuer des transactions financières, des transferts et des paiements à l'aide de leurs téléphones mobiles. Ces services permettent également aux banques et institutions financières de fournir leurs services à distance de manière efficace et sécurisée, comme le paiement de factures et le rechargement de téléphones portables. Ces avancées contribuent significativement à la transformation numérique dans les services financiers.

Tableau 2 : Indicateurs d'inclusion financière en Mauritanie pour les années 2011, 2014 et 2018

Années	Indice de possession de comptes financiers (%)	Indice d'utilisation des comptes pour les paiements (%)	Indice de possession de la carte de crédit (%)
2011	3	3	3
2014	20	2	4
2018	17	2	5

Source : notre analyse

Bien que des progrès mineurs aient été réalisés en matière de possession de comptes financiers et d'augmentation de la possession de cartes de crédit, la Mauritanie fait toujours face à des défis considérables pour promouvoir l'inclusion financière. Les efforts doivent être intensifiés pour améliorer ces indicateurs et accroître l'accès des

Mauritaniens aux services financiers. Encourager l'utilisation des services financiers numériques est un élément crucial pour promouvoir le développement économique en facilitant l'accès aux services financiers pour tous.

En résumé, les services bancaires numériques jouent un rôle essentiel dans le renforcement de l'inclusion financière en Mauritanie, permettant aux individus de gérer plus facilement et efficacement leurs affaires financières. Ils contribuent également de manière significative à la promotion de la transformation numérique dans le secteur des services financiers.

Conclusion

L'inclusion financière numérique s'avère être un élément essentiel pour le développement économique et social de la Mauritanie. Les avancées technologiques dans le secteur financier offrent des opportunités sans précédent pour améliorer l'accès aux services financiers, notamment pour les populations traditionnellement exclues du système bancaire. Grâce aux initiatives numériques, les Mauritaniens peuvent désormais effectuer des transactions, gérer leurs finances et accéder à des services tels que le crédit, tout cela via leurs téléphones mobiles.

Les efforts du gouvernement et du secteur bancaire pour favoriser cette transformation numérique sont cruciaux. En 2021, le lancement d'applications bancaires numériques a marqué un tournant dans la manière dont les Mauritaniens interagissent avec les services financiers. Cependant, malgré ces progrès, des défis subsistent. L'accès à des services financiers de qualité reste inégal, et il est impératif d'augmenter la sensibilisation des citoyens sur l'utilisation de ces outils numériques.

Pour renforcer l'inclusion financière, plusieurs recommandations peuvent être mises en œuvre :

– Renforcer la sensibilisation et la formation : il est nécessaire de mener des campagnes d'information afin d'éduquer la population sur l'importance et l'utilisation sécurisée des services bancaires numériques.

– Élargir la couverture réseau : améliorer l'infrastructure des communications et élargir l'accès à Internet est essentiel pour garantir que tous les citoyens aient accès à ces services.

– Réglementer le secteur : des mesures de réglementation robustes doivent être mises en place pour assurer la sécurité des services bancaires numériques et protéger les consommateurs.

– Encourager l'innovation : la création de nouveaux produits et services adaptés aux besoins des utilisateurs doit être favorisée, ainsi que l'innovation dans les applications bancaires.

– Mesurer et surveiller l'impact : il est crucial d'évaluer régulièrement l'impact des services financiers numériques sur l'économie et la société pour ajuster les politiques en conséquence.

En résumé, bien que des progrès significatifs aient été réalisés, la Mauritanie doit poursuivre ses efforts pour développer l'inclusion financière numérique. Cela permettra non seulement de stimuler la croissance économique, mais aussi d'améliorer le niveau de vie des citoyens et d'atteindre un développement durable.

Chapitre 10.

L'entrepreneuriat informel féminin au Maroc : Analyse comparative avec les statuts d'occupation des Marocaines

ABDELAZIZ KHALFAOUI
École Nationale de Commerce et de Gestion, Université Hassan I, Maroc.

Introduction

Dans un contexte national marqué par la faiblesse du taux d'activité féminin, la part des unités de production informelles (UPI) dirigées par des femmes marocaines n'est que de 8,9 % selon l'enquête nationale sur le secteur informel de 2013-2014. La tendance baissière de la part des femmes-cheffes des UPI par rapport aux années précédentes (9,9 % en 2007 et 12,4 % en 1999) ne s'est pas traduite par une augmentation du taux d'activité féminin dans le secteur formel (ce taux a même chuté de 25,9 % en 2010 à 19,9 % en 2020). Par ailleurs, l'examen du profil des cheffes des UPI et de l'emploi informel dans sa globalité révèle une précarité de ce statut à tous les niveaux. Cette précarité de l'emploi des Marocaines dans sa dimension microéconomique reflète un contexte macroéconomique du marché du travail et de l'économie marocaine. Ce contexte est caractérisé par des déficits d'emploi importants en quantité (chômage élevé des jeunes et des femmes urbains, travailleurs découragés, faible taux d'activité) et en qualité (emplois vulnérables, revenus faibles et emplois informels, en particulier pour les travailleurs non qualifiés, disparités de toutes sortes…), combinés à une forte pression de l'offre de travail (arrivée massive des jeunes sur le marché du travail estimée à 400 000 par an, nouvelle politique de migration consistant à l'accueil des immigrés africains…). À ce propos, selon un rapport effectué par le Bureau international du travail (BIT) en 2014, le taux d'activité au Maroc est l'un des plus bas au monde, surtout en raison de la faible participation des jeunes et des femmes au marché du travail (Mejjati Alami, R, 2006). Le taux d'activité des femmes est en effet l'un des plus bas dans la région Afrique du Nord et Moyen-Orient (MENA), soit 25 % (18 % dans les villes et 36 % dans les campagnes). La faible participation des femmes marocaines au marché du travail peut s'expliquer essentiellement par le poids de l'emprise des institutions sociales marocaines, encore très conservatrices (famille, mariage) et des normes socioculturelles. Ces dernières restent majoritairement hostiles au travail des femmes et considèrent qu'être une mère au foyer constitue davantage de satisfaction qu'une femme active chez une majorité de Marocains. En outre, le marché du travail marocain se caractérise par la cohabitation de deux compartiments : un premier constitué par des emplois formels « officiels », respectant toute une série de normes (respect du droit du travail, productivité importante, rémunération intéressante…). Et le second englobant des emplois informels, globalement, très précaires et peu rémunérateurs. Il en résulte une nette segmentation du marché du travail avec de fortes disparités territoriales (urbain/rural et régionales) et socio-démographiques (genre, niveau d'éducation, âge…). En dehors des activités agricoles pour les femmes rurales, les femmes marocaines actives employées sont partagées entre le secteur formel et le secteur informel.

En se basant sur les résultats des trois dernières enquêtes menées sur le secteur informel au Maroc, nous tenterons de dresser le profil sociodémographique des femmes cheffes d'UPI. Notre but étant de comprendre les motifs de ce « choix » de ce statut occupationnel par ces femmes.

Ensuite, par le biais d'une étude statistique menée sur un échantillon constitué par des femmes actives casablancaises en 2015, nous allons essayer de comparer le statut de femmes-cheffes UPI informelles avec le statut de salariée informelle. L'étude vise notamment à vérifier l'influence de certaines variables (l'âge, le niveau d'instruction, la profession du père…) sur le statut occupationnel des femmes et les variables qui participent à déterminer l'orientation des Marocaines dans les segments du marché du travail. Le but ultime étant d'essayer d'apporter des éléments de réponse à la question posée dans cette recherche. Il s'agit de savoir si l'entrepreneuriat informel peut constituer une sorte de promotion pour les femmes marocaines ou s'il ne s'agit que d'un statut occupationnel choisi, faute de mieux (Charmes, 2002).

Femmes entrepreneures informelles au Maroc : Entre théorie économique et réalité du terrain

Une revue de littérature du statut occupationnel

Selon l'analyse néoclassique basée sur la rationalité des agents économiques, entre plusieurs statuts d'emploi, le choix occupationnel d'un individu résulte d'un arbitrage des utilités procurées par chacun de ces statuts d'emplois (Johansson, 2000). Une utilité mesurée, en principe, par le gain en revenus procurés par un statut d'emploi par rapport aux autres statuts. En partant de cette analyse, le choix d'un emploi informel (indépendant ou salarié) découle d'un calcul coût/bénéfice (Andrews et al., 2011). Donc les individus qui optent pour le secteur informel le font par le biais d'un calcul. En effet, ils s'attendent à ce que ce choix leur procure plus d'avantages (en l'espèce, le secteur informel est caractérisé par l'absence des charges fiscales et des charges sociales, l'absence des coûts d'enregistrements administratifs…), tandis que les inconvénients qui en découlent (non-droit à la retraite, inéligibilité aux prestations sociales, non-accès au crédit bancaire, inéligibilité aux marchés publics et aux subventions publiques, etc.) sont des externalités dont les coûts sont jugés inférieurs, comparativement aux avantages tirés (Combarnous, 1999).

La confrontation de cette théorie avec la réalité du marché du travail marocain, à l'aune des résultats de la dernière enquête menée sur le secteur informel au Maroc en 2013-2014, montre :

– Si on s'intéresse aux principaux avantages procurés par l'exercice d'une activité informelle chez les cheffes des UPI : un tiers (33,7 %) des femmes évoquent la « flexibilité des horaires » ; 16,6 % justifient leur choix par « ne pas devoir se soumettre à un cadre réglementaire » ; seulement 9,1 % évoquent la contrainte fiscale « peu ou pas d'impôts » alors que 25,6 % ne trouvent « aucun avantage » à exercer dans le secteur informel.

– Si on se focalise sur le statut de salarié informel, les réponses des personnes concernées vont quasiment dans le même sens : le salariat informel est la seule proposition disponible et accessible pour le moment.

– Si on regarde de près le secteur informel au Maroc dans sa globalité, on constate qu'il se caractérise par :

– Une faible productivité (une heure de travail effectuée dans le secteur informel génère près de 19 DH de valeur ajoutée, soit l'équivalent de la moitié de la productivité générée par la même durée dans le secteur formel, selon l'enquête sur le secteur informel de 2013) ;

– Une fragilité sociale notoire (faible rémunération, absence de protection sociale) : la quasi-totalité (98 %) de la main-d'œuvre dans le secteur informel a déclaré ne pas être protégée par une quelconque institution de sécurité ou de protection sociale ;

– Selon les résultats de la même enquête, pour un travailleur dans le secteur informel, la durée moyenne de travail est de 48,4 heures par semaine et de 22,3 jours par mois. Une durée qui dépasse la durée hebdomadaire moyenne nationale de 2,3 heures ;

– Une insalubrité des lieux d'exercice (absence d'eau potable à hauteur de 71,2 %, absence d'électricité pour 32,2 %, absence de raccordement au réseau d'égouts 74,2 % des cas, etc.).

Ces statistiques dénoncent la précarité criante des emplois féminins informels par rapport aux emplois formels. Elles ne laissent pas croire que les femmes occupées dans le secteur informel ont choisi librement de travailler dans ce secteur d'activité qui ne procure que des désavantages.

Somme toute, le modèle de choix occupationnel axé sur la rationalité des agents, n'est pas très en phase avec la réalité du marché travail dans les pays en développement, comme nous l'avons vu dans l'exemple des emplois féminins informels au Maroc.

D'où l'émergence d'une nouvelle théorie qui conçoit les emplois informels, non pas comme un choix mais comme une conséquence subie par une frange de la population exclue de l'activité formelle (Perry et al., 2007). Cette théorie met l'accent sur la condition sociale précaire (pauvreté, faible qualification, illettrisme…) qui condamne une part importante de la population à s'orienter vers les activités informelles, puisqu'elle n'a pas eu sa place sur le marché formel. D'ailleurs, une autre étude menée sur le Maroc (El Aynaoui, 1997) a montré que le statut occupationnel des Marocains est déterminé surtout par des caractéristiques intrinsèques de l'individu (niveau d'instruction, genre, état matrimonial…) et d'autres paramètres liés à son environnement familial (catégorie socioprofessionnelle des parents). D'autres études menées sur d'autres pays en développement aboutissent aux mêmes conclusions : entre autres, (Bertrand, 2005) sur les jeunes au Cameroun, (Bellache et al., 2014) et (Hammouda et Lassassi, 2009) sur l'Algérie (Gherbi, 2014) pour la wilaya de Bejaia en Algérie. Toutes ces études s'accordent sur le fait que l'accès au segment informel du marché du travail dépend fortement des caractéristiques intrinsèques des candidats à l'emploi. D'autres auteurs (Sboui, 2006) proposent un dépassement du dualisme du marché du travail basé sur un clivage entre formel et informel. Ces auteurs proposent une stratification déterminée par les caractéristiques des emplois occupés entre des emplois « protecteurs » et des emplois « non protecteurs » réservés aux candidats à l'emploi selon leurs caractéristiques sociodémographiques et parentales.

Par ailleurs, certains auteurs comme (Thai et Turkina, 2014) mettent en avant l'influence de l'environnement macroéconomique (forte croissance économique, qualité des institutions, bonne gouvernance, diffusion de l'innovation, prépondérance du secteur des services dans l'économie, qualité du capital humain, etc.) sur l'encouragement de l'entrepreneuriat formel (l'emploi formel) et le découragement de l'entrepreneuriat informel (l'emploi informel). La part importante de l'entrepreneuriat informel au Maroc est alors due à un retard de développement économique et à une population majoritairement mal instruite et avec un niveau de revenus faibles. Une autre perception plus positive de l'entrepreneuriat informel et des emplois informels considère que, dans les économies en développement, ces activités constituent un tremplin vers la formalité, dès lors que les autorités publiques assouplissent les démarches administratives. Ces dernières étant relatives à l'enregistrement et accompagnant les entreprises informelles dans leurs efforts de transition vers le secteur formel (Williams et Round, 2007).

La réalité des emplois informels féminins au Maroc

Pour l'année 2013, la lecture des profils des cheffes des UPI marocaines révèle que plus de 39 % d'entre elles n'ont aucun niveau scolaire, 21,5 % ont un niveau primaire et seulement 4,9 % ont un niveau supérieur. Même s'il est en nette amélioration par rapport à 2006 et 1999, le niveau d'instruction des femmes cheffes des UPI reste médiocre. Par ailleurs, elles sont relativement jeunes : 33,1 % ont moins de 35 ans et 58,4 % ont moins de 59 ans.

Une étude empirique sur les déterminants du statut occupationnel des femmes casablancaises

Définitions des statuts occupationnels considérés

Nous allons essayer, dans cette étude, de mesurer l'effet de certaines caractéristiques personnelles des femmes casablancaises occupées sur la nature de leur statut occupationnel. D'après les réponses recueillies, nous avons distingué trois statuts d'emploi :

– Salariée dans le secteur formel,
– Salariée dans le secteur informel,

– Cheffe d'unité de production informelle (UPI).

Pour dissocier le salariat formel du salariat informel, nous allons opter pour le critère de l'existence d'un contrat de travail formel. Ainsi les salariés formels sont ceux qui disposent d'un contrat de travail (quelle que soit la durée), tandis que lorsque le contrat de travail fait défaut, le salarié est considéré comme informel.

Quant au statut de cheffe d'UPI, nous allons retenir le critère de la tenue d'une comptabilité comme critère de distinction entre les entreprises formelles et les UPI informelles. Les unités de production qui n'observent pas une comptabilité seront considérées comme informelles.

Définitions des variables ciblées

Nous avons enquêté 220 Casablancaises occupées au courant de l'année 2015. Le taux de réponse est assez satisfaisant (184 questionnaires sont totalement exploitables).

Nous avons recueilli des réponses portant sur les aspects suivants chez les femmes enquêtées :

– Le statut de l'activité : c'est une variable qui peut prendre une des modalités suivantes : une indépendante informelle (cheffe d'UPI) ; une salariée formelle ou une salariée informelle ;

– L'âge : que nous avons regroupé par la suite en cinq intervalles, à savoir moins de 31 ans (codée 1), entre 31 et 40 ans (codée 2), entre 41 et 50 ans (codée 3), entre 51 et 60 ans (codée 4) et 61 ans et plus (codée 5) ;

– Le statut matrimonial : célibataire, veuve, divorcée ou mariée. Cette variable sera codée comme suit (1 pour célibataire, 2 pour veuve, 3 pour divorcée et 4 pour mariée) ;

– Le niveau d'instruction : quatre échelles ont été adoptées, à savoir : sans aucun niveau (codée 1), niveau primaire (codée 2), niveau secondaire (codée 3) et niveau supérieur (bac et plus, codée 4) ;

– La taille du ménage : correspondant au nombre de personnes vivant avec la femme interrogée, c'est une variable quantitative discrète ;

– Le statut occupationnel du père par rapport au secteur informel : cette variable prendra la valeur 1 lorsque l'emploi du père est situé dans le secteur informel et la valeur 0 sinon.

– La satisfaction de la situation professionnelle actuelle : seulement deux réponses sont proposées : oui (valeur 1) ou non (valeur 0) ;

– Le lieu de naissance : la référence est la région du Grand-Casablanca, cette variable prend la valeur 1 lorsque la femme interrogée est native de la région, elle prend la valeur 0 si elle est née ailleurs ;

– Le secteur d'activité : nous avons repris la nomenclature suivante : l'industrie (codée 1), le commerce (codée 2) et les services (codée3).

Résultats

La pertinence du modèle utilisé

Nous allons chercher à vérifier la liaison éventuelle entre le statut occupationnel des femmes (variable à expliquer) qui s'exprime, dans notre cas, en trois modalités (cheffes UPI ou indépendantes, informelles ; salariées informelles ; salariées formelles) et une série de variables potentiellement explicatives, telles que l'âge, le statut matrimonial, le niveau d'instruction, etc. Il s'agira d'une étude en régression logistique multinomiale (Rakotomalala, 2011).

La validité de l'analyse en régression logistique multinomiale dépend de la vérification des conditions sous-jacentes. La première condition, qui est d'ailleurs la valeur la plus importante, est celle correspondant au test du Chi-deux associé au Log ratio (L.R.). Elle permet d'évaluer si les variables apportent une quantité d'information significative pour expliquer la variable cible (dépendante) ou non. Dans notre cas, comme la probabilité est inférieure à 0,05 (elle est égale à 0), on peut conclure que les variables apportent une quantité notable d'informations (voir tableau 1). En d'autres termes, les variables indépendantes influent sur le statut occupationnel des femmes casablancaises. Ensuite, il faut vérifier le niveau des pseudo-coefficients, en particulier celui de McFadden, il est pour notre étude de l'ordre de 0,518, c'est un niveau satisfaisant. Par ailleurs, le coefficient de Nagelkerke est de 0,730, ce qui signifie que le modèle explique 73 % de la variable dépendante (le statut occupationnel). Quant au coefficient de Cox et Snell, il est de 0,613. (Voir tableau 2).

Tableau 1 : Informations sur l'ajustement du modèle

Model	Model Fitting Criteria	Likelihood Ratio Tests		
	-2 Log Likelihood	Chi-Square	Df	Sig.
Intercept Only	319,142			
Final	144,230	174,912	30	,000

Source : notre analyse

Tableau 2 : valeur des pseudos coefficients

Cox and Snell	,613
Nagelkerke	,730
McFadden	,518

Source : notre analyse

Notre modèle répond aux conditions de validité, nous passons à la lecture des résultats.

Interprétation des résultats

Nous allons vérifier la part explicative des variables étudiées, à travers le test de leur significativité. Nous allons mettre en place le test d'hypothèses suivant :

– **H0** : le coefficient est nul dans toutes les équations, *versus*.

– **H1** : sur une des équations au moins, il est différent de zéro,

La lecture du tableau 4 montre que, sauf les deux variables « secteurs d'activité » et « taille du ménage », les autres variables sont globalement significatives au risque de 10 %.

Tableau 4 : Niveau de significativité des variables explicatives

Effect	Likelihood Ratio Tests		
	Chi-Square	Df	Sig.
Intercept	,000	0	.
Tailledumenage	,785	2	,675
Age	32,729	8	,000
État matrimonial	12,010	6	,062
Niveau instruction	31,324	6	,000
Statut occupationnel	13,871	2	,001
Satisfaction emploi actuel	62,818	2	,000
Lieu de naissance	6,992	2	,030
Secteur activité	7,767	4	,101

Source : notre analyse

La comparaison entre le statut de « salariée informelle » et le statut d'« indépendante informelle »

Si on prend un degré de risque égal à 10 %, le statut occupationnel est significativement lié aux variables : « âge », « état matrimonial », « niveau d'instruction », « satisfaction du statut actuel » (voir tableau 5).

L'équation du modèle peut s'écrire de la sorte :

Ln [p. (indépendante informelle) / p. (salariée informelle) = -2,034 + a âge + b niveau d'instruction + c état matrimonial - 3,456 non-satisfaction de l'emploi actuel.

Avec a = 3,693 si le groupe d'âges est situé entre [41 ans, 51 ans [.

Et b = 3,301 si le niveau d'instruction est le primaire.

Et c = 3,073 si la femme est célibataire ou c = 3,162 si la femme est divorcée.

Tableau 5 : Paramètres estimés pour les indépendantes informelles (modalité de référence salariée informelle)

Statut occupationnel de la femme[a]	B	Std. Error	Wald	df	Sig.	Exp(B)
Intercept	-2,842	2,893	,965	1	,026	
Taille du ménage	,359	,463	,602	1	,438	1,432
[age=1]	-1,181	2,396	,243	1	,622	,307
[age=2]	1,368	2,259	,367	1	,545	3,929
[age=3]	4,046	2,214	3,340	1	,068	57,192
[age=4]	-19,799	,000	.	1	.	2,519E-009
[age=5]	0 [b]	.	.	0	.	.
[état matrimonial=1]	3,464	1,913	3,280	1	,070	31,952
[état matrimonial=2]	-,485	1,825	,071	1	,790	,616
[état matrimonial=3]	3,095	1,763	3,080	1	,079	22,078
[état matrimonial=4]	0 [b]	.	.	0	.	.
[niveau instruction=1]	-1,640	1,538	1,137	1	,286	,194
[niveau instruction=2]	3,088	1,845	2 800	1	,094	21,932
[niveau instruction=3]	1,591	2,146	,549	1	,459	4,907
[niveau instruction=4]	0 [b]	.	.	0	.	.
[statut occupationnel=0]	-,511	1,070	,228	1	,633	,600
[statut occupationnel=1]	0 [b]	.	.	0	.	.

[satisfaction emploi actuel=0]	-3,706	1,081	11,763	1	,001	,025
[satisfaction emploi actuel=1]	0 [b]	.	.	0	.	.
[lieu de naissance=0]	-,307	1,025	,089	1	,765	,736
[lieu de naissance=1]	0 [b]	.	.	0	.	.
[secteur activité =1]	,911	1,232	,546	1	,460	2,487
[secteur activité=2]	-,953	1,353	,496	1	,481	,386
[secteur activité=3]	0 [b]	.	.	0	.	.

Source : notre analyse

a. la catégorie de référence est salarié informel, b. le paramètre est mis à zéro car il est redondant.

Ces résultats peuvent être commentés de la manière suivante :

– Avoir un âge compris entre 41 et 51 ans multiplie les chances d'une femme active de 57,12 fois d'être une indépendante informelle par rapport à une femme de plus de 61 ans, lorsque toutes les autres variables sont constantes ;

– Les chances d'une femme ayant un niveau primaire augmentent sa probabilité de 21,93 d'avoir le statut occupationnel « indépendante informelle » qu'une femme ayant un niveau supérieur, toutes choses égales par ailleurs ;

– Les femmes célibataires et divorcées voient leurs probabilités se multiplier par, respectivement, 31,95 et 22,07 d'être des indépendantes informelles (que les femmes mariées).

Les résultats de notre étude vont globalement dans le même sens que les conclusions de l'enquête nationale menée sur le secteur informel en 2013-2014, selon lesquelles :

– Les femmes cheffes d'UPI sont majoritairement (58,4 %) âgées entre 35 et 59 ans ;

– Les femmes ayant un niveau d'instruction supérieur ne représentent qu'une infime minorité des cheffes d'UPI (4,9 %). Celles ne disposant que d'un niveau d'instruction primaire représentent un pourcentage de 21,5 % dans le total des cheffes d'UPI.

Il en résulte que l'entrepreneuriat informel ne peut pas constituer un statut de promotion pour les femmes marocaines, eu égard à la précarité manifeste du statut des cheffes des UPI.

Discussion

Nous avons essayé dans ce travail d'examiner les déterminants des statuts occupationnels des femmes marocaines en nous focalisant sur les cheffes des UPI marocaines, dans la région du Grand Casablanca. Nous sommes néanmoins conscients que cette étude devrait aller au-delà de cet aspect. Elle pouvait chercher, entre autres objectifs, à déterminer les gains (monétaires) procurés pour chaque segment du marché du travail qui peuvent donner plus de sens au choix des différents statuts occupationnels. C'est un objectif que nous avions fixé initialement. Mais malheureusement la réticence des femmes enquêtées vis-à-vis des questions qui ont trait à l'aspect financier afférent à ce genre de questions nous a obligés à renoncer à toute question abordant le revenu et le volet financier des enquêtées. Par ailleurs, d'autres variables non introduites dans le modèle pourraient apporter plus d'informations à notre étude. Ces variables sont, entre autres, le degré de connaissance du droit du travail des femmes et des obligations des patrons vis-à-vis de leurs salariées. Ces éléments auraient permis d'apprécier les capacités cognitives des femmes, en particulier chez les salariées informelles et les indépendantes informelles.

Conclusion

Toutes les études menées sur l'activité et l'emploi féminin au Maroc dénoncent une précarité criante du statut des femmes marocaines vis-à-vis de l'emploi : majoritairement analphabètes, rurales et peu qualifiées, elles cumulent les handicaps à l'emploi, comme en témoigne la régression de leur taux d'activité, qui est d'ailleurs largement en deçà du niveau des pays de l'OCDE, sur la période 2000-2010. S'agissant de l'entrepreneuriat informel féminin, la situation est précaire et surtout moins confortable que celle des hommes. Les femmes ne sont que minoritairement chefs des UPI (moins de 9 % en 2013), avec des conditions globalement plus précaires que celles des hommes, avec une forte présence dans les activités les plus pénibles et moins rémunératrices ; elles exercent dans leur quasi-totalité sans aucune protection sociale. D'ailleurs une majorité des cheffes des UPI opère dans le secteur informel par nécessité (échapper au chômage, subvenir aux besoins de la famille…). Les résultats de notre étude sur les statuts occupationnels des Casablancaises laissent apparaitre une influence significative de la variable âge. Plus l'âge d'une femme active occupée est élevé, moins elle aura de chances d'être dans le salariat informel. Plus grande sa probabilité d'être cheffe d'UPI, ce qui signifie que les femmes jeunes commencent comme salariées informelles, toutes choses égales par ailleurs. D'ailleurs, les résultats de l'ENE 2012 montrent que le taux d'activité dans le secteur informel (notamment les aides familiales) des femmes est largement supérieur chez les femmes sans aucun niveau d'éducation que chez les femmes qui ont un diplôme supérieur. Les femmes sans aucun niveau d'instruction sont davantage dans des emplois informels (75 % des femmes ayant un niveau primaire et moins sont employées dans l'informel), un secteur dans lequel les conditions d'accès restent relativement moins contraignantes en matière de compétence et de qualification.

À ce propos, le fait de disposer d'un diplôme augmente les chances d'accéder à un emploi assurant une couverture médicale (garantie quasi dans le secteur formel). Ainsi, la part des actifs occupés affiliés à un système de couverture médicale passe de 4,1 % pour les non-diplômés à 81,2 % pour les diplômées de niveau supérieur. En somme, la comparaison entre le statut « salariée informelle » et les deux autres statuts occupationnels « salariée formelle » et « indépendante formelle » corrobore la précarité du salariat informel au Maroc, largement mise en avant par les enquêtes et les travaux précédents. En effet, selon notre étude, ce statut est voué aux femmes jeunes, mal instruites et qui aspirent finalement à un meilleur statut que leur statut actuel et le salariat informel ne peut être que difficilement associé à un choix occupationnel. La précarité du statut des femmes dans le marché du travail montre qu'en dépit de la volonté politique affichée d'améliorer le statut de la femme marocaine, force est de constater que ces réformes n'ont pas, ou du moins n'ont pas encore donné les résultats escomptés. Cela prouve qu'il faut accomplir d'autres efforts en matière d'éducation et de formation des femmes pour les rendre plus armées à relever les défis du marché du travail. Il faut également sensibiliser l'ensemble des composantes de la société marocaine sur l'importance du rôle des femmes dans le projet de développement dans lequel le Maroc s'est inscrit récemment, à commencer par la femme marocaine elle-même.

Chapitre 11.

Managerial Features of Handicraft Cooperatives : Case Study of Casablanca-Settat Region in Morocco

RAZANE CHROQUI
Hassan First University of Settat, National School of Applied Sciences, LISA, Morocoo
et
MOHAMED EL AMINE MOUMINE
Université Hassan II de Casablanca, Morocco.

Introduction

During the last decades, entrepreneurs and business managers have become more and more aware of the new rules of rude competitiveness imposed by globalization. To enhance opportunities for growth and development for their economies, countries, such as Morocco, have started to encourage new sectors and activities, such as the Cultural and Creative Industries (CCI). CCIs are essential for the development of societies and are at the heart of the creative economy. Knowledge-intensive and based on individual creativity, they also create substantial economic wealth. Furthermore, they are crucial to a shared sense of the identity of a society, its culture, and its values.

According to the Creative Economy Report (2013), handicrafts are traditional cultural expressions that are valuable cultural, social, and historical assets of the communities; they are economic assets that can be used, traded, or licensed for income generation and economic development. Besides, they may serve as a springboard for new cultural expressions, as they may be a source of inspiration to other creators and innovators, who can adapt them and derive new creations and innovations from them.

Handicraft is a competitive sector in Morocco owing to its socio-cultural heritage. It attracts the attention of the public policymakers and the cultural management actors in Morocco. The current study focuses on handicraft cooperatives in Morocco regarding the rising interest in these entities in Morocco. The law 50–17 adopted in June 2020 related to the activity of the handicraft and the organization of the craft sector identifies conspicuously the categories of actors in the handicraft sector, among which are the handicraft cooperatives. There is a lack of research related to the characterization of handicraft cooperatives in the Moroccan context. Researchers carry out studies on other entities such as small and medium enterprises but do not tackle the organizational and managerial features of the handicraft cooperatives. The main objective of this research is to investigate the organizational and managerial features of the handicraft cooperatives in the region of Casablanca-Settat to identify the challenges and problems they are facing to enhance their performance.

Litterature review

The organizational phenomena in CCIs are unique (Pick et al. 2015), full of controversies (Banks and O'Connor 2009), and unpredictable (Faulkner and Anderson 1987). Individual artists, creative industries, and even cultural organizations have always been businesses, although not all have been successful at the pricing, the marketing, and the distribution of their products (Kolb, 2015). While CCI management is considered distinctive, CCI organizations face various challenges due to the complex relationship between management, art, and technology (Hodgson and Briand 2013).

Potts et al. (2008) describe CCI as a dynamic sector with substantial heterogeneous sub-sectors, which induce different managerial specifics. Therefore, it is necessary to consider a wide variety of different conditions as well as internal and external challenges, not only those related to management, when trying to understand how CCI organizations function. Indeed, these challenges may influence their performance. Nevertheless, it is important to remember that what unites these diverse CCI organizations is the "creative product" as the outcome (Jones et al. 2015) and the specific "art-commerce relation," which makes the CCI a "special case" (Ryan 1992, 44). Most of the research papers exploring the field of CCI suggest case studies in different countries with a special focus on different subsectors of the CCI. Some of these studies analyze the macroeconomic effect of the CCI, while others provide a thorough description of the features and characterization of the CCI.

Boix-Domènech and Rausell-Köster (2018) analyze the economic effect of the CvI in the European Union (EU). They quantify the impact of CVI on employment, production, technological progress, and the long-term development of the EU. In light of the analysis of different official reports and econometric analysis of different research, they have concluded that CVI has a direct contribution to employment. Which ranges from 2.6% of the production and employment in the most conservative delimitations based on a culture-based approach to 7.8% of the production and employment. They have shown that CCI contributes to technical progress and modifies the evolutionary growth path of the economy.

Martinaitytė and Kregždaitė (2015) aim at investigating the scope of factors impacting the development of CVI in Lithuania. Research factors are analyzed using methods of qualitative comparative analysis. They use a sample of twelve European countries (Sweden, the United Kingdom, Spain, Finland, Slovakia, Germany, Latvia, France, Denmark, Slovenia, Estonia, and Lithuania) and cover the period from 2003 to 2013. They identify four distinct factor groups (12 indicators) as affecting the CVI: economic, technological, social, and cultural factors.

- Economic indicators: employment in CvI, Government expenditures for culture, and export of CvI.
- Technological indicators: Government expenditures for research and development (R&D), number of patents per million inhabitants, and employment in R&D.
- Social indicators: Inhabitants with high education, creativity index, and tolerance index.
- Cultural indicators: students enrolled in arts & humanities studies, participation in cultural activities, and expenditures for culture and recreation.

Their findings show that private expenditures for the culture and creativity index have a high influence on CVI development. Government expenditures for culture, number of patents, the employment rate in R&D, number of students enrolled in arts and humanities, and the tolerance index have a moderate influence on CVI development. Low influence factors are employment in CVI, export of the CVI sector, government expenditures for R&D, and inhabitants with high education. Results of factor analysis reveal that the most important factors for CVI development are private expenditures for the culture. The creativity index and values of these factors cannot be increased in a short run. Martinaitytė and Kregždaitė (2015) state that it requires changes in the education system and cultural policy.

Yulisetiarini et al. (2019) present the characterization and the potential of the CvI in Jember Regency (Indonesia) based on the functional management of the CvI. They focus on creation and innovation. They administer a questionnaire and conduct interviews with SMEs operating in the CVI in the Jember region. Moreover, they use secondary data taken indirectly in the form of reports or studies from the relevant agencies. They target three CVI sectors, namely culinary, fashion, and crafts, bearing in mind that these sectors are the leading sectors in the Jember district. The questionnaire, in addition to the interviews, deals with four main aspects of the Small and Medium Enterprises (SME) CVI: human resources, organizational management, marketing, operations and production, and financing aspects. Their results show that CVI in that region has considerable potential. Yet, they still require various efforts to promote those industries; it is one of the roles of government policy. They state that the development of the CVI needs the harmonization of three main actors: the government, business, and scholars. Their integration is likely to accelerate the development of the CVI.

From a managerial perspective, their results show that the craft industry suffers from limited capital, lack of expertise and skills of human resources, and limited use of technology. Furthermore, they are facing obstacles related to the implemented management system and the limited marketing area. The constraints on the development of the handicraft industry, in addition to capital, raw materials, and marketing, are the limited ability of human resources in mastering management and technology. Thus, their products are less efficient and less competitive. Their design is limited due to the insufficient resources (human, capital, material, machinery, and methods). Their quality is good considering the fact they are handmade, yet the products are not standardized. The SMEs are facing problems related to the management and empowerment of employees. More specifically, they lack safe and comfortable workshops. At the organizational level, they have a clear structure that defines the job duties and responsibilities each employee in the business has. However, this structure can limit their creativity. Yulisetiarini et al. (2019) affirm, though, that the performance of SMEs in the creative sector is generally good, as they are making profit and increasing it.

Betancourt Guerrero, Espinal Ruiz, and Scarpetta Calero (2020) analyze the organizational categorization of craftsmen in the Northern Valle del Cauca. They conduct a diagnostic study first to identify the difficulties that craftsmen are facing and to outline the context in which the handicraft sector grows in the Northern Valle del Cauca. Their second objective is to consolidate the different strategies and goals to contribute to the long-term restructuring of the organizations operating in this sector. To gather the necessary data, they combine qualitative and quantitative methods. They conduct interviews with 25 leaders and managers of different associations and artisanship organizations. They use the Porter Diamond model to explain the competitive advantage that the organizations or the nation has.

The results show that they offer a variety of products due to the existence of cultural and historical sites. Still, Northern Valle del Cauca's crafts sector faces issues as identified by its stakeholders. The issues relate mainly to lack of support from the state because of the absence of public policy to invigorate local, social, economic, educational, and environmental growth. The results highlight a lack of collaboration between academia and the sector, an inconsistent quality in production, a lack of knowledge on the market and marketing tools, high production costs, and deficient workshop management. On the other hand, state agencies give little importance to the crafts sector's socio-economic and cultural impact on regional development.

They suggest three strategic lines to consolidate long-term projects and plans:

- improving the quality of the artisanship by hiring designers to develop new product design and organizational structure.
- targeting new and different market segments through a large-scale marketing strategy
- soliciting the intervention of the state via investment to improve the operability and sustainability of Artesanías de Colombia's projects.

Rozentale and Lavanga (2014) verify if the assumptions about the characteristics of CvI described in the literature correspond to reality in less economically developed urban contexts. They use a survey to interview 120 firms located in Riga classified into 13 creative industry sectors, namely: advertising, architecture, broadcasting, cultural economic branches, cultural education, design (manufacturing), design (specialized), fashion (manufacturing), the film industry, libraries and museums, music publishing, publishing and printing, and software and games. They collect data from the Latvian Statistical Bureau on the entrepreneurship indicators of the firms covering the period 2007-2010. Regarding the nature of the creative firms' production and provision of goods and services, the results show that these firms are labor and knowledge demanding. They generate and exploit intellectual property and use a mix of creative and non-creative abilities. The study's results also show that there is no clear evidence to support other universal assumptions about the creative industry's firms, mainly:

- They all produce artistic, cultural, or creative goods.
- they rely on cutting-edge technologies,
- they are mostly intrinsically driven,
- they create high levels of novelty,
- they face substantial risks related to demand unpredictability.

The results reveal that most of the firms operate on local markets, especially old and Small firms, and that the relatively new firms venture into international markets. They make significant contributions to employment. Regarding their creativity, Riga's CVI industries are not mature enough to be considered highly creative and inventive even though they exhibit some of these qualities. It's worth mentioning that the inadequate legal framework related to intellectual property rights may be hampering the value-capture process of creative firms. Due to the institutionalized inheritance from the communist period, cultural producers are still more likely to carry out their activities in the non-profit domain.

CCI contributes to the preservation of cultural heritage, and handicraft can be considered one of the pillars of cultural and economic development. Handicraft constitutes a national heritage, embodying centuries-old culture and identity. It is one of the most tangible manifestations of intangible cultural heritage. It stands out as an exceptional intangible asset, resistant to the vagaries of industrialization and the mass economy. To protect the national heritage as well as to preserve the national identity embedded in handicraft products, the cultural policy in Morocco has implemented a set of measures to strengthen and empower that sector. Handicraft remains firmly one of the sectors that are at the top of the cultural policy agenda; different laws have been promulgated to establish sustainable growth and to foster an economic climate in which the handicraft sector and handicraft cooperatives, particularly, can flourish. This study focuses more specifically on handicraft products and handicraft activities due to their contribution at the economic level and cultural level in a country with a rich cultural heritage, Morocco.

The Context of Handicraft Cooperatives in Morocco

CCI contributes to the preservation of cultural heritage, and handicraft can be considered one of the pillars of cultural and economic development. Handicraft constitutes a national heritage, embodying centuries-old culture and identity. It is one of the most tangible manifestations of intangible cultural heritage. It stands out as an exceptional intangible asset, resistant to the vagaries of industrialization and the mass economy. To protect the national heritage as well as to preserve the national identity embedded in handicraft products, the cultural policy in Morocco has implemented a set of measures to strengthen and empower that sector. Handicraft remains firmly one of the sectors that are at the top of the cultural policy agenda; different laws have been promulgated to establish sustainable growth and to foster an economic climate in which the handicraft sector and handicraft cooperatives, particularly, can flourish. This study focuses more specifically on handicraft products and handicraft activities due to their contribution at the economic level and cultural level in a country with a rich cultural heritage, Morocco.

The handicraft sector is one of the most important sectors in the Moroccan economy, with more than 2.5 million craftsmen and craftswomen (website of the Ministry of Tourism Handicrafts and Social and Solidarity Economy), a significant weight in the GDP, and a significant impact on the daily lives of Moroccans. According to the Creative Economy Report (2013), in the Maghreb countries, notably Algeria, Morocco, and Tunisia, support to culture follows the top-down model established under former French rule, with a focus on arts and heritage.

The statistics of handicraft cooperatives (May 2022) provided by ODCO classify cooperatives by region and each region by activity (see table below).

Table 1 : Handicraft Cooperatives in Morocco

Region	Number de cooperatives	Number of cooperatives members'
Marrakech Safi	1 080	6 599
Laayoune Sakia Al Hamra	901	4 918
Casablanca Settat	849	4 879
L'Oriental	846	4 630
Fes –Meknes	800	5 582
Tangier Tétouan Al Hoceima	740	4 834
Rabat Sale Kenitra	696	4 047
Beni Mellal Khenifra	635	4 307
Guelmim Oud Noun	596	3 717
Daraa Tafilalet	540	5 434
Souss Massa	539	3 820
Dakhla Oued Eddahab	23	151
TOTAL	8 245	52 918

Source : from ODCO

The table above reveals the number of cooperatives and members by region. It clearly shows that the Marrakech-Safi region has the highest number of cooperatives, while the southern regions of Morocco have the lowest number. This ranking may be since the southern regions are the least populated in the country.

Considering the number of inhabitants by region (according to 2017 HCP au Plan statistics), the new ranking of regions by number of cooperatives per capita (as shown in Table 4) reveals that the region of Laayoune Sakia Al Hamra has the highest number of cooperatives per capita, followed by the region of Guelmim Oued Noun.

Table 2 : Number of Cooperatives by Inhabitant in Each Region

Region	Number of cooperatives per capita
Laayoune Sakia Al Hamra	0,2351%
Guelmim Oud Noun	0,135 6 %
L'oriental	0,035 6 %
Daraa Tafilalet	0,032 5 %
Beni Mellal Khenifra	0,024 8 %
Marrakech Safi	0,023 3 %
Tanger Tetouan Al Hoceima	0,020 1 %
Souss Massa	0,019 4 %
Fes –Meknes	0,018 5 %
Rabat Sale Kenitra	0,014 7 %
Dakhla Oued Eddahab	0,014 5 %
Casablanca Settat	0,0119%

Source : from calculated by the authors

Table 2 illustrates that the region Casablanca-Settat is the lowest in terms of the number of cooperatives by region. That might be explained by the fact that the craftsmen and craftswomen in that region prefer other legal forms to run their businesses, either mono-artisan or SME. Referring to statistics published on the website of the Ministry of Tourism, Handicrafts, and Social and Solidarity Economy, the Observatoire de l'Artisanat (2020) mentions in its report "Panorama de l'artisan" that in 2018. The significant part of the turnover is achieved by the urban Mono artisans (82.4%), followed by the rural Mono artisans (11.9%) and then by the SME (5.7%). The report does not include any information about cooperatives. Law 112-12 related to cooperatives came into force in 2016. Another text of law (n° 74.16) amended the law 112-12 to provide the cooperatives with another deadline (December 2019) to bring their statutes into compliance with the provisions of the law 112-12. This "extra deadline" reveals the reluctance of artisans to adopt the statute of "cooperative" and justifies the absence of statistics about cooperatives in general and handicraft ones.

Referring to the ODCO statistics, the average number of members of cooperatives by region is calculated (see table below).

Table 3 : Average Number of Members in a Cooperative in Each Region

Region	Average number of Members by cooperative
Daraa Tafilalet	10,06
Souss Massa	7,09
Fes –Meknes	6,98
Beni Mellal Khenifra	6,78
Dakhla Oued Eddahab	6,57
Tanger Tetouan Al Hoceima	6,53
Guelmim Oud Noun	6,24
Marrakech Safi	6,11
Rabat Sale Kenitra	5,81
Casablanca Settat	5,75
L'Oriental	5,47
Laayoune Sakia Al Hamra	5,46

Source : from calculated by the authors

The Daraa-Tafilalet region records the highest rate of average number of cooperative members (10.06%). It is worth noting that most regions averages slightly exceed the average of five members, which is the minimum number of members required by law to create a cooperative (article 14 of Law 112-12).

Methodology

The empirical study uses a mixed method to gather data related to the handicraft cooperatives in the region of Casablanca-Settat. The data has been collected from different sources : official documents (texts of law) and official websites (the website of the Tourism, Handicrafts, and Social and Solidarity Economy Ministry and the website of the Office for the Development of Cooperation—ODCO), in addition to meeting with agents operating in the sector of handicraft (General Confederation of Moroccan Firms—CGEM, "Handicraft Chamber" in Casablanca, Artisans). Furthermore, a questionnaire has been administered to handicraft cooperatives in the region of Casablanca-Settat ; it allows collecting data related to the managerial and organizational features of the different cooperatives.

Qualitative Research

This research has resorted to three texts of law that deal with handicraft cooperatives and handicraft activities in the Moroccan context:

- The law 112-12 adopted in November 2014 related to the organization of the cooperatives.
- The law 50–17 adopted in June 2020 related to the activity of the handicraft and the organization of the craft sector. It identifies conspicuously the categories of actors in the handicraft sector, among which are the handicraft cooperatives.
- The decree n° 2.21.991 adopted in January 2022 that establishes the list of the handicraft activities (172). It classifies those activities into thirteen sectors. It divides the different sectors (and activities) into two categories following the definitions provided by the law 50-17. The first category includes all the handicraft production (artistic or utilitarian): textile (27), clay and stone (10), metal (23), leather (9), wood (15), plant products (7), food industries (10), and various artistic and utilitarian production activities (15). The second category includes the handicraft services : repair of individual and group transportation (8), repair of machines, engines, and different equipment (21), hairdressing (6), traditional architecture (14), and different service activities (7).

Furthermore, statistics about handicraft cooperatives in the region of "Le Grand Casablanca" have been provided by the ODCO director.

For the procedure of the administration of a questionnaire, conducting a pilot study is inevitable. The questionnaire has been administered to three handicraft cooperatives. Their feedback is very interesting and relevant to the intelligibility of the questionnaire. During the phase of the administration of the questionnaire, the person in charge, "Mono-artisan" in the "Handicraft Chamber" in Casablanca administered the questionnaire to more than 20 cooperatives and made sure that the questionnaire was filled.

Collecting data about the cooperative and the handicraft in Morocco has not been an easy task. In addition to the contact established with the CGEM, the contribution of the middleman has been very valuable to this study by sharing many documents, mainly the text of law related to the cooperative. The responsible party for the handicraft in the CGEM has recommended the website of Tourism Handicrafts and Social and Solidarity Economy Ministry, on which this study has relied in the collection of macroeconomic data related to the evolution of the sectors in Morocco. The most recent data reported in the "Observatoire de l'Artisan" issued by that ministry go back to 2020 and present data related to 2018. Moreover, the report shows data linked only to handicraft mono-artisans and handicraft SMEs in both rural and urban areas. A visit to the handicraft cooperatives fair in Mohammadia has allowed sharing the questionnaire directly with the different managers and members of the handicraft cooperatives.

Quantitative Research

Following Yulisetiarini et al. (2019), a questionnaire has been elaborated and adapted to the context of the Moroccan handicraft cooperatives so that it could be intelligible to the manager of the members of the handicraft cooperatives. The table presented hereinafter shows the rubrics of the questionnaire, its variables, and the significance of each variable.

Table 4 : Variables and their Significance

Rubrics	Variables	Significance
Business identity	Type of Business	Activity of the cooperative
	Age of the cooperative	Number of years the cooperative has been operating
	Capital	The cooperative's capital
	Monthly Turnover	The cooperative's Monthly Turnover
	Members Number	The number of the cooperative's members
	Workers Number	The number of the cooperative's workers
Aspect of human resources	Human Resources Education	Availability of adequate human resources in terms of education level
	Human Resources Skills	availability of adequate human resources in terms of skills

Aspects of organizational management	Business Plan	Does the company have a business plan?
	Training	Did the owner undergo any kind of training?
Marketing aspects	Product Quality	How the cooperative's product is made/created?
	Product Distribution	How is the distribution channel for delivering the cooperative's products to consumers?
	Marketing Personnel	The existence of special marketing personnel to market the product?
	Brand Renown	Is the brand of the product known by the public?
	Promotion Type	Types of promotions used by the cooperative?
	Marketing Training	Does the owner undergo a Marketing training?
	Product Price	Unit price determining method
	Cooperative Union	Does the cooperative adhere to a cooperative Union?
	Customer Service	Does the cooperative have a customer service?
	Exhibitions	Did the owner participate in events for product exhibitions?
Operations & Production	Production Planning	Does the company carry out production planning?
	Product	When does the company produce the product?
	Machine Usage	In the production process, have you used tools/machines ?
	Warehouses	Does the company use a warehousing system?
	Labour Division	Is there a clear division of labor in the production process?
Financing aspects	Accounting	Does the company have accounting records?
	Financing Sources	Does the company have capital sources from outside?

Source : from our analysis

The questionnaire contains six rubrics: the cooperative's identity, its marketing aspects, and its human resources. The collected data from the survey are encoded using the Microsoft Excel program and SPSS.

Findings and discussion

Descriptive analysis

This section presents a description of the collected data related to 40 cooperatives through the administered questionnaire: activity, years of experience, capital, and turnover.

In terms of their activity, most of the cooperatives are operating in fashion (14) and practicing culinary activity (8). The other cooperatives practice different activities (jewelry, cosmetics, medicinal and aromatic herbs, art and decoration, snacks, engraving on gypsum, wood engraving, and faience). Regarding their years of experience, most of the cooperatives have been operating for more than six years (22 of the 40 cooperatives), ten of them are still young; they have been operating for less than 2 years, while the rest have been operating for a period of two to three years (Figure 3).

Figure 1 : Age of the handicraft cooperatives in the sample

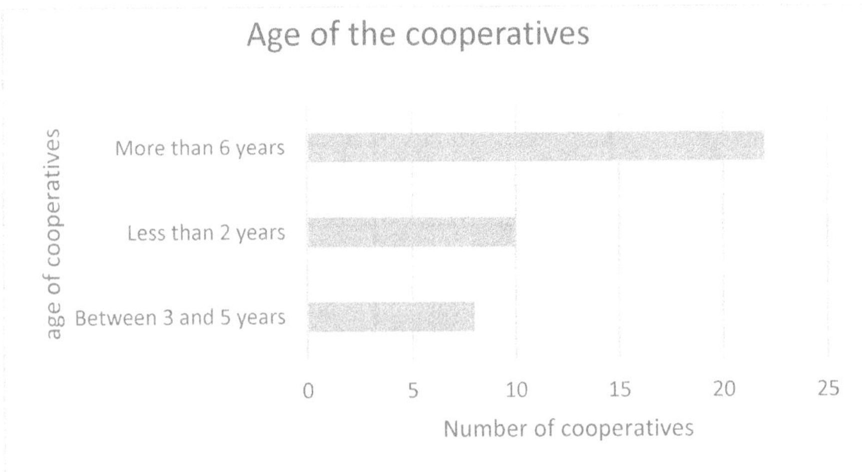

Source : from our analysis

Considering the Moroccan cultural heritage, it seems logical that the years of experience of the handicraft cooperatives exceed 6 years. Nevertheless, the new law is supposed to encourage the creation of cooperatives or at least to encourage the existing ones to regularize their "legal" situation to benefit from the advantages of the new law. The relatively low percentage of young cooperatives might be due to the procedures followed to fill out the questionnaire (selection bias). The administration of the questionnaire was done through a network of managers of cooperatives that know each other. It's worth mentioning that the pandemic might discourage the creation of handicraft cooperatives during the last three years despite the encouraging cultural policy launched by the Moroccan Government during the last decade.

Concerning their size, it is measured by their capital and their turnover. The results reveal that most of the cooperatives (24) are relatively small; their capital varies between 1,000 and 5,000 dirhams. Ten cooperatives have a capital that varies between 5,001 and 10,000 dirhams, while only 5 cooperatives have a capital that surpasses 10,000 dirhams (Figure 2).

Figure 2 : Handicraft Cooperatives' Capital

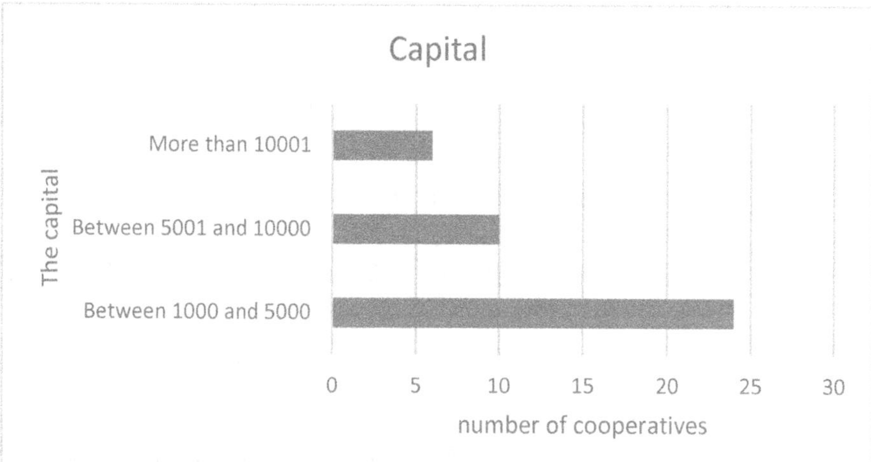

Source : from our analysis

The small amount invested in the capital of the cooperatives is probably related to the project and the vision of the founder(s) of the cooperative. All the cooperatives are small and intend to focus on the local market and rely probably on the aid of the state through different initiatives and programs that promote the activity of handicraft cooperatives; this result is confirmed by the turnover of the handicraft cooperatives (see table 5). Most of the cooperatives (26) have a monthly turnover of less than 5,000 dirhams. Six cooperatives have a monthly turnover that varies between 5,001 and 10,000 dirhams, while only four cooperatives have a turnover higher than 10,000 dirhams. The other four cooperatives have an unstable monthly turnover (see table 5).

Table 5 : Monthly Turnover

	Frequency	Percent	Valid Percent	Cumulative Percent
Between 10.001 and 20.000	1	2.5	2.5	2.5
Between 5001 and 10.000	6	15.0	15.0	17.5
Less than 5.000	26	65.0	65.0	82.5
More than 20.001	3	7.5	7.5	90.0
Unstable	4	10.0	10.0	100.0
Total	40	100,0	100,0	

Source : from our investigation

The amount of the turnover and the capital of the handicraft cooperatives reveal that the cooperatives are small entities despite their relatively important number of years of experience, which exceeds 6 years. Thus, H_1 is confirmed: the handicraft cooperatives of the Casablanca-Settat have many years of experience and still are small entities.

Instead of merely describing the managerial and organizational features of the different cooperatives separately, an independence test of the different variables of the questionnaires has been conducted to identify the intrinsic features of these cooperatives: Pearson Khi-2 Independence.

Pearson Chi-Square Independence Test and Cross Analysis

The chi-square test of independence is a statistical test used to determine whether two categorical or nominal variables are likely to be related or not (Benhamou and Melot 2018). The test helps decide between accepting and rejecting the following hypotheses:

H_0: the two variables are independent.

H_1: the two variables are dependent

Decision rule: If the probability is lower than 0.05 (5%), the alternative hypothesis stating that there exists a dependence between the variables is accepted.

The tables hereunder present the different chi-squared statistics and their probabilities (between brackets) among the different variables. Only significant results are presented.

- Financial resources of the handicraft cooperatives

The initial resource of the cooperative, its capital, is supposed to impact the managerial and organizational features of the cooperative. The lack of resources negatively impacts the management of the cooperatives. The independence test results figure out this hypothesis (table 6).

Table 6 : Capital Khi-2 Independence Test Results

	Workers	Accounting	Warehouses	Product price	Brand renown	Marketing personnel	Product quality	Monthly turnover
Capital	16.8944 (0,010)	13.2173 (0,040)	11.5556 (0,021)	13.5873 (0,009)	11.7393 (0,019)	9.8556 (0,043)	8.3542 (0,015)	23.6239 (0,003)

Source : from our calculation

The results show that capital and accounting systems are dependent. Most of the cooperatives that do not use an "accounting system" or keep a simple recording of income and expenditure have a capital between 1,000 and 5,000 dirhams, while half the cooperatives with a capital higher than 10,000 dirhams perform accounting records using an accounting system (see table 11, appendix 4). The results also show the majority of cooperatives that have a capital between 1,000 and 10,000 dirhams (20 out of 24) do not have warehouses and save only a few items, while the cooperatives with a capital higher than 10,000 dirhams have their own warehouses (see table 12, appendix 4). Most cooperatives with a capital between 1,000 and 5,000 dirhams determine the price of their product depending on the market, while cooperatives with a capital between 5,001 and 10,000 dirhams or higher than 10,000 dirhams determine their prices based on all unit costs plus a desired profit (see table 13, appendix 4). The result shows that the products of cooperatives with capital between 1,000 and 10,000 dirhams tend to have a local renown, while the products of cooperatives with capital higher than 10,000 dirhams have a national or international renown (see table 14, appendix 4). Most of the cooperatives with a capital between 1,000 and 10,000 dirhams do not have marketing personnel; usually the owner acts as the main marketing force. On the other hand, half of the cooperatives with capital higher than 10,000 dirhams have a dedicated sales force, but the owner also helps in product marketing, or the owner acts as the main marketing force (see table 15, appendix 4). Most of the cooperatives that have a capital between 1,000 and 5,000 dirhams prioritize quality in their production process, while cooperatives with capital higher than 5,000 dirhams tend to focus, in addition to quality, on labeling and packaging the products in a good and attractive manner (see table 16, appendix 4).

Cooperatives with a capital between 1,000 and 5,000 dirhams have a monthly turnover of less than 5,000 dirhams; half of the cooperatives with a capital between 5,001 and 10,000 dirhams have a monthly turnover of less than 5,000, and the other half have a turnover of more than 5,000 dirhams. Most of the cooperatives with a capital higher than 10,000 dirhams tend to generate a monthly turnover higher than 10,001 dirhams (see table 17, appendix 4). The results also show that cooperatives with capital between 1,000 and 10,000 dirhams employ between 0 and 12 workers, whereas the cooperative with capital higher than 10,000 employs between 0 and 25 workers (see table 18, appendix 4).

These results highlight the fact that the handicraft cooperatives have limited capital, which has negative repercussions on their brand renown, their product quality, their product prices, and their monthly turnover, which confirm Hypothesis n° 2 in accordance with Yulisetiarini *et al.'s* (2019) results.

- Marketing and Cost Accounting System of the handicraft cooperatives

Marketing is the function that allows an economic entity to understand the consumer expectations to meet their needs. It is directly related to the Cost Accounting System. The latter allows calculating various costs of different products and services of a company in general and determining their prices. It is one of the main tools of strategic management.

Regarding the cooperatives' training in marketing and the Cost Accounting System, results of the chi-squared test show that there is a relation between the marketing training of the cooperatives and their ability to produce products of "quality" (table 7).

Table 7 : Product quality Khi-2 Independence Test Results

	Marketing training
Product quality	8.8312 (0.012)

Source : from our calculation

Most of cooperatives that make their products traditionally (focusing only on quality) have no marketing training (15 out of 21) while the cooperatives that make their products in a semi modern way (focusing on labelling and packaging while maintain quality) have a marketing training (12 out of 19) (see table 19, appendix 4). Furthermore, table 9 presents the relation between the training of the manager of the cooperatives and products quality and price.

Table 8 : Training Khi-2 Independence Test Results

	Product price	Product quality
Undergo Training	10.6467 (0.031)	7.6484 (0.022)

Source : from our calculation

Most of the cooperatives whose managers had training try to label and package their products in a good and attractive manner while maintaining the quality (16 out of 25). The cooperatives whose managers did not have training focus only on product quality (see table 20, appendix 4).

Furthermore, cooperatives whose managers have benefited from training determine their products' prices based on all unit costs in addition to desired profit (17 out of 25), while the others determine the price of their products depending on market conditions (see table 21, appendix 4).

These results confirm H_3, which states that the handicraft cooperatives in the region of Casablanca-Settat do not have trained human resources in marketing and cost accounting systems. This result can be partly explained by either the lack of financial resources that enable the cooperatives to train their human resources or by the absence of the roles of government cultural policy. The result of the study confirms that the cooperatives lack financial resources. They probably cannot afford such training. Moreover, the government should implement training in managerial fields in order to empower the human resources of the handicraft cooperatives and to enhance their managerial/marketing performance.

Similar results are presented by Yulisetiarini *et al.* (2019). According to Yulisetiarini *et al.* (2019), CVIs in Jember Regency (Indonesia) are facing obstacles related to the management system and the limited marketing area. The constraints on the development of the handicraft industry, in addition to capital and marketing, are the limited ability of human resources in mastering management. Hence, their products are less competitive. Similar results are provided by Betancourt Guerrero, Espinal Ruiz, and Scarpetta Calero (2020), according to which Northern Valle del Cauca's crafts sector faces issues related to a lack of knowledge on the market and marketing tools and high production costs. The issues relate mainly to lack of support from the state because of the absence of public policy to invigorate local, social, economic, educational, and environmental growth; state agencies give little importance to the crafts sector's socio-economic and cultural impact on regional development.

- Production Management System of Cooperatives handicrafts

The production management system allows the organization of the different stages of the process of the production cycle. The results show that most of the cooperatives do not adopt a production management system. The cooperatives that carry out production planning (even if only general estimation) have labor division (25 out of 32) (see table 22, appendix 4). This result is highlighted by the chi-squared independence test (table 9).

Table 9 : Production Planning Khi-2 Independence Test Results

	Labour division
Production planning	9.6660 (0,046)

Source : from our calculation

Betancourt Guerrero, Espinal Ruiz, and Scarpetta Calero (2020) find similar results. Northern Valle del Cauca's crafts sector suffers from deficient workshop management. Yulisetiarini et *al.'s* (2019) results show that, more specifically, CvI in Jember Regency lacks safe and comfortable workshops. The result of the current study confirms H_4, according to which the handicraft cooperatives do not have trained human resources in the production management system. This result can be explained by the absence of the regularity of the demand. The study is conducted after the COVID-19 pandemic. The global economic recession has impacted the cooperatives as well. There is probably a low demand on the market regarding handicraft products, which might explain the absence of production planning and a labor division.

The handicraft cooperatives are small entities with a relatively important experience measured by their age. Despite their long experience, they do not adopt managerial procedures to run their businesses. They rely on the "cultural aspect" of the product they are offering, "artisanal products," to achieve their financial goals without any managerial efforts. And even if they have a lot of skills related to CCI, which is their core business, they lack training in marketing in the Cost Accounting System and Production Management System.

The role of cultural management and the cultural policy is vital for the handicraft cooperatives. It helps to implement programs of intensive training for the cooperative in a win-win perspective. The return on the investment of such training will benefit the cooperatives themselves and the development of the economy. On one hand, the handicraft cooperatives are likely to enhance their performance (more profit), to develop their activities, and to be more competitive. Thus, they will recruit more human resources and expand their activities to both the national and the international market. On the other hand, the economy will benefit from the expansion of their activities; they will contribute to the increase in the rate of employment, especially non-qualified human resources. Furthermore, they will enhance the competitiveness of artisanal Moroccan products, which directly impacts the promotion of the Moroccan cultural heritage, attracts tourists, and ensures a flow of foreign currency. Further investment in the handicraft sector and in the CCI in general is essential for tourism recovery, particularly after the COVID-19 pandemic.

Conclusion and implications

This study has explored the managerial and organizational features of handicraft cooperatives in the region of Casablanca-Settat. The data have been collected through questionnaires administered to the different handicraft cooperatives and unstructured interviews with representatives from the CGEM, the ODCO, and the "Handicraft Chamber" in Casablanca. It relies also on official documents from the ODCO and the Ministry of Tourism, Handicrafts, and Social and Solidarity Economy. Quantitative data have been encoded *via* Excel and analyzed using SPSS. The quantitative and qualitative data collected through various tools (questionnaires and document analysis) have revealed a set of interesting results.

Main findings and implications

The performance of handicraft cooperatives requires more attention from the policymakers due to their importance related to the promotion of the cultural heritage and their positive impact on economic growth and sustainable development. The current study aims at identifying the managerial and organizational.

Features of the handicraft cooperatives in the region of Casablanca-Settat and the challenges they are facing. The following four hypotheses have been formulated and confirmed according to the analysis of the quantitative and qualitative data:

H_1: The handicraft cooperatives in the region of Casablanca-Settat have many years of experience and still are small entities.

H_2: The lack of financial resources of the handicraft cooperatives in the region of Casablanca-Settat impacts negatively their managerial and organizational features.

H_3: The handicraft cooperatives in the region of Casablanca-Settat do not have trained human resources in marketing and cost accounting systems.

H_4: The handicraft cooperatives do not have trained human resources in the production management system.

Handicraft cooperatives in the region of Casablanca–Settat suffer from a lack of financial resources. They probably rely on aid from the government. They lack training in important management fields: marketing, cost accounting systems, and production management systems. There is a lack of knowledge related to the management principles that are crucial in promoting the activities of the handicraft cooperatives in the region of Casablanca-Settat.

The main challenge the handicraft cooperatives are facing is accessing financial support. The support of the government (financial aid and training) may contribute to their development, especially post-Covid-19 pandemic. The development of CCI in general largely depends on the availability of financial resources, managerial knowledge, and organizational skills. The development of CCI aligns perfectly with most post-COVID-19 tourism recovery strategies founded on the need to promote local tourism in light of falling international travel demand. Hence, the government should implement, through cultural policies, strategies to stimulate economic growth and sustainable development.

Limitations of the Study and Workpoints for Further Research

While researching to achieve the objective of the current study, which is to investigate the features of the handicraft cooperatives in Morocco, some limitations have hindered the development of the study. These are discussed in the following section. Three main limitations are identified in this paper. The first limitation is related to the small number of cooperatives participating in the survey regarding the total number of the Moroccan handicraft cooperatives (8245). That is, only forty handicraft cooperatives have filled out the questionnaire; hence, the result cannot be generalized. The second limitation is related to the region of the cooperatives. It focuses only on one region among the twelve regions in Morocco. The third limitation is related to the online survey. Despite the pilot study, online surveys may not be clear enough to help achieve research purposes. In other words, it is likely that interviews with the different directors, in addition to the administration of the questionnaire and the analysis of official documents, can answer the research questions more clearly.

In light of the literature and research findings, a range of issues are proposed for future research. Essentially, more empirical studies are needed to analyze the challenges the handicraft cooperatives are facing in order to come up with performance indicators. Besides, studies should include more cooperatives in different regions in Morocco, taking into account the particularities of each activity. Further studies of the handicraft sector focusing on SMEs and mono-artisans can be conducted to explore the characteristics of the Moroccan handicraft sector in general.

Chapitre 12.

L'écosystème de l'artisanat en Algérie pour un accompagnement à l'entrepreneuriat et l'innovation

OUARDIA LAOUDJ ET SAIDA ZIOUANI
EHEC, Algérie

Introduction

Face aux défis imposés par la mondialisation, l'intensification de la compétition, le rôle des secteurs générateurs d'emplois et créateurs de valeur ajoutée a été promu au rang de priorité en Algérie.

La politique des réformes économiques, lancée par les autorités depuis 1996, a permis la mise en place d'une stratégie pour le secteur de l'artisanat des métiers. Cette stratégie révèle les grandes lignes de développement, déterminées par les assises de 2009, les séminaires régionaux du mois d'avril 2011 et la conférence nationale de juin 2011.

Dans ce cadre, le secteur de l'artisanat a fait l'objet d'un regain d'intérêt et est devenu un secteur stratégique. Ce regain d'intérêt a conduit au lancement de plusieurs projets en faveur du développement de l'activité artisanale. On peut citer des programmes de mise à niveau des structures d'encadrement des artisans (ANART, CNAM et CAM), le renforcement de la formation et de l'apprentissage, la communication et la promotion du secteur, l'accès à de nouvelles formules de financement (NESDA ex-ANSEJ, CNAC et ANGEM) et l'augmentation du nombre de structures d'encadrement (les CAM).

Ces dispositifs, imposés par l'ouverture de l'économie algérienne, s'inscrivent dans le cadre de l'orientation étatique qui vise au renforcement du secteur privé, en particulier les unités de production de tailles réduites.

La volonté politique de développer ce secteur a mené les autorités publiques à faire appel à l'expérience étrangère. En effet, plusieurs accords de partenariat ont été conclus avec plusieurs pays de l'Union européenne, en premier lieu l'Allemagne, mais aussi l'Espagne, le Brésil et le Portugal. C'est ainsi que des programmes d'accompagnement et de promotion du secteur de l'artisanat ont été inscrits dans le plan d'action à l'horizon 2025.

Cependant, les artisans bénéficient depuis 2005 de formations du BIT en entrepreneuriat, qui permettent de [1]: trouver l'idée d'entreprise (TRIE), créer l'entreprise (CREE) et gérer mieux l'entreprise (GERME) et ce, à travers plusieurs approches organisationnelles (SPL, Nucleus et clusters) développées par les différentes chambres d'artisanat dans l'ensemble du pays.

Dans ce cadre, le programme « P3A » (programme d'appui à la mise en œuvre de l'accord d'association) a été proposé pour le développement du secteur de l'artisanat et des métiers à l'horizon 2020, portant sur un jumelage entre l'ANART et les institutions internationales (coopération espagnole, allemande, française, brésilienne, américaine, etc.)

En plus de l'aide de l'État, le secteur de l'artisanat a bénéficié d'un programme **d'alliance stratégique** innovant, initié par l'Union européenne. Cette dernière finance le projet « Développement des **clusters** dans les industries culturelles et créatives dans le Sud de la Méditerranée ». Ce projet est mis en œuvre par l'ONUDI, l'agence spécialisée des Nations Unies pour le développement industriel inclusif et durable. Deux clusters pilotes, dont celui de la dinanderie de Constantine et celui de la bijouterie de Batna, participent de la réussite de ce projet.

À l'instar de toutes les nations du monde, l'Algérie a saisi l'importance accordée aux nouvelles approches économiques pour valoriser le capital créatif et les relations sociales responsables de la dynamique des acteurs d'un même territoire.

Ces approches supposent des structures socio-organisationnelles locales contribuant ainsi au développement des systèmes de production locale (SPL), les Nucleus, les clusters, etc.

Elles ont été adoptées par le secteur de l'artisanat entre 2010 et 2014 dans le but d'accompagner les artisans dans une démarche de travail collaboratif et d'innovation. Plusieurs artisans ont bénéficié de formations en matière d'intégration des nouvelles technologies dans leurs activités, de design, mais aussi en termes de recherche continue de créativité, afin de garantir une qualité constante et des méthodes de fabrication fiables. À

[1] http://www.mta.gov.dz/ (visité le 12 /10/13 à 01h du matin).

l'aide de ce programme d'accompagnement, les artisans ont pris conscience de l'importance du travail collaboratif et de la nécessité d'entreprendre des projets en commun.

Aujourd'hui et à l'ère de la digitalisation, plusieurs start-up ont émergé dans le domaine de l'artisanat et du tourisme. Nous citons, à titre d'exemple, la première start-up, lancée en juillet dernier par trois étudiants algériens en génie civil, sous le nom de « Youchoz.com ». Cette start-up a pour principe la mise en place d'une plateforme reliant les particuliers et les professionnels spécialistes du bâtiment. Elle permet aux particuliers de trouver les artisans dans le BTP pour leurs travaux à domicile.

Aussi, et afin d'encourager davantage la création de start-up dans le secteur du tourisme et du développement durable, le ministère du Tourisme, de l'Artisanat et du Travail familial, et le ministère délégué ont conclu une convention permettant aux porteurs de projets de bénéficier de programmes de formation dans le secteur du tourisme et de l'artisanat. Cet accord vise également à promouvoir et à soutenir l'exportation des produits de l'artisanat.

Nous noterons toutefois que l'artisanat a toujours fonctionné sur la base du bouche à oreille car nous avons tous besoin des services d'artisans de confiance. Qui n'a pas demandé, à titre d'exemple, à ses amis, ses voisins, ses parents, un « bon plombier » ? Il se trouve qu'aujourd'hui, les choses ont changé. C'est l'ère de la digitalisation et de nombreuses stratégies digitales à travers le monde.

Cependant, les plateformes digitales peuvent aisément remplir ce rôle. Une multitude en ont vu le jour ces dernières années. Elles peuvent être généralistes ou spécialisées, comme dédiées à l'artisanat d'art, ou à l'artisanat de service.

En Algérie, l'adoption de ces solutions par les artisans reste timide. Cette timidité nous motive à nous interroger sur le rôle des structures d'encadrement de l'artisanat des métiers,

– d'une part, dans la mise en place de plateformes digitales dédiées à aider les artisans à s'approprier les nouvelles techniques de fabrication, de communication, et de commercialisation,

— d'autre part dans l'accompagnement des artisans ayant la volonté et l'ambition de créer leur propre startup ?

Ainsi, et face à la complexité des enjeux de la digitalisation, les entreprises artisanales expriment un besoin crucial en termes d'adoption de nouvelles stratégies et de nouveaux outils. Un accompagnement des entreprises artisanales dans leur transition digitale s'avère alors nécessaire et incontournable.

Dans cette recherche, nous allons nous focaliser sur deux principaux axes :

Le premier axe traitera des principales composantes de l'écosystème du secteur de l'artisanat, du cadre juridique de leur création et de leurs missions.

Le deuxième axe mettra en exergue les programmes d'accompagnement adoptés par les acteurs de cet écosystème et leur apport au développement des capacités des artisans à entreprendre des projets communs innovants.

Pour finir, nous tirerons une conclusion comportant quelques suggestions et perspectives pour améliorer les mesures d'accompagnement qui permettront une réelle incitation des artisans à la création de leur startup.

Les acteurs principaux de l'écosystème du secteur de l'artisanat en Algérie

Dès le milieu des années 1990, l'État algérien décide de prendre une série de mesures et d'initiatives pour doter le secteur d'un cadre juridique rénové et l'appuyer par des moyens d'organisation appropriés et des actions adéquates. C'est ainsi que l'ordonnance 96-01 du 10 janvier 1996 a été promulguée. Ce texte de loi donna pour la première fois une approche détaillée de l'activité artisanale. L'artisanat algérien fut défini dans toute sa grandeur avec une précision de ses différents domaines d'activité (modes et formes d'exercice), une identification de ses propres dispositions humaines et matérielles. Il a été également préconisé la mise en place de nouvelles structures et instruments d'encadrement (les Assises de l'artisanat, 2009)[2].

L'artisanat

Définition de l'artisanat

L'artisanat a été défini universellement comme suit : « On *entend par produits artisanaux les produits fabriqués par des artisans, soit entièrement à la main, soit à l'aide d'outils à main ou même de moyens*

---

[2] Ministère de la PME ET PMI et de l'artisanat, assises de l'artisanat, bilan et perspectives 2020, novembre 2009. Définition proposée par les membres lors du symposium international 1997 : "l'artisanat et le marché mondial, commerce et codification douanière" (Manille, Philippines, 6-8 octobre 1997)

mécaniques, pourvu que la contribution manuelle directe de l'artisan demeure la composante la plus importante du produit fini. Ces produits sont fabriqués sans restriction en termes de quantité et en utilisant des matières premières prélevées sur des ressources durables. La nature spéciale des produits artisanaux se fonde sur leurs caractères distinctifs, lesquels peuvent être utilitaires, esthétiques, artistiques, créatifs, culturels, décoratifs, fonctionnels, traditionnels, symboliques et importants d'un point de vue religieux ou social. »[4]

Toutefois, selon l'ordonnance 96/01, l'artisanat et les métiers en Algérie sont définis comme « toute activité de production, de créativité, ou de transformation ou de réparation artistique, et de maintenance ou de prestation, dominée par le travail manuel et exercée d'une manière principale et permanente, sous les formes et dans les domaines qui seront présentés ci-après »[3].

L'artisanat d'art est caractérisé par son originalité, son unicité et sa créativité. Ce type d'artisanat se distingue par ses expressions liées aux traditions et les arts spécifiques aux régions géographiques et locales[4]

Domaines, modes et formes de fonctionnement

Le secteur de l'artisanat est composé de trois domaines d'activités : l'artisanat traditionnel et d'art, l'artisanat de production des biens et l'artisanat des services.

Celles-ci peuvent être exercées à titre individuel, en coopérative ou en entreprise artisanale sous les formes dites : sédentaire, ambulante, foraine ou à domicile.

Les organismes d'accompagnement et d'encadrement de l'artisanat en Algérie

Dans le but de renforcer le tissu économique, de créer de l'emploi et de promouvoir les secteurs générateurs de valeur ajoutée, différentes structures d'aide aux PME ont été mises en place. En effet, l'ordonnance n° 96-01 a permis de mettre en place les formes de protection, de valorisation du secteur afin d'assurer le cadre de son développement et de sa promotion, à travers les structures d'encadrement suivantes : la chambre nationale de l'artisanat et métiers (CNAM), l'Agence nationale de

---

[3] Ordonnance n° 96-01 du 19 Chaâbane 1416 correspondant au 10 janvier 1996 fixant les règles régissant l'artisanat et les métiers. (JO n° 3 - 1996)

[4]Farouk, 1977, p.22.

l'artisanat traditionnel (ANART) et les chambres d'artisanat et métiers (CAM).

Création, missions et fonctionnement des structures d'encadrement de l'artisanat

Les Chambres d'artisanat et des métiers (CAM) : ce sont des établissements publics à autonomie financière et administrative, placés sous la tutelle de l'institution gouvernementale chargée de l'artisanat. Elles ont été constituées conformément au décret exécutif n° 92-10 pour représenter les intérêts généraux de l'artisanat dans leurs circonscriptions territoriales. Leurs actions sont fondées sur l'approche territoriale où chaque chambre est responsable d'une wilaya afin de créer une collaboration plus efficace avec l'ensemble des entreprises du secteur ainsi que les collectivités locales.

La Chambre nationale de l'artisanat et des métiers (CNAM) : c'est un établissement public national fédérateur des CAM régionales. Le travail de ses commissions consiste à assurer la synthèse des propositions qui émanent des chambres. Ses délibérations sont communiquées à sa tutelle ministérielle et aux autres ministères dont l'action concerne l'artisanat.

L'Agence Nationale de l'Artisanat Traditionnel (ANART) : C'est un établissement public à caractère industriel et commercial doté de la personnalité civile et de l'autonomie financière qui, en vertu du décret exécutif N° 92-12 en date du 09 janvier 1992 a été institué. Il a pour mission d'organiser la protection du patrimoine national en matière d'artisanat traditionnel et de veiller à l'épanouissement et au développement de l'ensemble des activités artisanales y afférentes.

De plus, et afin de renforcer l'encadrement des activités artisanales, il a été créé au niveau de chaque wilaya, une direction du tourisme et de l'artisanat (décret exécutif n° 95-260 du 29 août 1995).

Ces services extérieurs du ministère chargé de l'Artisanat ont pour mission de mettre en œuvre une politique nationale du tourisme et de l'artisanat.

Les clusters pour un accompagnement entrepreneurial innovant des artisans

Le secteur de l'artisanat, en marge de l'encadrement de l'État, bénéficie d'un programme d'alliance stratégique innovant. Cet encadrement est initié par l'Union européenne qui finance le projet « Développement des clusters dans les industries culturelles et créatives dans le Sud de la Méditerranée », et qui est mis en œuvre par l'ONUDI.

Le cluster, un concept innovant

Genèse et définition du cluster

➢ Historique du concept cluster : le cluster est un concept d'origine anglaise qui veut dire « grappe ».

– 1890 : naissance du concept, avec Alfred Marshall qui analyse les regroupements spontanés des entreprises dans les villes en essor industriel : Birmingham et Sheffield.

– 1980 : les districts compétitifs du Nord de l'Italie (par Becattini et alii).

– 1990 : Michael Porter désigne, dans ses publications, le cluster comme facteur de la compétitivité des nations.

➢ Définition

Un cluster est la combinaison des relations concurrentielles et coopératives entre les firmes colocalisées qui induirait un meilleur apprentissage, une diffusion de l'innovation plus forte, laquelle induit une plus grande compétitivité des firmes et des industries localisées dans une région spécifique.

Michael Porter décrit les clusters en tant que « concentrations géographiques d'une masse critique d'interconnexions d'entreprises et d'institutions dans un domaine particulier. Cette proximité conduit à l'accumulation d'expertise et de ressources spécialisées » ; Porter schématise son fonctionnement dans un diagramme en forme de losange (confère figure 1).

La lecture du schéma ci-dessus fait ressortir les différents composants d'un cluster, à savoir :

– *Firms*, qui sont les sociétés impliquées dans la réalisation des produits et services identifiant le cluster.

– *Related*, qui sont les sociétés qui fournissent d'autres produits et services, mais à une clientèle (Demand) similaire et qui peuvent donc interagir tant avec le client qu'avec les « Firms » du cluster.

– *Facteurs*, qui sont les éléments de l'environnement structurel (institutions, infrastructures, universités, supports…).

– *Demand*, qui représente les demandes spécifiques dont les activités permettent à la fois la spécialisation et la croissance externe.

Figure (1) : le Diamant de Porter sur les clusters

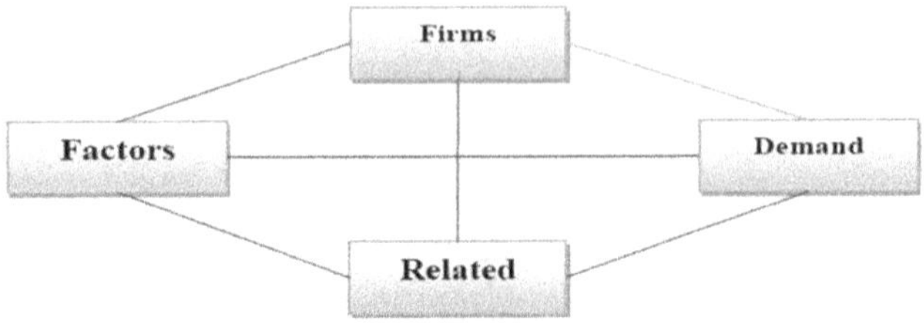

source : Michael Porter(1990), the competitive advantage of nations, New York, Free Press, j

Les types de clusters

Le monde entier s'est engagé dans le développement et la compétitivité des meilleurs clusters. Le Canada parle de grappes ou de créneaux, la France de « pôles de compétitivité », l'Allemagne de « Kompetenznetze », l'Italie de « districts industriels ». Mais derrière ces différentes appellations, il s'agit bien pour tous ces pays de construire des avantages concurrentiels en stimulant le développement d'un ensemble d'entreprises liées à un domaine et à un territoire donné. Selon les cas, l'émergence de ces clusters peut être spontanée ou bien simulée par des circonstances extérieures (pouvoirs publics en particulier).

La formation et le savoir-faire, à un niveau d'excellence mondiale, jouent un rôle déterminant dans l'existence des clusters. De ce point de vue, on peut les répertorier en deux catégories :

- Clusters reposant sur des savoir-faire traditionnels

Certains clusters n'ont pas de rapport direct avec la recherche scientifique mais ont maintenu leur avance en savoir-faire au cours des âges : par exemple la Suisse pour l'horlogerie, Paris pour la haute couture et plus largement pour l'industrie du luxe en général ou Genève pour la finance.

- Clusters innovants (technopoles)

Afin d'éclaircir les parts d'ombre de la théorie porterienne des clusters, des économistes travaillant sur les secteurs de hautes technologies ont proposé un nouveau concept, celui de cluster innovant ou cluster d'innovations.

Il faut noter que le pivot d'un cluster innovant est souvent une université dotée d'un centre de recherche scientifique de renom et très motivée par la coopération avec les entités économiques et financières locales. C'est d'ailleurs le cas de la Silicon Valley et de bien d'autres clusters.

L'approche cluster pour un accompagnement innovant dans le secteur de l'artisanat algérien

L'approche menée par l'Algérie conjointement avec l'Union européenne vise à introduire le concept des clusters ; une méthodologie éprouvée pour accroître la compétitivité des petites et moyennes entreprises (PME) au sein d'une chaine de valeur donnée, dans les industries culturelles et créatives (ICC).

Cela pourrait représenter une très grande opportunité pour le développement industriel inclusif et durable, ainsi que pour la création d'emplois dans ce secteur resté longtemps marginalisé.

Quels intérêts de promouvoir les clusters ?

Les clusters performants intègrent le plus souvent trois types d'entreprises : des entreprises actives à l'international ayant une position solide sur le marché, des fournisseurs ou autres entreprises de ce type (souvent des PME), et des entreprises de savoirs spécialisées, dynamiques et particulièrement innovantes. Les clusters sont des réseaux d'alliances entre de nombreux acteurs d'un système de production régional. La promotion des clusters est devenue un concept dominant du développement économique régional. Les PME peuvent y trouver : croissance de la production et de l'emploi, accélération de l'innovation, amélioration des compétences et savoir-faire, augmentation de la qualité et de la productivité, hausse des exportations et meilleure utilisation des ressources.

Ainsi, l'organisation de partenariat public/privé aura à développer à la fois :

La compétitivité des entreprises (économies/mutualisation d'initiatives/ d'actions de savoir-faire & des compétences, amélioration de la productivité par l'investissement et l'innovation…).

- La compétitivité des territoires (renforcement/mobilisation du secteur privé, améliorations du cadre des affaires, des infrastructures et des appuis publics, création de nouvelles niches d'affaires voire de nouvelles entreprises, consolidation de l'emploi au niveau local…).

Figure 1 : Bénéfices recherchés

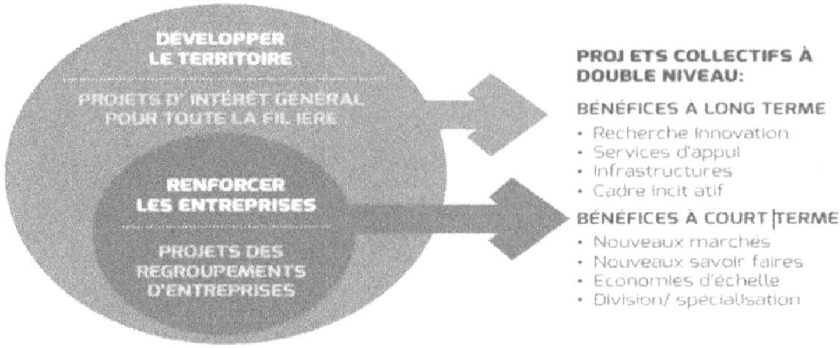

Source : Elaboré par L'ONUDI, 2015.

Quels éléments à prendre en compte par les décideurs publics ?

- Implication du secteur privé de manière régulière et hâtive dans le processus,
- Conception d'objectifs de long, moyen et court terme car l'impact de certains clusters peut être de long terme mais contribuant significativement à la transformation structurelle de l'économie ;
- *Attention particulière à l'ingénierie juridique et à la flexibilité des programmes (sectoriels et intersectoriels)* la collaboration est davantage intersectorielle étant donné la nature des interactions et des liens commerciaux. ;
- *Préférence pour les schémas de soutien « mesure » par rapport à ceux « standardisés ». Il n'y a pas de* modèle de cluster « clé en main », les décideurs doivent garder à l'esprit que chaque écosystème est unique grâce à ses acteurs, son climat des affaires et ses objectifs ;
- *Encouragement des acteurs locaux sans conception de programmes « locaux ».* Il est essentiel de ne pas concevoir des programmes locaux « figés » qui ne permettent pas de collaboration entre les régions et qui empêchent la mobilité des facteurs de production ;
- Implication des compétences et appui aux formations dispensées localement. Il est souhaitable pour les clusters de recruter localement des ressources humaines qualifiées. En effet, l'Algérie dispose de plusieurs atouts et des formations de haut niveau pourront être développées selon les besoins.

Le cluster de la dinanderie de Constantine

La dinanderie algérienne remonte au Moyen Âge et concentre une large inspiration ottomane. Un savoir-faire juif a apporté un plus au design de la dinanderie constantinoise, et une commercialisation plus importante de ces produits ; traditionnellement et jusqu'à aujourd'hui, les ménages restent les premiers acheteurs des produits de la dinanderie.

L'objectif du projet

L'objectif visé par la création du cluster de la dinanderie de Constantine est celui d'améliorer la compétitivité des entreprises et des agents du cluster et de favoriser le développement de leurs activités, de promouvoir leur savoir-faire. L'élaboration de ce projet a traversé quatre étapes :

– Analyse et diagnostic du cluster : appréhender le cluster dans son ensemble et identifier forces et faiblesses, contraintes et opportunités.

– Vision Vision strastratégique : identifier les options de positionnement les plus attractives pour les membres du cluster.

– Ligne d'action : définir les actions à mettre en place pour assurer un développement optimal sur le marché.

– Mise en place : développer les actions business, en assurer le suivi et permettre leur amélioration continue.

Les caractéristiques du cluster dinanderie de Constantine

Le cluster de Constantine est le plus grand cluster de dinanderie en Algérie. Il représente 70 % de la production nationale. La figure ci-dessous illustre cette affirmation.

Figure 2 : Les centres de diandries à travers l'Algérie

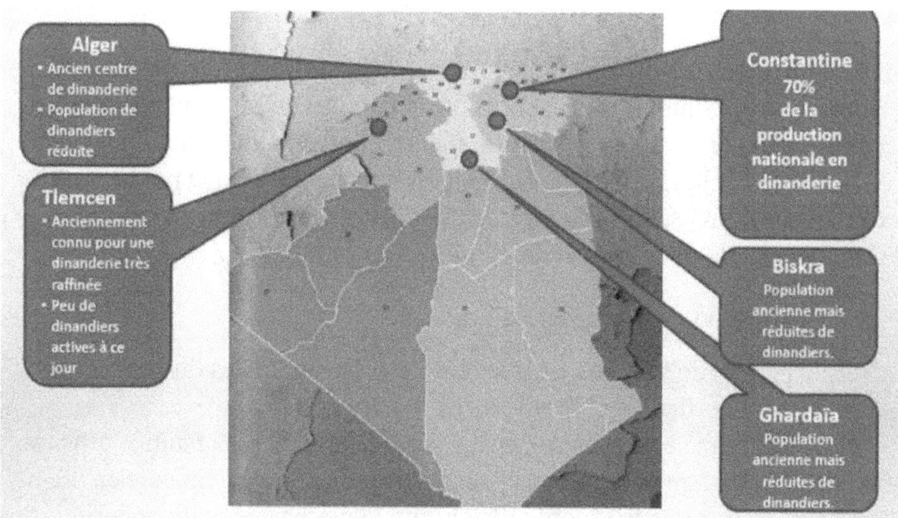

Source: Estimation à base d'entretiens dans le secteur et Atlas de l'artisanat traditionnel, ANART 2009.

Selon les chiffres de la Chambre de l'artisanat et des Métiers de la wilaya de Constantine, le cluster constantinois de la dinanderie compte plus ou moins 130 artisans qui sont officiellement enregistrés et plus de 100 autres qui ne sont pas enregistrés, il pèse deux milliards de chiffre d'affaires et offre du travail à plus de 400 personnes.

Figure 3

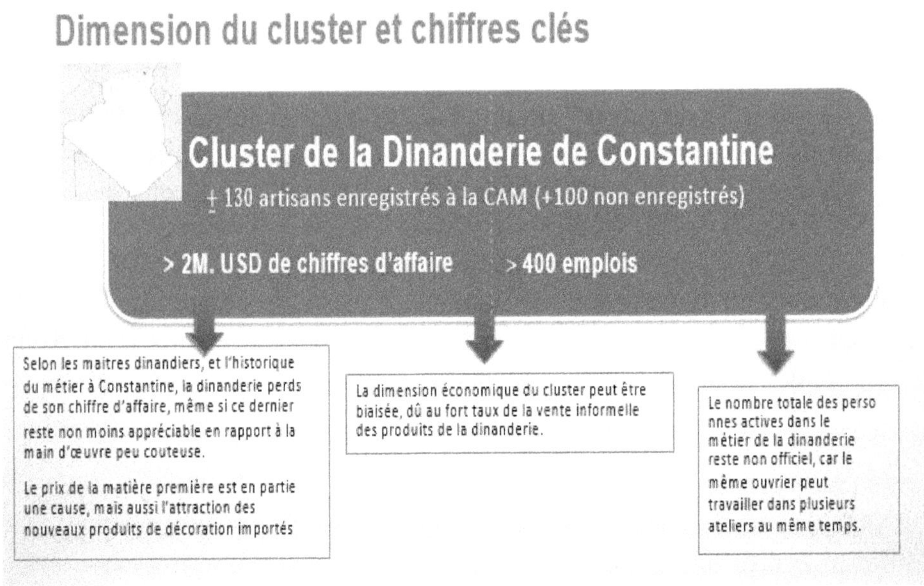

Source : Estimation à base d'entretiens dans le secteur
et atlas de l'artisanat traditionnel, ANART 2012

Malheureusement, les chiffres concernant la taille du marché de la dinanderie constantinoise restent approximatifs et ne reflètent pas la réalité car la vente des produits se fait de manière informelle. Néanmoins, cette vente reste la plus importante de l'Algérie et cela s'explique par la maîtrise des artisans d'un savoir-faire ancestral, l'originalité des produits et la forte demande sur le plan local et national.

Analyse SWOT du cluster de l'artisanat

Elle permet de faire ressortir les forces et les faiblesses du cluster d'une part et les opportunités et les menaces d'autre part.

Les forces : le savoir-faire exceptionnel détenu par les maîtres artisans, le potentiel d'augmentation de la quantité produite, une demande en pleine croissance ainsi que la volonté d'accroitre le marché de la dinanderie.

Les faiblesses : un cadre règlementaire méconnu, l'insuffisance des formations professionnelles et des conditions de travail difficiles, notamment à cause du secteur informel. Les opportunités : l'aide de l'État à travers les différents dispositifs mis en place, une main-d'œuvre pas chère et compétitive à l'échelle régionale et une demande locale stable en plus de la croissance de la demande locale et éventuellement internationale.

Les menaces : le coût de la matière première en continuelle augmentation, la décoration d'intérieur des jeunes ménages est moderne et n'intègre pas d'articles de dinanderie, et qui est relativement bon marché.

Figure 4 : L'analyse SWOT du cluster de dinanderie de Constantine

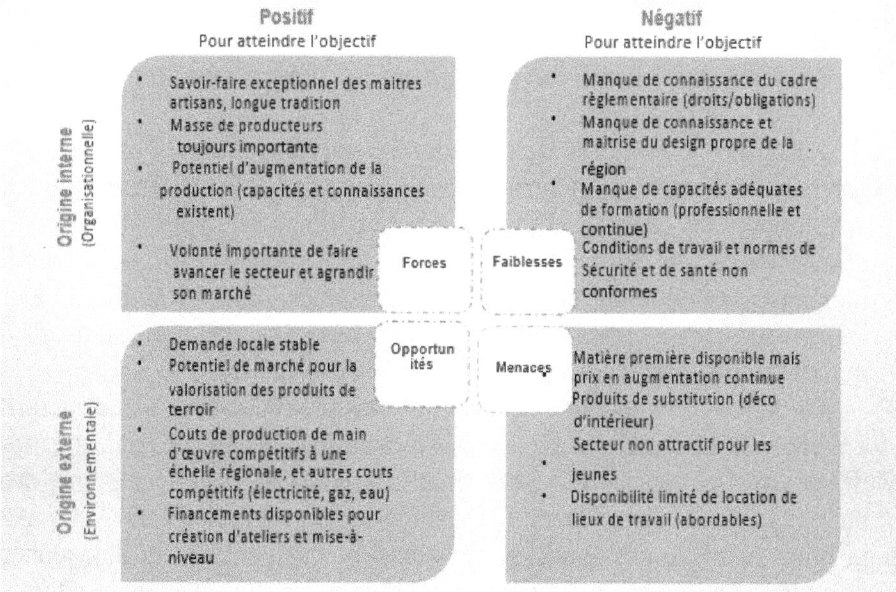

Source : Elaboré par nos soins sur la base des données collectées

Pour ce qui est des opportunités et des menaces, il faudra promouvoir le métier de la dinanderie, lui donner une portée internationale, en labellisant ses produits et en leur apportant une protection de la propriété, ce qui poussera l'exportation de ces produits à grande échelle.

Conclusion

Une longue et riche tradition de l'artisanat caractérise l'Algérie, même si le secteur de l'artisanat reste fragmenté et peu formel, et ce en dépit de tous les efforts déployés afin de le formaliser et de l'institutionnaliser.

Toutefois, il faut rappeler que l'État algérien affiche une volonté d'aider ce secteur de l'artisanat.

En effet, parler de la réussite d'un cluster fait inévitablement référence à la mise à disposition de ce cluster de tout un écosystème afin d'assurer sa réussite et sa pérennité. Dans le même ordre d'idées, être dans un écosystème favorable pousse le concerné, l'artisan en l'occurrence, à l'esprit entrepreneurial, d'où l'émergence de l'approche par l'écosystème entrepreneurial.

Cette approche insiste non pas seulement sur les facteurs propices à l'entrepreneuriat, mais surtout sur les interactions complexes entre plusieurs dimensions, politiques, financières, humaines, culturelles, relatives aux marchés et aux supports infrastructurels, professionnels et institutionnels.

En effet, le dynamisme entrepreneurial dépend absolument de cet écosystème et vice versa.

Au terme de ce qui a été développé ci-dessus, nous dirons que pour créer un écosystème entrepreneurial innovant, il est fondamental de développer un réseau d'incubateurs et d'accélérateurs de projets, accompagnés de formules financières performantes. Aussi, il serait judicieux de mettre en place des mécanismes de subvention afin d'aider les investisseurs à appréhender les risques liés à la création de start-up en définissant un cadre réglementaire propice et incitatif.

En effet, l'expérience cluster a donné naissance à cet esprit entrepreneurial et innovant mais reste très timide, en dépit des mécanismes d'aide mis en place. L'aspect financier constitue d'ailleurs, une des entraves à ce développement. L'État algérien doit procéder efficacement à la mise en place des fonds de financement qui permettront aux jeunes porteurs de projets de mener à bien la création de leurs start-up. Toutefois les dispositifs d'aide à la création d'entreprises telle que (ANGEM, ANSEJ, CNAC, ANADE) participent activement à ce succès. À cet égard, l'État a mis en place le premier fonds public dédié aux startups, « ALGERIAN STARTUP FUND ». Ce fonds prend en charge le financement des entreprises disposant du label Startup, en fonds propre et en quasi-fonds propre en collaboration avec le ministère des Startups et de 6 banques publiques. Cette disposition semble aller dans le sens du développement et de l'encouragement des clusters de l'artisanat comme nid de création de start-up.

Pour finir, et afin de s'inscrire dans ce dynamisme entrepreneurial et innovant, on tient à souligner que l'ANART travaille sur la mise en place de la marque **« Artisanat d'Algérie »** et des déclinaisons de marques pourront ensuite être créées selon l'image et l'identité des entreprises au regard de l'origine ou de la qualité du produit. Ces marques permettront aux artisans d'avoir une démarche marketing et de faire leur publicité.

Aussi, Les appellations d'origine contrôlée ou Indication géographique protégée pour l'artisanatalgérien sont en cours d'élaboration en particulier pour la Dinanderie de Constantine. La création d'un Comité National de Normalisation de Produits Artisanaux au sein de l'IANOR, dont l'ANART devra être partie prenante, permettra de standardiser les caractéristiques physiques de certains produits, donnant confiance aux clients, C'est le cas de la norme TEDJ-IANOR pour les bijoux artisanaux qui est aussi en cours d'élaboration.

Chapitre 13.

État de l'art de l'entrepreneuriat féminin au Cameroun

Axelle Roxane, Metagne Wabo et Razane Chroqui
Hassan First University of Settat, National School of Applied Sciences, LISA, Morocco

Introduction

L'entrepreneuriat féminin est devenu de nos jours un enjeu de développement socio-économique pour plusieurs pays dans le monde. En Afrique, il contribue à hauteur de 7 à 9 % du produit intérieur brut du continent, soit environ 150 à 200 milliards de dollars[1]. L'importance accordée à l'entrepreneuriat féminin en Afrique prend son envol au début du 21e siècle avec la multiplication des sommets continentaux destinés à discuter du développement du continent. Lors du sommet sur l'emploi et la réduction de la pauvreté en Afrique qui a eu lieu en 2004 par exemple, l'entrepreneuriat féminin a été identifié comme crucial pour la génération d'emplois et la réduction de la pauvreté (Djudjo, 2022).

En dépit des défis auxquels elles sont confrontées, les femmes entrepreneures camerounaises ont fait preuve de résilience et de détermination en créant et en gérant de plus en plus leur propre entreprise, contribuant ainsi au développement économique du pays.

En octobre 2023 s'est tenu à Douala (Cameroun) le premier salon de l'entrepreneuriat féminin en Afrique centrale, sous le très haut patronage de la Commission économique des États de l'Afrique centrale (CEEAC), avec le haut parrainage du ministère des Petites et Moyennes Entreprises, de l'Économie sociale et de l'Artisanat (MINPMEESA) et en partenariat

[1] D'après l'analyse de l'agence Ecofin, 2021.

avec la Chambre de commerce d'industrie des mines et de l'artisanat (CCIMA). Ce salon a réuni les entrepreneures des 11 pays membres de la CEEAC et de la diaspora. Le thème choisi pour ce salon, « Les femmes entrepreneures africaines face aux enjeux de l'industrialisation dans le cadre de la ZLECAf et de la relance économique post-COVID », est un appel à la résilience et à l'innovation.

En outre, des initiatives et politiques ont été mises en place pour soutenir l'entrepreneuriat féminin, notamment les microcrédits, des programmes de formation et de mentorat, ainsi que des mesures visant à promouvoir l'égalité des chances et la parité du genre. Malgré cela, ces initiatives restent insuffisantes et davantage d'efforts doivent être déployés pour faciliter l'accès des femmes entrepreneures aux ressources et aux marchés (Djudjo, 2022).

D'après Verstraete (2000), « l'entrepreneuriat est un phénomène trop complexe pour être réduit à une simple définition, son intelligibilité nécessitant une modélisation ». Selon Joseph Schumpeter (1926), l'entrepreneuriat renvoie à l'innovation. Cette innovation peut être une innovation de produit, une innovation de procédés ou l'ouverture d'un nouveau marché. Gartner quant à lui définit l'entrepreneuriat « comme le processus d'organisation qui conduit à la création d'une nouvelle organisation ». Par ailleurs, selon la Commission de statistique de l'ONU, le genre renvoie « aux différences socialement construites visant les attributs et les opportunités associées au fait d'être homme ou femme, aux interactions sociales et aux relations entre les femmes et les hommes » (INS, 2020). La théorie du féminisme quant à elle considère le genre comme une dimension fondamentale de toute organisation.

Selon Lavoie (1988), l'entrepreneure est « *la femme qui, seule ou avec un ou des partenaires, a fondé, acheté ou accepté en héritage une entreprise, qui en assume les responsabilités financières, administratives et sociales et qui participe activement à sa gestion courante* » (Tahir et Bendiabdellah, 2016). Pour Belcourt et al. (1991 : 5), la femme entrepreneure peut se définir comme *« cette femme qui recherche l'épanouissement personnel, l'autonomie financière et la maîtrise de son existence grâce au lancement et à la gestion de sa propre entreprise »* (Takeudo et al. 2023). Dans ce même ordre d'idées, Ndongo & Ouedraogo définissent l'entrepreneuriat féminin comme « un ensemble d'activités mises sur pied et gérées par les femmes elles-mêmes indépendamment de la taille de l'entreprise ». D'après ces différentes définitions, l'entrepreneuriat féminin peut être défini dans le cadre de notre étude comme la création et le développement d'entreprises par les femmes.

C'est un phénomène assez complexe qui présente une double problématique, à savoir d'une part l'entrepreneuriat qui est un phénomène social et d'autre part le genre qui est une construction sociale.

Dans les sociétés africaines en général et au Cameroun en particulier, où il existe des stéréotypes à son égard, la femme est perçue comme mère et épouse, et donc assignée à des activités domestiques et de reproduction. À cause des préjugés religieux et culturels, les femmes participent très peu à la prise de décision nationale, ce qui réduit leur esprit d'initiative (Djudjo, 2022). Jusqu'à tout récemment, l'on estimait dans le Grand Nord du pays que la place de la femme se trouve dans son foyer, et ainsi les filles abandonnaient très tôt leurs études pour se consacrer uniquement aux tâches ménagères. À cet égard, on peut lire dans le texte de Tchouassi (2000a ; 2002) que « la scolarisation de la jeune fille est un investissement à perte au profit de sa future belle-famille, et que la place de la jeune fille est auprès de sa mère qui, très tôt, doit l'initier aux travaux domestiques (cuisine, corvées d'eau, de bois, petit commerce, etc.) et agricoles ». Ce stéréotype amène à dire que le faible niveau d'instruction de la femme la rend moins compétitive sur le marché de l'emploi et dans l'activité entrepreneuriale (Assoumou et Guetsop, 2017). On sait que les femmes assurent la quasi-totalité de la production vivrière destinée à nourrir la population des zones urbaines. Mais on sait moins qu'elles dynamisent le domaine de l'entrepreneuriat. Ainsi, l'un des moyens pour favoriser la contribution des femmes et réduire les inégalités entre les hommes et les femmes est d'autonomiser les femmes. Cependant, l'on ne peut parler d'autonomisation des femmes sans faire allusion à l'entrepreneuriat féminin car ces deux concepts sont indissociables. D'où l'intérêt d'y voir clair en tentant de répondre à cette question : comment la littérature empirique présente l'entrepreneuriat féminin au Cameroun ?

À cet égard, notre article va présenter d'abord l'évolution et l'impact de l'entrepreneuriat féminin au Cameroun, ensuite les secteurs d'activités privilégiés par les femmes au Cameroun et enfin les principaux facteurs et obstacles liés au développement de l'entrepreneuriat féminin au Cameroun.

Évolution et impact de l'entrepreneuriat féminin au Cameroun

Évolution de l'entrepreneuriat féminin au Cameroun

D'après un rapport basé sur des données fournies par le deuxième recensement général des entreprises (RGE-2) de 2016, sur les

203 419 entreprises créées dans les secteurs primaire, secondaire et tertiaire, 37,5 % appartiennent aux femmes. Elles sont nombreuses à créer les TPE et les PME et moins représentées dans les grandes entreprises, car elles ne sont représentées qu'à hauteur de 11,4 %. La figure ci-dessous nous présente l'évolution au Cameroun de 2009 à 2016 du nombre de promoteurs et promotrices d'entreprises selon le type d'entreprise.

Figure 1 : Proportion des entreprises selon le sexe
du promoteur et suivant le type (en %)

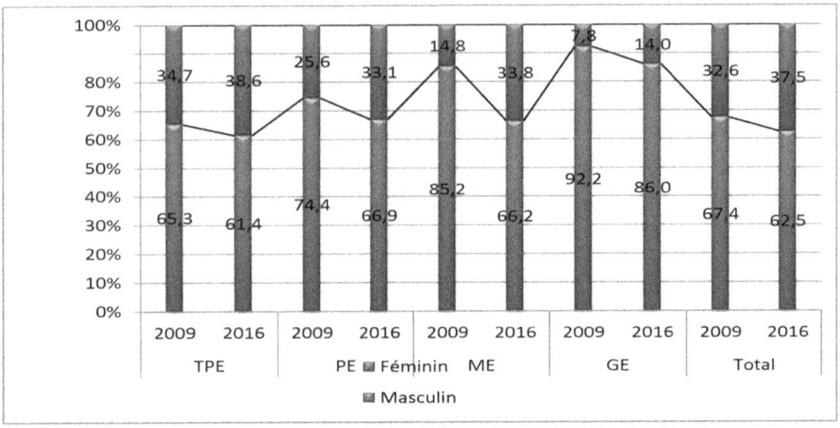

Source : Rapport principal RGE-2 version finale, 2018

De manière générale, nous constatons que, peu importe le type d'entreprise considéré, la proportion des promotrices d'entreprises est inférieure à 50 %. Ce qui traduit le faible niveau de développement de l'entrepreneuriat féminin et montre les efforts qui doivent encore être fournis pour atteindre le cinquième objectif de développement durable (ODD5) qui est l'égalité de sexe. Malgré cela, les femmes sont mieux représentées dans les très petites entreprises (TPE), les petites entreprises (PE) et les moyennes entreprises (ME) comparativement aux grandes entreprises (GE) (11,4 %). Cette situation est partiellement tributaire d'une spécialisation des femmes dans la création des entreprises individuelles qui sont généralement les TPE et PE.

Selon le rapport du Bureau international du Travail (BIT) / Banque africaine de développement (BAD) de 2009 sur le développement de l'entrepreneuriat féminin, cet entrepreneuriat n'est pas suffisamment développé dans la plupart des pays alors que les femmes sont considérées comme des acteurs économiques inéluctables pour le développement d'un pays. Cette idée du rapport n'a pas changé, elle est confirmée par les résultats de la note d'orientation des politiques réalisée par l'Institut national de la statistique (INS) au Cameroun en 2020. L'objectif de cette note d'orientation étant d'évaluer la participation entrepreneuriale des femmes au Cameroun, il en ressort au terme de l'analyse des différents indicateurs qu'au Cameroun, l'entrepreneuriat féminin n'est pas suffisamment développé.

En nous basant sur les résultats du rapport d'une étude de la Direction de la statistique et de la comptabilité nationale (DSCN) réalisée sur la population camerounaise en 2010, nous pouvons lier l'idée selon laquelle il existe un faible engouement pour l'entrepreneuriat au taux d'analphabétisme et au chômage, car l'analphabétisme représente 45 % chez les femmes contre 25 % chez les hommes. Cette même étude montre que le taux de chômage est de 60 % chez les femmes contre 23 % chez les hommes (Assoumou et Guetsop, 2017).

Quelques années plus tard, le rapport principal de la troisième enquête sur l'emploi et le secteur informel de l'INS révèle que le taux d'emploi est nettement plus élevé chez les hommes (58,3 %) que chez les femmes (43,7 %). D'après ce même rapport, le taux de chômage au sens du BIT demeure plus élevé chez les femmes (11 %) que chez les hommes (6,7 %) en 2021. Néanmoins, l'analyse en profondeur de ces rapports révèle que le taux de chômage des femmes s'est amélioré par rapport à celui trouvé lors de l'étude de la DSCN réalisée en 2010, mais demeure plus élevé que celui des hommes.

Par ailleurs, une analyse selon le genre montre que les femmes scolarisées sont beaucoup plus touchées par le chômage que les hommes ayant le même niveau d'instruction. L'écart le plus élevé de niveau de chômage entre les femmes et les hommes est observé au niveau du supérieur (28,2 % chez les femmes contre 12,1 % chez les hommes). Le rapport de l'enquête annuelle dans les entreprises (EAE) réalisé en 2019 nous fait état de la répartition du personnel par sexe dans les emplois formels comme l'illustre le graphique suivant :

Figure 2 : Répartition du personnel permanent par sexe (en%)

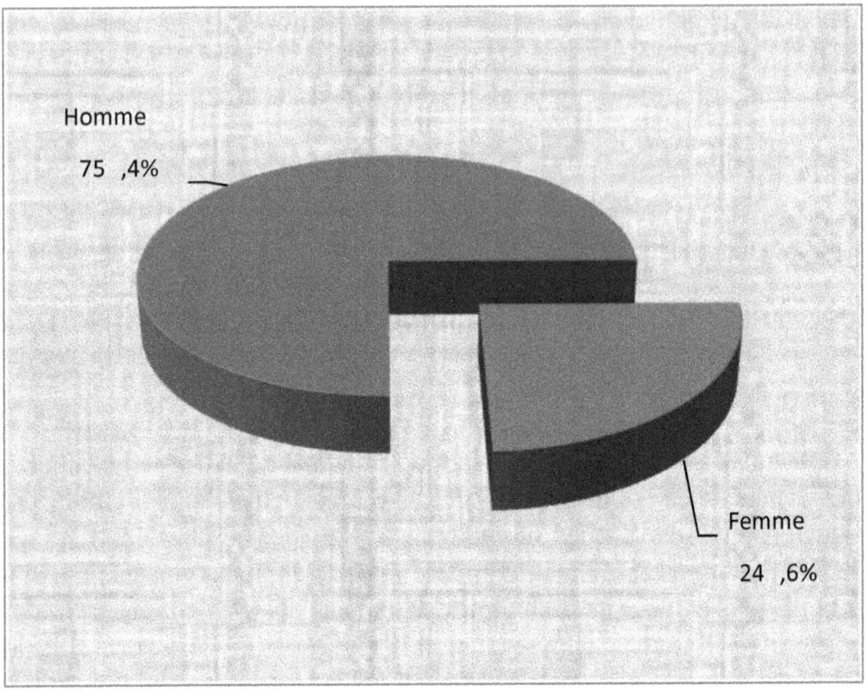

Source : Rapport d'enquête annuelle dans les entreprises (EAE), 2019

D'après ce graphique, nous remarquons que les entreprises formelles emploient en général trois fois plus d'hommes que de femmes. De plus, le résultat d'une enquête menée auprès de 203 entreprises camerounaises et présenté au siège du GICAM à Douala le 7 mars 2022 montre que 21,3 % des femmes sont des cadres supérieures dans des entreprises[2].

On observe ainsi que le taux de chômage croît avec le niveau d'instruction chez les femmes. Ceci peut s'expliquer par le fait que les femmes ayant un niveau d'instruction élevé peuvent avoir des attentes plus élevées en termes de salaire et de conditions de travail ; d'où il devient plus difficile pour elles de trouver un emploi qui répond à leurs qualifications. Ainsi, l'entrepreneuriat féminin apparait comme crucial pour la création de nouveaux emplois et la croissance économique du pays. Il peut avoir un impact positif sur le taux de chômage des femmes et donc sur l'ensemble de l'économie.

[2]https://datacameroon.com/entrepreneuriat-feminin-au-cameroun-seulement-21-de-femmes-sont-des-cardres-superieurs/

D'après le rapport d'analyse de l'annuaire statistique 2022 du MINPMEESA sur les petites et moyennes entreprises (PMEESA), le stock des PME camerounaises par sexe du promoteur et du dirigeant est réparti ainsi qu'il suit :

Figure 3 : Répartition du stock des PME par sexe du promoteur et du dirigeant (en%) en 2022

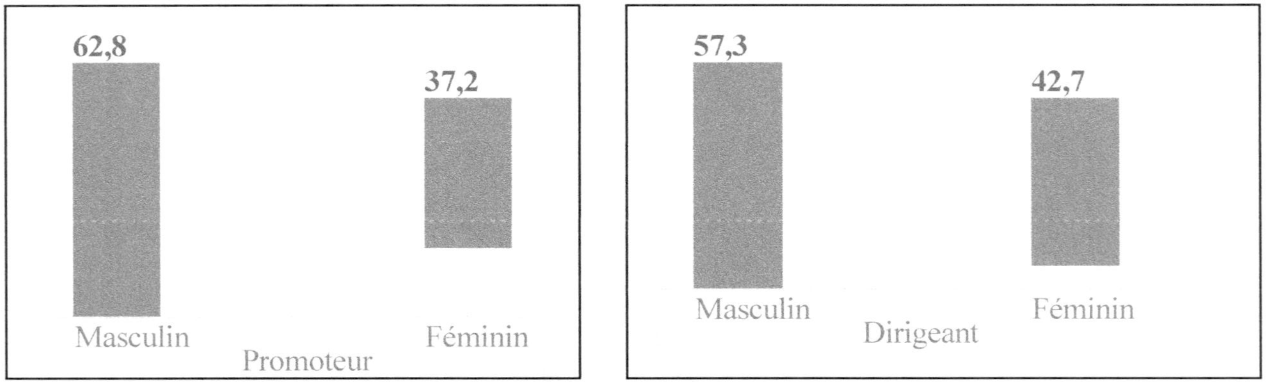

Source : Rapport d'analyse de l'annuaire statistique 2022 sur les PMEESA

D'après ce graphique, nous constatons que la proportion des promoteurs et des dirigeants de PME est supérieure à celle des promotrices et dirigeantes. Ceci s'explique par le fait que l'environnement d'affaires au Cameroun autour de l'entrepreneuriat est plus favorable pour les hommes que pour les femmes. Néanmoins, la proportion des promotrices de PME a légèrement connu une croissance, passant d'environ 33,4 % en 2016 à 37,2 % en 2022. Ceci est probablement dû à l'émancipation des femmes et au fait qu'elles aient pris conscience de leur potentiel entrepreneurial.

Selon ce même rapport d'analyse de l'annuaire statistique 2022 sur les PMEESA, l'évolution des PME créées dans les centres de formation et de création d'entreprises (CFCE) au Cameroun entre 2017 et 2022 suivant le sexe du promoteur est représentée par le graphique suivant :

Figure 4 : Évolution des PME créées dans les CFCE entre 2017 et 2022 selon le sexe du promoteur(en%)

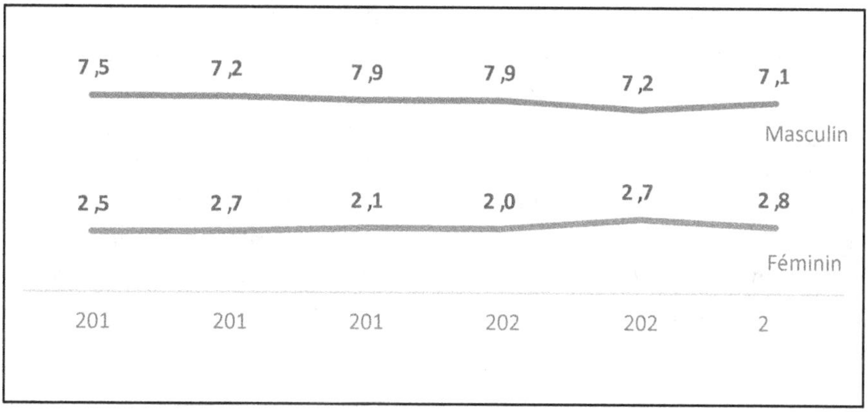

Source : Rapport d'analyse de l'annuaire statistique 2022 sur les PMEESA

En considérant le sexe du promoteur, nous constatons qu'entre 2017 et 2022, les PME créées par les hommes sont les plus représentatives. Nous constatons également que de 2017 à 2021 le nombre de PME créées par les femmes a connu une légère croissance, puis a chuté en 2022, c'est-à-dire à 25,87 %, à cause à coup sûr de la pandémie COVID-19 qui a affecté de nombreux secteurs d'activités dans lesquels les femmes sont le plus représentées.

Impact de l'entrepreneuriat féminin sur l'économie Camerounaise

Dans les pays en développement, il est à noter que les discriminations fondées sur le genre sont observées et limitent ainsi la participation des femmes à l'activité économique. Les justifications à ces discriminations résident dans le fait que les femmes sont appelées à faire un arbitrage entre le travail domestique et l'emploi salarié. Ainsi, l'entrepreneuriat féminin apparait comme une solution. Les femmes entrepreneures jouent un rôle dans le système productif, en créant des emplois et donc en comblant le gap qui les sépare des hommes dans la participation au marché de l'emploi.

Partant de ce constat, le continent africain affiche le pourcentage le plus élevé de femmes entrepreneures dans le monde. D'après le rapport 2016/17 du Global Entrepreneurship Monitor (GEM), le taux d'entrepreneuriat féminin en Afrique subsaharienne atteint 25,9 % de la population adulte. Ce qui signifie qu'en Afrique subsaharienne, une femme sur quatre est promotrice d'une entreprise. En outre, les femmes en Afrique réinvestissent jusqu'à 90 % de leurs revenus dans l'éducation, la santé et l'alimentation de leurs familles et de leur communauté (contre 30 % à 10 % chez les hommes) ; ce qui démontre leur impact important sur le développement économique et social du continent.

À cet égard, OkahK et Timba (2015) démontrent qu'au Cameroun, l'entrepreneuriat féminin favorise la croissance économique. En revanche, Djudjo (2022), analysant l'impact de l'entrepreneuriat féminin sur la croissance économique au Cameroun sur la période 2010-2020, révèle qu'à court et long terme, l'entrepreneuriat féminin a un effet négatif et non significatif sur la croissance économique. L'auteur renchérit que les moyens mis en place par le gouvernement dans ce secteur tardent à porter leurs fruits, puisque ce type d'entrepreneuriat a un impact indirect sur la croissance économique.

Les secteurs d'activités privilégiés par les femmes entrepreneures au Cameroun

Étude des secteurs dominés par les femmes entrepreneures au Cameroun

Dans les pays en développement en général, les personnes qui souhaitent entreprendre se heurtent la plupart du temps au problème de financement. Les secteurs d'activités privilégiés par les femmes entrepreneures au Cameroun sont entre autres[1] :

- Le commerce : il s'agit le plus souvent de microentreprises localisées dans les marchés nationaux où sont commercialisés les produits agroalimentaires, cosmétiques, ou encore vestimentaires.

[1] https://agencecamerounpresse.com/cameroun-la-dynamique-de-lentrepreneuriat-feminin/

- L'agroalimentaire : ce secteur est une opportunité pour ces femmes entrepreneures de valoriser leurs compétences traditionnelles ainsi que le patrimoine culinaire camerounais à travers la transformation des produits agricoles locaux tout en générant des revenus substantiels.
- Les services à la personne : ce secteur renferme les femmes entrepreneures qui créent leurs propres entreprises dans le domaine de l'éducation, de la santé, et du bien-être.

Dans ce même ordre d'idées, le texte de Tchouassi et al. (2022) intitulé *L'émergence des nouveaux emplois en contexte de COVID-19 : les déterminants quantitatifs,* lequel a pour objectif de mettre en évidence les déterminants quantitatifs des nouveaux emplois sur le marché camerounais en contexte de COVID-19, montre que les travailleurs sont en partie des femmes et des jeunes qui occupent des emplois essentiellement informels et sans protection sociale. Ces emplois sont dans les domaines de **la santé**, **d'aide à la personne** (conducteur, agent d'entretien, agent de sécurité), **commercial** (caissier, vendeur, livreur) et **urgentiste** (ambulancier, personnel d'entretien, d'hygiène et d'assainissement).

Les femmes sont presque inexistantes dans le secteur industriel bien qu'elles soient suffisamment représentées dans les services et encore plus dans le secteur agricole traditionnel, car vivant principalement en milieu rural. En fait, les stéréotypes de genre associent les métiers industriels à des professions surtout masculines ; ce qui dissuade les femmes de poursuivre une quelconque carrière dans ces métiers. Également, l'existence des barrières à l'entrée telles que les compétences techniques ou physiques spécifiques au secteur industriel peuvent être perçues comme difficiles à surmonter par les femmes. Évoluer dans un environnement associé à des stéréotypes de genre masculin constitue la principale difficulté des femmes en entrepreneuriat (Boring, 2016).

Analyse des opportunités et défis propres à ces secteurs

Les femmes camerounaises tentent, malgré de nombreux stéréotypes, de se frayer un chemin dans l'industrie alimentaire, le vestimentaire, etc., bien que leur taux de pénétration dans ces domaines des affaires reste encore faible. En dépit du dynamisme dont fait preuve l'entrepreneuriat féminin et du rôle crucial que jouent les femmes propriétaires d'entreprises dans l'essor économique du continent africain en général et du Cameroun en particulier, ces dernières sont tous les temps confrontés à certains obstacles et profitent d'un nombre conséquent de facteurs pour déployer les activités d'affaires en contexte difficile d'entrepreneuriat.

Les principaux facteurs et obstacles liés au développement de l'entrepreneuriat féminin au Cameroun

Les facteurs qui contribuent au développement de l'entrepreneuriat féminin au Cameroun

De nombreux facteurs expliquent l'expansion de l'entrepreneuriat féminin au Cameroun, notamment :

- Une prise de conscience des femmes sur leur potentiel entrepreneurial : les femmes se rendent de plus en plus compte qu'elles ont des compétences nécessaires pour créer et gérer leurs propres entreprises. En outre, le succès de certaines femmes entrepreneures de renom a un effet encourageant sur les autres.
- Des formations et des accompagnements spécifiques pour les femmes : de nombreuses organisations nationales et internationales (ONG, associations, initiatives publiques) se mobilisent pour proposer aux femmes entrepreneures des formations adaptées à leurs besoins et attentes, ainsi que des programmes de renforcement des capacités des entrepreneures[2].

Dans son article intitulé *L'entrepreneuriat féminin au Cameroun : enjeux et perspectives*, lequel a pour objectif principal de dégager les principaux facteurs qui contribuent à l'évolution de l'entrepreneuriat féminin au Cameroun, Assoumou et Guetsop (2017) révèlent, d'une part, que la stabilité du recours au financement influence positivement et significativement la croissance du chiffre, c'est-à-dire que plus les femmes sont stables dans leur recours aux sources de financement, plus le chiffre d'affaires de leur entreprise augmente. D'autre part, le niveau d'instruction influence positivement et significativement le degré de rentabilité des projets réalisés, autrement dit que plus les femmes sont instruites, plus elles réalisent des projets rentables. Ces résultats corroborent l'idée selon laquelle au Cameroun, les entreprises connaissent une grande facilité d'adaptation et d'innovation allant de plus en plus d'une économie informelle à une économie formelle (Assoumou et Guetsop, 2017). Cependant, ces femmes sont souvent confrontées à des obstacles de plusieurs ordres lorsqu'elles décident d'entreprendre.

[2] https://agencecamerounpresse.com/cameroun-la-dynamique-de-lentrepreneuriat-feminin/

Les obstacles liés à l'entrepreneuriat féminin au Cameroun

De nombreux travaux de recherche montrent que l'accès au financement (Marlow et Patton, 2005) ainsi que l'existence des barrières à l'entrée sur les marchés (Bates, Jackson, et Johnson, 2007) constituent des obstacles à l'entrepreneuriat féminin. Marlow et Patton (2005) considèrent qu'en créant leur propre entreprise, les femmes entrepreneures sont désavantagées selon leur genre (c'est-à-dire le groupe d'appartenance des femmes selon leur sexe) dans l'accès au financement externe[3].

Bates et al. (2007), quant à eux, soulignent dans leur article qui porte sur l'entrepreneuriat des minorités que les entrepreneurs issus des minorités sont souvent confrontés à des obstacles uniques tels que les barrières à l'entrée sur les marchés qui entravent leur succès. Alors que ces entrepreneurs jouent un rôle crucial dans le développement économique et social de leurs communautés. Les femmes ont le plus souvent moins accès aux ressources financières car elles sont moins fréquemment prises au sérieux que les hommes par leurs interlocuteurs (Boring, 2016).

Dans la société camerounaise, le véritable problème auquel sont confrontées les femmes entrepreneures est l'exclusion. La femme camerounaise, malgré son émancipation, demeure phagocytée par les pesanteurs sociales, culturelles et religieuses. Elle reste victime d'une structuration sociale beaucoup plus favorable à la gent masculine, par exemple en matière d'héritage, de succession et de transmission de patrimoine (Assoumou et Guetsop, 2017). Il est à noter que les principaux obstacles liés au développement de l'entrepreneuriat féminin au Cameroun sont de plusieurs ordres, à savoir institutionnel, économique, socioculturel et individuel.

Obstacles d'ordre institutionnel

D'après les résultats du RGE-2, les deux principaux obstacles d'ordre institutionnel sont la corruption et la pression fiscale. Le troisième principal obstacle étant l'environnement d'affaires (l'accès au crédit et aux débouchés) qui conditionne fortement la pratique professionnelle des femmes. Ceci malgré le fait que, pour éradiquer les discriminations faites à l'égard des femmes, le gouvernement camerounais a mis sur pied bon nombre d'actions et de programmes. Il s'agit notamment de la création d'un ministère chargé de la Promotion de la femme et de la famille en décembre 2004 et de l'élaboration d'un plan d'action national pour le

[3] Cité par chassero et alii, 2016.

développement de l'entrepreneuriat féminin au Cameroun (2010-2014) en 2009.

Figure 5 : Évolution de la perception des chefs d'entreprises sur les obstacles à l'entreprenariat (% des opinions)

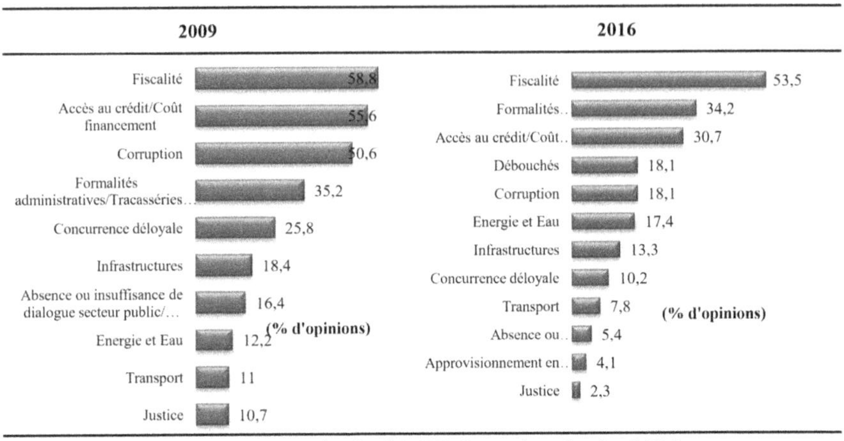

Source : Rapport principal RGE-2 version finale, 2018

Obstacles d'ordre économique

Les PME dans les pays en développement, du fait de leur auto-exclusion des marchés financiers formels, sont caractérisées par un accès limité au crédit. La plupart du temps, les femmes entrepreneures camerounaises ont pour source de financement de leurs activités les associations familiales financières et les tontines à enchères, dont les levées de fonds restent insuffisantes pour financer tout le processus entrepreneurial. L'une des principales difficultés que rencontre l'entrepreneuriat féminin est la mobilisation des fonds auprès des établissements économiques pendant le démarrage des entreprises. En effet, environ 95 % de femmes contre 93 % d'hommes ont rencontré des difficultés d'accès aux financements des établissements de crédit lors du démarrage de leurs entreprises. Ceci est dû au fait que les femmes ne disposent pas des garanties que les institutions financières exigent. De plus, elles manquent souvent des compétences requises en matière de gestion d'entreprises pour accéder aux financements, que ce soit à l'étape de la création ou du développement de leurs activités.

Obstacles d'ordre socioculturel

Les femmes rencontrent divers obstacles liés aux coutumes et traditions qui entravent leur participation à la vie économique du pays. Il existe au Cameroun des préjugés sociaux vis-à-vis du statut de la femme entrepreneure. Comme obstacles auxquels sont confrontées les femmes entrepreneures, nous avons : les normes socioculturelles discriminatoires et l'accès limité aux ressources.

Obstacles d'ordre individuel

Il est à noter que les femmes créent des entreprises individuelles. À cet effet, peu importe le diplôme considéré, la proportion des promoteurs d'entreprises est toujours supérieure à celle des promotrices d'entreprises. Exception faite par les promoteurs d'entreprises ayant au plus le BEPC. Comme autre obstacle d'ordre individuel, nous avons les nombreuses responsabilités familiales qui pèsent sur les femmes entrepreneures et constituent un frein pour leur développement.

Ces différents obstacles limitent la capacité des femmes à créer et à gérer des entreprises, ce qui contribue au développement de l'économie du pays.

Conclusion

Parvenus au terme de cette étude avec laquelle il était question de présenter un état de l'art de l'entrepreneuriat féminin au Cameroun, il en ressort que les femmes entreprennent différemment et moins constamment, comparées aux hommes. Ceci s'explique par différents obstacles auxquels elles font face. En pole position est le problème d'accès au financement. Ne disposant pas le plus souvent de garanties, il est très difficile pour des établissements financiers d'octroyer du crédit aux femmes pour la création d'entreprise, contrairement aux hommes.

En somme, l'entrepreneuriat féminin reste encore insuffisamment développé au Cameroun. En vue d'atteindre le cinquième objectif de développement durable (ODD5), le Cameroun doit accorder plus de priorité au genre pendant l'élaboration et la mise en place de sa politique de promotion et d'accompagnement de l'entrepreneuriat (INS, 2020). De plus, le gouvernement camerounais devrait encourager les femmes à entreprendre afin de générer une croissance économique plus solide et plus durable.

Chapitre 14.

Entreprendre au féminin pour lutter contre la corruption au Cameroun

Félix Ntep
Université Gaston Berger de Saint-Louis, Sénégal.

Introduction

L'Afrique subsaharienne est un continent sur lequel on observe de plus en plus une corruption dans la fonction publique des États (Bissessar, 2009). Cette corruption est l'expression des pratiques de prédation des gens qui cherchent à exister et à paraître au sein de l'environnement sur lequel ils sont de plus en plus soumis aux sollicitations de leur communauté et profitent des failles de la bureaucratie des institutions de l'État pour y répondre. Une littérature a esquissé des lignes générales de leur labeur, afin d'en dégager les effets négatifs de leurs pratiques, au point de révéler une corruption qui empêche la réalisation des objectifs de développement économique adaptés à la structuration de l'économie des pays d'Afrique (Leff, 1964 ; Lambsdorff, 2006 ; Lavallée et alii., 2008).

L'objet de notre étude est de présenter un cas d'entrepreneuriat féminin contre cette pratique de corruption. Ce cas donne à dire une façon particulière d'entreprendre au féminin. L'étude de ce cas s'en tiendra principalement à son propre récit. Il comporte certes des non-dits, des lacunes et des ambiguïtés, mais les aspects qui paraissent essentiels à son exposé sont présents. L'objectif n'est pas d'extrapoler, à partir d'un cas singulier, la situation globale de l'entrepreneuriat féminin en contexte de corruption endémique. Empiriquement, il est proposé de comprendre en profondeur comment une femme crée un cabinet privé pour venir en aide aux usagers abusés par les fonctionnaires véreux. Pour atteindre cet objectif, nous allons adopter une posture qui aidera à être au plus près de la réalité africaine, dans les paragraphes suivants de cette étude. Une analyse de la littérature en entrepreneuriat et en sciences sociales, un cas singulier et des exemples, tirés des faits réels, constitueront les aspects essentiels de cette posture réaliste.

Modestement, nous allons tenter de révéler l'attitude entrepreneuriale d'une femme en présentant, dans un premier paragraphe, le cadre de réflexion qui nous sert d'analyse, puis le contexte, où cette attitude s'épanouit difficilement, et des aspects essentiels qui constituent sa substance. Nous allons, enfin, conclure par une note positive, laquelle démontre l'efficacité du travail d'une femme entrepreneure en milieu d'affaires camerounais.

Cadre théorique de base

Ce cadre n'est pas destiné à élaborer un modèle d'entrepreneuriat féminin, puis à vérifier sa validité en se basant sur une démarche hypothético-déductive. Il est plutôt destiné à faciliter l'illustration d'une expérience singulière d'une femme qui a créé un cabinet privé pour lutter contre la corruption, au Cameroun. Autrement dit, ce cadre permet de capter, au mieux, les aspects essentiels de l'interaction entre une femme, déterminée à résoudre des problèmes nés de la corruption, et les fonctionnaires à l'origine de cette dernière. Les aspects essentiels de cette interaction sont révélés à partir d'une approche qui met au centre de son analyse l'entrepreneur, en tant qu'acteur de développement et porteur de culture, ses actions et les divers environnements qui constituent ses lieux de vie (Escudier, 1995, Fick, 2002). Cette approche aide à révéler, au plus près de la réalité africaine, l'attitude entrepreneuriale contre la corruption. En témoignent les paragraphes suivants.

Être au plus près de la réalité

C'est être en immersion dans les lieux de vie de l'entrepreneur afin de mieux capter et restituer des connaissances sur l'entrepreneuriat. Ceci étant possible que si l'observateur ou le chercheur en entrepreneuriat adopte une posture réaliste. Cette dernière a été nettement précisée par le philosophe américain William James dans son livre prolifique, intitulé *Le Pragmatisme*, paru en 1911 chez Flammarion, pour la traduction française.

Ce livre est un chef-d'œuvre de la philosophie américaine du XXe siècle[1]. James propose une théorie particulière de la signification des phénomènes ou des choses. Pour lui, la meilleure façon de comprendre le sens d'une chose consiste à en analyser les conséquences pratiques. Cette idée a probablement influencé les travaux de l'école économique de Vienne, en Autriche, dont on sait qu'elle avait à son sein des auteurs, tels que Ludwig von Mises, Carl Menger et Böhm Bawerk, puis Kirzner, qui travaillaient à faire connaître le rôle de l'entrepreneur dans l'économie dite moderne (Bylund, 2019, Campagnolo et Vivel, 2014). On sait également que cette idée a influencé le travail de Joseph Alois Schumpeter, lequel a popularisé ce rôle de l'entrepreneur des années plus tard, après celui de l'école de Vienne, dans des séries de conférences aux États-Unis. Sur la base de leurs travaux, nous savons que l'entrepreneuriat n'a de sens que dans les nouvelles combinaisons des ressources, lesquelles se donnent à lire aux moments d'intenter, de s'engager et de concrétiser un ou des projets entrepreneuriaux. Ainsi donc, « entreprendre au féminin » n'a de sens que grâce aux conséquences pratiques des actions, des attitudes et des décisions des femmes aux moments entrepreneuriaux cités. Dans ce chapitre, nous allons nous intéresser à l'attitude entrepreneuriale des femmes en contexte d'entrepreneuriat africain.

Attitude entrepreneuriale

« Être entrepreneur en Afrique » voudrait dire tendre la main aux autres et affronter la dure réalité du milieu d'affaires (Ntep, 2018). C'est également adopter une attitude entrepreneuriale en milieu d'affaires difficile. Quelques modèles théoriques nous donnent des exemples de description d'une telle attitude. Par exemple, le modèle de formation de l'évènement entrepreneurial de Shapero, de Shapero et Sokol et la théorie

[1] On parle, d'abord, de l'école de pensée philosophique américaine, fondée par Charles Sanders Peirce. Ce dernier était un logicien, considéré comme un novateur dans de nombreux domaines, en particulier dans la façon de concevoir les méthodes d'enquête et de recherche, et en philosophie de la science. Puis, on admet la perspicacité de William James et John Dewey, tous deux psychologues américains, surtout sur l'utilisation et le sens du terme « pragmatique ». Si Peire est l'inventeur du mot, c'est James qui va le populariser dans des séries de conférences publiques, en 1898, reprises par la presse locale, et dans un ouvrage dont le titre est cité ci-dessus, où James pense que *« le vrai n'est qu'un expédient dans notre façon de penser, le bien n'est qu'un expédient dans notre manière de nous comporter »* (Tiercelin, 1993, p.7). C'est également le texte de Dewey (1925) qui va donner à ce pragmatisme ses lettres de noblesse dans le domaine de l'éducation et de la pensée pratique.

du comportement planifié d'Ajzen (Shapero, 1975, Shapero et Sokol, 1982). En testant ces modèles dans un contexte particulier, beaucoup d'auteurs européens sont arrivés à conclure sur la manière d'agir proactive de l'entrepreneur (Tounes, 2003). D'autres auteurs ont pensé que cette attitude entrepreneuriale se révèle nettement à travers des aspects, tels que « être conscient, être responsable, être honnête, être conséquent, être chef, être équilibré et être vigilant » (Deslauriers, 2023, p. 165).

En tenant compte de ces aspects essentiels de la littérature entrepreneuriale empirique, nous sommes convaincus que l'attitude entrepreneuriale observable en Afrique, en particulier au nord et au sud du Sahara, est fascinante et énigmatique. À cet égard, il devient urgent d'être au plus près de la réalité, comme l'ont fait Schumpeter et les auteurs de l'école de Vienne, pour tenter de bien capter ses substances et sa raison d'être en vrai.

Le cadre d'analyse, que nous avons retenu pour tenter une illustration de cette attitude, combine bien les aspects liés à la proactivité de l'intention entrepreneuriale (c'est-à-dire l'expectation-valeur, le contrôle, les croyances) avec ceux associés à l'engagement et la concrétisation du projet entrepreneurial (c'est-à-dire la rigueur, le sérieux, l'honnêteté, la compétence, la pratique). Cette combinaison se faisant à l'aune des conséquences pratiques que ces aspects engendrent pour l'économie entière d'un pays. Elle donne à dire sur la manière d'agir en situation réelle d'entrepreneuriat. Se manifestant dans les multiples interactions au sein d'un écosystème entrepreneurial contraignant, cette manière d'agir se révèle nettement dans les pratiques professionnelles qui savent être alignées avec les besoins de la société et les attentes de l'environnement des affaires. Cet alignement devient fascinant et énigmatique lorsqu'elle donne à dire les effets de la pratique professionnelle des femmes qui s'accommodent des pesanteurs politiques qui gangrènent le milieu d'affaires africain (Schatzberg, 1980, Williame, 1995).

Par exemple, en Afrique centrale où le capitalisme parasitaire existe, l'entrepreneuriat privé, en tant que moyen d'acquérir la richesse et l'influence hors de l'État, est devenu une menace que les membres du gouvernement, prébendiers de l'État, peuvent faire échouer ou pousser ses initiateurs à respecter leur volonté égoïste propre. En conséquence, on observe de plus en plus deux attitudes des propriétaires des projets d'affaires privés qui tendent à ne pas froisser ces prébendiers. Au Cameroun, en particulier, certains propriétaires des entreprises privées ont adhéré au parti politique au pouvoir pour bénéficier du « geste » de l'État (cadeaux fiscaux, accès aux marchés publics de gré à gré, subventions diverses, etc.), lequel les oblige en retour à financer les meetings et les voyages des candidats du parti au pouvoir déclarés aux postes électifs (Owona Nguini, 1996). D'autres propriétaires assument leur choix de rester hors du champ politique, savent qu'ils ne sont pas totalement à l'abri de la colère des prébendiers, qui n'attendent qu'une faute de leur part pour mettre en mal leurs ambitions entrepreneuriales.

Aux paragraphes suivants, nous tenterons d'illustrer au plus près de la réalité cette deuxième attitude. Mais avant cela, nous allons présenter le contexte qui la tolère bien, et où elle s'épanouit bien.

Contexte d'étude

Il s'agit ici du milieu où la corruption a élu domicile et empêche les honnêtes citoyens de vivre dignement de leur travail, c'est-à-dire la fonction publique camerounaise. Il est difficile de faire un portrait quantitatif de cette corruption. Les statistiques officielles n'étant pas fiables à son égard. Néanmoins, on trouve des textes et un Observatoire de lutte contre la corruption (OLC) qui alertent ou réprimandent des actes de corruption des agents de la fonction publique. Une étude publiée par la Fondation Friedrich Ebert en juin 1999 a révélé deux principales raisons qui expliquent la corruption au Cameroun :

— L'impunité des auteurs et des complices des actes de corruption.

— Et le bas niveau des salaires des fonctionnaires et agents publics.

Malgré que l'article 134, alinéa 1 du Code pénal punisse « d'un emprisonnement de cinq à dix ans et d'une amende de 200 000 à 2 000 000 F CFA tout fonctionnaire ou agent public qui, pour lui-même ou pour un tiers, sollicite, agrée ou reçoit des offres, promesses, dons ou présents pour faire, s'abstenir de faire ou ajourner un acte de sa fonction », la corruption demeure un fléau qui gangrène la fonction publique camerounaise. On la retrouve partout, dans la police, la santé, l'Éducation nationale, l'enseignement supérieur, la justice, le sport, même en dehors de l'administration publique, dans la rue, dans les cellules familiales, etc.

Plusieurs raisons l'expliquent bien. Celle des bas salaires, révélée par la Fondation Friedrich Ebert, ne tient plus, au regard de son ampleur actuelle. La corruption est devenue une habitude de vie, c'est la volonté manifeste chez les prébendiers de rester avec toutes les mannes qu'engendre l'économie de tout un peuple : ce sont les « mêmes », depuis les années 60, qui sont bénéficiaires. À cet égard, elle constitue un aspect essentiel de ce que nous pouvons dire du fléau de l'imposture en milieu d'affaires.

La conséquence immédiate de cette imposture est le statu-quo de ce pays depuis plus d'une soixantaine d'années. L'évolution du taux de croissance du PIB est passée de 1,18 % en 1961 à 3,54 % en 2022, selon les données de la Banque mondiale. De 1984 jusqu'en 2014, la portion la plus riche de la population camerounaise (soit 10 %) obtient plus de trois fois la part qu'elle aurait obtenue dans un cas de parfaite égalité. Les 10 % de la population étant devenus encore plus pauvres à la même période (soit 1,7 % selon l'indice de GINI de 2014). Dix ans plus tard, cette situation est devenue encore pire, selon toujours les données disponibles à la Banque mondiale. Plus de 50 % de la population vivent sous le seuil de pauvreté alors que moins de 10 % des prébendiers de l'État détiennent plus de 70 % de la richesse du Cameroun.

On observe de plus en plus les nouveaux profils des victimes de ces derniers chez les usagers pauvres de la fonction publique, c'est-à-dire les veuves, les personnes qui ont été sciemment radiées du fichier des soldes et les familles qui sont empêtrées dans les conflits de terrain et de successions interminables.

Nous allons tenter une illustration des conséquences pratiques de cette situation particulière, afin de donner à dire sur sa prise en charge par une femme déterminée, ainsi que l'attitude entrepreneuriale de cette dernière, au Cameroun.

Une situation particulière

Nous allons l'illustrer en nous appuyant sur une situation vécue, en immersion dans un terrain d'enquête, dans un quartier périphérique de Yaoundé, la capitale politique du Cameroun, dans un local administratif du tribunal de grande instance. Il s'agit des habitudes de vie contreproductives des fonctionnaires de ce tribunal, qui ont motivé une femme à œuvrer pour la « bonne cause », dans un contexte de danger permanent.

La victime est une femme veuve. Elle avait un dossier à la signature au bureau du juge d'instruction du tribunal de grande instance. Ce dossier contenait, entre autres choses, une demande d'homologation du procès-verbal de partage de succession, qui est une pièce importante, que la banque conditionnait pour entrer en possession de la pension de son mari décédé, lequel a travaillé dans la fonction publique du Cameroun, jusqu'à sa retraite, à 60 ans. Cette femme accumulait beaucoup de retards dans le versement de cette pension. Elle était doublement handicapée pour rentrer dans ses fonds : elle ne savait pas lire et écrire correctement le français, puisque les pièces administratives sont écrites en français et en anglais.

Elle ne possédait pas assez de moyens lui permettant de se rendre au centre de recouvrement, situé à Yaoundé, la capitale politique du Cameroun.

Après la mort de son mari, elle est repartie vivre au village avec ses deux enfants âgés respectivement de 8 ans et 10 ans. Elle en a eu avec son mari, quatre enfants, dont deux majeurs qui sont restés vivre en ville, à Yaoundé. Sa pension mensuelle étant dérisoire, elle ne trouvait pas nécessaire de faire une demi-journée de route pour se rendre au centre de recouvrement. Si cela était possible, elle trouvait qu'elle ne gagnerait rien en retour, puisqu'elle dépenserait plus de la moitié de sa pension pour son transport. Face donc à ces handicaps, elle a fait appel à un cabinet, qui a négocié un pourcentage raisonnable dans cette opération de recouvrement, probablement inférieur à ce qu'elle pouvait espérer dépenser en s'occupant seule de son dossier. Ce cabinet est devenu, après signature d'un protocole, le mandataire de cette veuve. Nous avons été associés à ce travail, en tant qu'observateurs. Le propriétaire du cabinet est un ami de longue date. Nous avons fréquenté le même établissement universitaire pendant quatre années, dans la ville de Douala, au Cameroun. Il connaissait bien l'intérêt que nous portions à l'étude des faits divers et insipides. C'est sûrement la raison qui l'a poussé à nous permettre d'observer ce travail de finalisation d'un dossier de recouvrement de la pension retraite d'une veuve qui était dans le besoin. Nous pouvons dire que ce n'était pas facile d'aller jusqu'au bout de ce dossier. Nous avons observé un manque de professionnalisme dans le bureau du juge.

Sans intention, puisque nous ne sommes pas là pour juger, nous croyons que nous avons vécu des séquences d'actions qui nous confirment dans notre avis : la gangrène de la corruption est due à l'imposture de certains fonctionnaires, au Cameroun.

Nos déboires ont commencé avec les attentes répétitives et les allers-retours que nous faisions entre le cabinet et le tribunal, où était logé le bureau du juge. Nous étions deux. Nous et un expert juridique, salarié depuis 10 ans au cabinet de notre ami de longue date. Ce dernier avait côté le dossier. Il était donc chargé de faciliter l'exécution du travail de recouvrement de la pension retraite de la veuve. Nous avons admiré son courage, puisqu'il a réussi à s'accommoder des caprices du juge et de sa secrétaire. En l'espace de trois semaines, lui et nous avons fait huit tours, aller-retour, pour afin rencontrer le juge. Son bureau se trouvait au quatrième étage d'un immeuble d'habitation ancien. Cet immeuble ressemble aux constructions européennes de la période coloniale. Nous savons qu'elle était allemande, par son architecture, parce que ses façades sont animées par l'emploi d'entablements à ressaut, de petits pignons à arceau, même si elles ressemblent peu à celles que l'on peut voir, aujourd'hui, dans les hôtels en Allemagne, par exemple dans la ville de Lübeck, que nous connaissons bien. L'État du Cameroun a hérité de cet immeuble après la débâcle de la Seconde Guerre mondiale. Il y a d'abord installé un poste de police, puis une agence de la Finance et, enfin, le tribunal de grande instance. Ce bâtiment n'a pas d'ascenseur. Un long escalier, qui commence après l'entrée d'un grand portail en fer, et mène vers les bureaux. Le premier étage contient les bureaux des greffiers et leur secrétariat respectif, ainsi qu'un espace, où l'on a emménagé un lieu où la justice est rendue, et un couloir de passage. Pour nous rendre chez le juge, il a fallu d'abord arpenter ce couloir pour prendre un escalier tournant, conçu en briques, comportant des marches classiques. Le juge, qui devrait signer notre dossier, avait un bureau qui se trouvait à vingt pas, après la marche palière, à côté de son secrétariat, au quatrième étage. Ce n'était donc pas facile de s'y rendre, pour la veuve, cliente du cabinet qui nous a envoyé en mission secours. La patronne du secrétariat du juge était de même classe d'âge que ce dernier. Elle ne faisait pas d'effort pour instruire le dossier de la veuve auprès de son patron. Tout était fait à sa manière. Les gens de la rue utilisent souvent, à l'égard de ce comportement du moment, cette expression : « Elle *ne nous gérait pas*. Elle trouvait toujours à dire sur notre dossier. Si ce n'est pas une pièce qui manque pour instruire la demande d'homologation, ce sont les timbres qu'il faut ajouter pour signer des pièces qui composent cette demande, en l'occurrence le certificat de non-opposition, l'appel et le jugement d'hérédité du mari décédé. Nous étions obligés de fréquenter d'autres administrations de l'État pour mettre à jour notre dossier, sans compter que cela nous prenait parfois un à deux jours, à cause des embouteillages et de la lenteur dans le travail des agents de l'État. Nous avouons que nous n'étions pas trop étonnés de voir de telles choses et des agissements dans cet endroit de travail. Pire encore, et la chose n'est pas douteuse, ces agents étaient tous corrompus, puisqu'il fallait, à chaque occasion, donner de l'argent pour que les signatures soient faites à temps. À coup sûr ce sont les usagers qui sont pénalisés par ces agissements insensés et attentes interminables.

Le juge était un homme mûr, près d'aller à la retraite. Il avait une voix roque, parlait plus par les gestes et communiquait peu avec les usagers, qui avaient la chance d'entrer dans son bureau. C'était le dieu Thot vivant, par la puissance de sa signature et par le culte que lui louaient ses employés. Il n'avait pas pour habitude de saluer les usagers quand il rentrait dans son secrétariat. Plutôt, c'est nous, usagers, qui devrons nous lever à chaque entrée de ce dernier. Nous avouons également que nous étions mal à l'aise à chaque fois que nous entrions dans ce secrétariat, alors que les autres usagers trouvaient ce type d'attitude normal. L'expert juridique, que nous accompagnions dans ce bureau, nous a raconté une histoire qui n'étonne plus personne au Cameroun. Nous résumons ainsi la fin de son histoire : « Ce *type de juge parvenu n'a pas saigné pour avoir son diplôme de magistrat.* » Elle révèle bien un fait d'une réalité qui n'est plus un secret de polichinelle. Nous le disons clairement comme ceci : *la majorité des concours d'entrée à l'École de la magistrature, au Cameroun, est achetée.* La presse en fait, chaque année, son chou gras. Tout est devenu vrai sur ce fait à cause de ce que font les gérants de ces établissements d'État, et leurs anciens pensionnaires, une fois en poste. Leur véritable propriétaire, c'est-à-dire l'État, n'ayant jamais su proposer un démenti à cet égard.

C'est donc probablement ces types d'habitudes de vie qui ont poussé cette femme à tenter de les combattre, à sa manière, en prenant en charge toutes les étapes qui finalisent la construction du droit à bénéficier de la retraite dévolue aux usagers de la fonction publique camerounaise.

Prise en charge

Par cette expression, nous entendons un projet dont les étapes finalisent un accompagnement par les pairs. Ce dernier étant, dans la littérature économique, synonyme des pratiques destinées à combler les insuffisances stratégiques d'un entrepreneur (Messeghem et al. 2020 ; Wolff et Cuénoud, 2017). Ces pratiques viennent résoudre le manque de connaissances dans un domaine spécifique, faciliter l'accès aux ressources et aux réseaux d'affaires, sensibiliser sur l'importance d'une gestion efficace des projets d'affaires. La prise en charge finalise donc ces pratiques, lesquelles concernent le conseil, le coaching, le mentoring, la formation, diverses prestations, etc. (Alaoui et Alii, 2019, p. 305).

Pour l'illustrer, nous allons nous appuyer sur le cas du travail d'une femme, déterminée à offrir des prestations qui siéent aux besoins, non pas des individus qui désirent être entrepreneurs, mais plutôt de ceux des individus qui sont victimes des habitudes de vie des fonctionnaires véreux de l'administration publique camerounaise. Il s'agit donc de la présentation, du déroulement et de la finalisation d'une prestation de service, où l'offreur doit se comporter en entrepreneur pour arriver au bout de sa mission, c'est-à-dire satisfaire les demandeurs, usagers victimes de la corruption. L'offreur de cette prestation adopte, tout le temps, une attitude entrepreneuriale, en ce sens qu'elle doit prendre le risque, bien s'organiser et, de temps en temps, innover pour arriver au bout de son travail. À cet égard, lutter contre la corruption endémique, au niveau micro-économique, devient un travail conséquent et payant, même si les résultats sont obtenus favorablement, sur un plan individuel, psychologique, pour l'usager et pour le déclencheur de cette lutte.

Pour tenter de capter nettement ce travail, nous avons procédé par entretiens téléphoniques et en face-à-face, de février 2023 à juillet 2024. Chaque entretien était une conversation peu contrainte, ouverte aux aléas et à toutes les formes possibles de rupture de ton et de gestes de convenance. Tous les entretiens ont été regroupés afin de ressortir des extraits de verbatim, lesquels, dans les lignes qui suivent, aident à dire davantage, et au plus près de la réalité, sur le profil de la femme enquêtée et son travail observé pendant le déroulement et la finalisation de ses prestations de services (Demazieres et Dubar, 1997).

Profil et attitude entrepreneuriale

Ainsi donc, âgée de 38 ans et première d'une fratrie de neuf enfants, cette femme, à l'origine de cette lutte, a créé un cabinet-conseil et de prestations, après avoir fait le constat suivant : les usagers de la fonction publique camerounaise se plaignent des agissements maladroits des agents véreux au moment du recouvrement de leurs sommes dues. Ces agissements se révélant soit dans une technique de rétention d'une partie des sommes dues, connue de tous (montant brut de la pension déduit des frais de timbres et autres droits), c'est-à-dire un pourcentage élevé retenu sur les sommes dues, parfois qui dépasse l'entendement humain et ne profite pas à l'usager qui est pourtant bénéficiaire de cette somme, soit dans la volonté de punir l'usager, qui ne verse pas de pot de vin, en retardant l'exécution de son dossier de pension, contre la loi et des décrets d'applications qui interdisent ces pratiques.

Elle était employée d'un cabinet, installé à Yaoundé, qui s'occupe de prestations diverses, notamment le montage des dossiers de pensions, la revalorisation des salaires, les avancements et des litiges fonciers et de successions. L'autre mission du cabinet de son employeur est le dépôt et le suivi, auprès de la perception des administrations publiques concernées, des pensions des usagers. Les profils de ces derniers étant variés, ce cabinet s'occupait de ceux qui n'avaient pas les moyens matériels d'instruire et de suivre personnellement leurs dossiers de pensions. Les profils cibles étaient des retraités et des veuves des fonctionnaires qui habitaient les localités très éloignées des centres de recouvrement, lesquels se trouvent dans les grandes villes urbaines : c'était donc les plus vulnérables et les victimes des fonctionnaires véreux.

En travaillant donc dans ce cabinet, elle est arrivée au constat présenté ci-dessous après plusieurs missions effectuées pour le compte de son employeur. Le recouvrement s'est avéré naturellement l'opportunité à concrétiser, après réflexion et analyse du marché. Elle a créé un cabinet qui accompagne les veuves, les orphelins et les entreprises en difficulté pour retrouver leurs droits bafoués par la corruption qui gangrène la fonction publique camerounaise.

En témoigne cet extrait de récit n° 1, qui détaille son travail : « *(...) Je m'occupe des usagers qui ont été sciemment radiés du fichier des soldes alors qu'ils étaient toujours en activité. Il y a des bénéficiaires des pensions retraites, installés hors de Yaoundé, des familles qui se disputent les retombées des successions, à la merci des agents véreux de l'administration centrale (...). J'ai observé que mon ancien cabinet n'allait pas suffisamment au-delà du suivi, c'est-à-dire qu'il s'arrêtait seulement au montage et au dépôt des dossiers auprès des administrations concernées, puisqu'il existait des clients insatisfaits. J'ai donc créé mon propre cabinet pour aider ces clients, parfois désespérés, qui ne savent plus où mettre les pieds...)*

Le plus difficile pour elle était de renégocier les pourcentages captés par ses fonctionnaires véreux, parce que ces derniers étaient incontournables en contexte de corruption, connue de tous. La solidarité entre fonctionnaires de l'administration (puisqu'ils se connaissent tous et se rendent mutuellement service) fait qu'il est devenu difficile, pour un usager, de sauter l'un pour aller chez l'autre sans que cela ne se sache. Tout est orchestré pour contrôler les usagers qui n'ont pas « d'*entrée chez chaque boss des administrations* », selon une expression consacrée, laquelle veut dire littéralement *« avoir la possibilité d'être reçu par le directeur des impôts, afin de déposer en main propre son dossier* ». Elle nous disait qu'elle a usé de beaucoup de tact pour réussir cette mission impossible : bénéficier du geste du boss, c'est-à-dire réussir à faire passer facilement ses dossiers auprès des administrations compétentes. Non seulement la signature de ce directeur vaut de l'or, puisqu'il est rétribué sur un pourcentage des sommes dues, mais il a fallu que cette femme s'accommode des caprices de ce boss.

En témoigne cet extrait de récit n° 2 : « (...) *il m'arrive de lui garder un présent pour ses enfants. C'est mon patron qui a facilité mon entrée. Le conseil que ce dernier m'a donné est de toujours savoir s'adapter à ses humeurs : surtout ne jamais le contredire, entre autres choses...* ». Cette possibilité vaut également de l'or, pour cette femme entrepreneure, puisque les « intermédiaires » ou agents véreux ne peuvent plus soutirer de l'argent aux usagers. Leur boss ou directeur peut les contraindre à travailler correctement, voir leur demander de procéder correctement à la liquidation du dossier : logiquement, le pourcentage dont ce directeur bénéficiera sera inférieur à celui qu'auraient déboursé les usagers pour louer les services des intermédiaires, afin que leurs dossiers soient rapidement liquidés. En bénéficiant donc de ce geste du boss, cette femme réduit, en partie, l'impact négatif de ce que nous pouvons appeler la « rente de situation » sur la transaction effectuée entre les usagers et l'administration publique, laquelle n'est ni déterminée par un contrat, ni liée au travail effectif puisque ce dernier correspond aux tâches normalement effectuées pour le compte de son employeur ou de l'administration publique. Il s'agit plutôt d'un revenu, ou pourcentage, qu'une personne, c'est-à-dire l'usager de la fonction publique, consent sur la somme due de sa pension, prévue pourtant dans les textes administratifs, s'il veut avoir rapidement cette pension. C'est également le prix à payer, par l'usager qui ne veut pas se faire arnaquer par les intermédiaires, pour avoir sa pension par la voie non officielle. Ce prix est hors sol, puisqu'il n'entre pas dans ce que nous pouvons également appeler le motif économique ou la transaction dont la finalité est l'acquisition ou l'obtention d'un service.

Son cabinet a donc construit sa réputation sur la capacité de son propriétaire à minimiser ce prix hors sol.

En témoigne cet extrait de son récit n° 3, qui illustre bien son attitude envers ses usagers et les agents des administrations publiques, où elle passe plus de temps qu'à son bureau : « (…) *Mes usagers sont d'abord conseillés, puis je monte leurs dossiers et je m'occupe de recouvrer leurs sommes dues. S'ils sont hors de ville et que j'ai besoin de leur signature dans leurs dossiers, je les expédie vers leur domicile respectif. Je fais la même chose après le recouvrement de leurs sommes. Tout ceci est à mes frais, c'est également un risque que je prends, puisque souvent c'est à peine que je rentre dans mes frais après recouvrement, mais c'est pour la bonne cause (…). Je travaille avec une équipe externe composée d'avocats, de juristes, d'experts, tous animés par un désir de venir en aide. Nous nous connaissons bien. Ils acceptent d'être payés sur les commissions prélevées sur les sommes dues aux usagers. Les pensions de moins de 100 000 FCFA paient 2 % de commission, au-delà, je prélève les commissions de 5 % à 20 %. Une partie de cette commission est donnée aux chefs, l'autre partie est partagée entre mon équipe et moi (…). Il y a une chose que tu dois comprendre : la corruption est loin de s'arrêter dans ce pays. Elle constitue un moyen de survie pour certains fonctionnaires. Je suis là pour que ces derniers ne puissent pas tout prendre aux usagers. Tout le monde le sait, mon cabinet est là pour leur dire. Nous sommes derrière les usagers, si vous faites bien votre travail, ces derniers peuvent vous récompenser à la mesure de leurs moyens, et non comme vous le faites quand ils viennent seuls vous poser leur problème... ».*

Le travail de cette femme, dans lequel nous avons décelé une attitude ni au plus près, ni très éloignée de la pratique corruptive, s'accommode bien du milieu d'affaires camerounais de danger permanent pour les femmes, qui ont fait le choix de rester hors du champ d'influence des prébendiers de l'État. Cette attitude démontre bien le caractère d'une femme qui entreprend au féminin, à chaque occasion qui se présente en elle, afin de lutter, à sa manière et selon ses moyens propres, contre la corruption endémique.

Conclusion

En s'appuyant sur une démarche réaliste, cette étude présente l'activité de recouvrement des sommes dues aux usagers de la fonction publique camerounaise, qui essuient la corruption des agents véreux des administrations publiques. Elle révèle la ténacité ou le caractère d'une femme qui mène jusqu'au bout son projet de prise en charge, avec détermination, rigueur, sérieux et qui est motivée par le désir de lutter contre la corruption. Elle démontre enfin l'efficacité de l'attitude, qui consiste à ne pas froisser les fonctionnaires véreux, lesquels ont le pouvoir de retenir sciemment un dossier de pension, afin de retarder son paiement par la banque : la renégociation des pourcentages de rétention d'une partie de la somme due constituant donc un élément essentiel de cette attitude.

Révélant la réalité d'un cas d'entreprendre au féminin en contexte de corruption endémique, cette étude interpelle, surtout les agents de la fonction publique, à faire bon usage des fichiers des soldes et des sommes dues aux bénéficiaires des pensions, qui ne demandent qu'à être établis dans leurs droits et à vivre dignement de leur retraite ou de celle de leur mari décédé. Sans quoi, ces agents véreux seront toujours en contradiction avec les actions entreprises par les femmes déterminées à lutter contre leurs pratiques prédatrices, en situation de fragilité institutionnelle causée par la corruption.

Conclusion générale

Felix Ntep
Université Gaston Berger de Saint-Louis, Sénégal.

Les invitations à traiter les multiples facettes de l'ethos entrepreneurial féminin, à analyser le plus grand nombre possible des aspects essentiels qui expriment sa relation avec l'inclusion financière et le développement économique, et à replacer ces derniers dans les cadres globaux qui expriment leur réalité africaine, ont été largement respectées par les contributeurs de cet ouvrage. Il n'est donc ni dans notre intention ni dans celle de l'éditeur de cet ouvrage de transformer cette conclusion en tentative de clôture d'une réflexion, entamée depuis plus d'une quarantaine d'années, et qui suscite encore d'interrogations et promet de futurs rebondissements. Les remarques terminales tiendront à deux évidences et à quelques points essentiels sur des arguments formulés par les quatorze chapitres qui clarifient le sujet de cet ouvrage.

Une première évidence s'impose d'elle-même : les chapitres réunis dans cet ouvrage renvoient à une grande variété de situations, de stratégies et de mises en relation entrepreneuriale, et, même s'ils apportent des enseignements contrastés et, parfois, semblent déboucher sur des résultats qui interrogent l'atmosphère entrepreneuriale observable au nord et au sud du Sahara, ils autorisent à penser que l'ethos entrepreneurial féminin est une réalité – à la fois ancienne et nouvelle. Cette réalité, révélée timidement dans les textes récents de ceux que nous appelons « spécialistes de l'Afrique », c'est-à-dire les ONG et les membres d'organismes internationaux, parfois mise en doute par d'autres auteurs, dont quelques-uns de leurs textes sont cités dans la plupart des chapitres de cet ouvrage, n'a pas attendu l'irruption des politiques économiques, malheureusement calquées sur des modèles européens contradictoires, pour apparaître en vrai ; tout au plus, elle révèle des leçons d'entrepreneuriat pour tous impossibles à nier ou à passer sous silence.

Le lecteur attentif ne manquera pas de constater et, probablement, de juger la profondeur des analyses des auteurs de cet ouvrage, ne serait-ce que pour se convaincre de la dynamique de cet ethos entrepreneurial féminin, afin de cerner ces leçons de « l'entrepreneuriat pour tous ». Ces leçons démontrent la capacité des femmes à construire, à partir de leurs propres schèmes de convictions sur le vivre-ensemble en contexte d'affaires difficile, une légitimité qui leur permet d'accéder facilement aux ressources clefs et idiosyncrasiques au moment de réaliser les activités entrepreneuriales qui contribuent au développement économique de leurs pays respectifs.

Les faits, révélés par les contributions rassemblées dans cet ouvrage, traitent de cette réalité, indiscutablement révélatrice du sens exact de l'association des concepts de l'entrepreneuriat féminin, de l'inclusion financière et du développement économique. Ils montrent bien que les contributeurs de cet ouvrage, venus d'horizons divers et de plusieurs pays, ayant des statuts divers, ont partagé des réflexions assez proches de la littérature occidentale.

Il n'est évidemment pas question, dans cette note terminale et non définitive, de tracer une ligne de démarcation entre ce qui est « à chacun des contributeurs de ce volume » et ce qui est « aux auteurs de la littérature occidentale », parce qu'il s'agira d'une besogne égoïste et difficile à exécuter. Au lieu d'ennuyer le lecteur par l'étalage de cette érudition à trompe-l'œil, nous dirons, simplement, modestement, que les contributeurs de cet ouvrage ont préféré se mettre résolument à l'analyse de la réalité entrepreneuriale féminine africaine, et sur la base des éléments factuels, ont produit, en toute indépendance, des connaissances, desquelles on peut tirer ce qui suit.

L'inclusion financière, utilisée par, ainsi que les stratégies financières et les pratiques professionnelles adoptées par les femmes, au moment de réaliser leurs projets entrepreneuriaux, participent bien de l'ensemble des transformations socio-économiques qualitatives qui accompagnent le développement en Afrique.

Il s'agit là d'un argument qui a trouvé consensus auprès des contributeurs de cet ouvrage, puisqu'il apporte une réponse globale aux questionnements évoqués précédemment, à l'introduction de cet ouvrage. Autrement dit, la légitimité des initiatives entrepreneuriales des femmes, au sein d'un écosystème d'affaires qui leur est peu favorable, se révèle dans leur caractère, c'est-à-dire leur détermination (en usant des microprocédures intuitives et rationnelles) et leur capabilité (en usant bien de leur générosité et de leur indépendance envers le genre masculin), soit à négocier les ressources qui ne sont pas à leur portée de main, soit à détourner de leurs finalités celles qu'elles peuvent facilement mobiliser, afin de réaliser leurs projets d'affaires.

Faut-il encore le rappeler, l'Afrique est au cœur d'une période de transition démographique de toute première importance, dont une partie des désirs et des demandes de sa population est satisfaite par les offres entrepreneuriales proposées par des femmes entrepreneures. En plus, son économie traverse une période de formidables mutations structurelles qui mobilisent des capacités d'innovations inclusives et des stratégies entrepreneuriales singulières. Ni les crises sanitaires qu'elle subit ou a subies (par exemple, la covid-19 ou la mpox en 2024), ni les scénarios catastrophiques de son économie qu'on lui prête dans les rapports des spécialistes d'Afrique, encore moins les pertes humaines liées au phénomène d'immigration, ne semblent pas changer ce besoin d'entrepreneuriat, la détermination et la capacité des femmes entrepreneures à contribuer au développement socio-économique de leur continent.

À cet égard, il apparaît nécessaire de relativiser le sens d'un tel argument : les trois concepts précisés dans ce volume, de même que les résultats des observations qui se donnent à lire à travers leur association, peuvent donner lieu à des comparaisons avec les concepts et résultats semblables, mentionnés ou révélés en contexte d'affaires des pays occidentaux, où la construction d'une légitimité par les femmes entrepreneures est également objet de réflexion et d'analyse. Mais une chose est sûre, et chaque contributeur de cet ouvrage l'exprime bien dans son texte, c'est que la construction de la légitimité des femmes entrepreneures en contexte africain est différente de ce qu'elle pourrait être si ces dernières déployaient leurs activités dans les secteurs d'activités des pays européens, par exemple. À coup sûr, pendant la réalisation de leurs projets d'affaires, l'état d'esprit des femmes, ainsi que leur manière de renégocier les ressources limitées de l'environnement des affaires, se révéleront différents, à cause de leurs emprunts à la tradition africaine aux moments de financer ou de manager les projets entrepreneuriaux.

Une autre évidence apparaît dans les lignes des textes de ce volume : c'est la raison d'être de ce volume et la place que ce dernier occupe dans les choses dites sur le sujet de l'ethos capitaliste féminin africain. Ce volume constitue une tentative de restitution salutaire et nécessaire des aspects essentiels de l'association entre l'inclusion financière, l'entrepreneuriat féminin et le développement économique, au plus près de la réalité africaine. Les lecteurs en jugeront après l'avoir lu.

Nous pouvons également dire que la particularité de ce volume de l'ouvrage collectif découle du procédé scientifique employé : chaque auteur traite son sujet dans ses éléments constitutifs et non dans son ensemble. Ce procédé n'est pas nouveau dans la recherche scientifique. Il a été employé par les auteurs, tels que Max Weber et Peter Drucker, pour étudier les formes de conscience d'un groupe de gens prolifiques et entreprenants. Nous avons hérité de ces auteurs des sens exacts des concepts, tels que « éthos », « esprit capitaliste », « entrepreneurship » ou « esprit d'entreprise », lesquels aident à capter en profondeur la réalité des conséquences pratiques d'un mouvement économique de première importance dans le monde et, en particulier, en Afrique.

Il n'est donc pas étonnant de croire que les auteurs de cet ouvrage, travaillant à faire comprendre la réalité de l'entrepreneuriat féminin, et, bien qu'ils ne soient pas les seuls dans cette tâche de restitution d'une telle « réalité », d'abord niée puis acceptée à demi-teinte par certains spécialistes africains et européens, contribuent à saisir les voies du progrès, c'est-à-dire cette croissance, acuité du regard nouveau jeté sur le lien entre l'ethos capitaliste féminin, l'inclusion financière et le développement économique.

Il nous semble que ce regard nouveau jeté par chaque contributeur de cet ouvrage sur la réalité de l'ethos entrepreneurial féminin africain n'est pas dangereux pour la science. Au contraire, il invite en effet à explorer en profondeur les pratiques d'affaires des femmes, en contexte difficile d'entrepreneuriat, afin de dégager leurs importances et leurs conséquences pour le développement économique, en Afrique, au nord et au sud du Sahara, en particulier, et c'est là le véritable but de ce volume de l'ouvrage.

Point de vue.

L'Entrepreneuriat Social : les liens à travers la littérature pour une Recherche Durable

HOUDA HAKIM GUERMAZI
Université de la Manouba, Tunisie

Introduction

Dans sa définition globale, l'entrepreneuriat est considéré comme un élément clé du progrès économique permettant la création de valeurs et d'emplois et renforçant l'innovation. Depuis toujours, c'est l'entrepreneur qui repère des occasions, prend des risques, mobilise des ressources et met en place des idées novatrices afin de satisfaire les exigences du marché. Schumpeter J. (1934) a décrit l'entrepreneur comme un « agent de destruction créatrice », un individu qui contribue constamment à renouveler l'économie en créant de nouvelles entreprises et en redéfinissant les secteurs d'activité. Pendant longtemps, l'entrepreneuriat a été principalement considéré sous l'angle économique, mettant l'accent sur la croissance, l'innovation technologique et la rentabilité (Guermazi, 2023).

Néanmoins, à mesure que les enjeux mondiaux se sont accrus – que ce soit en termes de pauvreté, d'inégalité, de dégradation environnementale ou de santé publique –, une autre forme d'entrepreneuriat s'est développée, plus orientée vers l'impact social que vers le profit (Boudarbat et al., 2021).

L'entrepreneuriat social se trouve donc au carrefour des objectifs économiques et sociaux, puisqu'il cherche à générer de la valeur pour la société (Guermazi, 2024) tout en garantissant une stabilité financière. Ce genre d'activité entrepreneuriale se caractérise par une mission essentiellement différente : l'objectif principal est de résoudre de manière durable des problèmes sociaux, environnementaux ou culturels, souvent en comblant les lacunes laissées par les secteurs public et privé.

Des modèles hybrides sont développés par les entrepreneurs sociaux, qui combinent des éléments de l'entreprise traditionnelle avec ceux du secteur à but non lucratif, afin de créer des solutions novatrices (Guermazi, 2018) et inclusives. À la différence des entreprises classiques qui évaluent leur réussite en fonction de leur bénéfice, les entreprises sociales évaluent leur impact en mesurant l'amélioration concrète de la manière de vivre de leurs bénéficiaires et la préservation de l'environnement. Ainsi, l'entrepreneuriat social présente une solution aux défis actuels qui dépassent les seules considérations économiques : il offre des initiatives durables et inclusives, avec pour objectif de favoriser un changement social positif.

Tout le long de ce qui suit, nous mettons en lumière une analyse théorique de l'entrepreneuriat en général afin de mieux appréhender ses bases économiques, ainsi que de l'entrepreneuriat social, en étudiant ses définitions, ses particularités et ses fondements théoriques. Il s'agit de souligner comment l'entrepreneuriat social s'inspire des principes de l'entrepreneuriat traditionnel tout en redéfinissant ses priorités vers un modèle d'entreprise plus inclusif et résolument axé sur le bien commun.

Définitions de l'entrepreneuriat

Afin de mieux appréhender le concept d'entrepreneuriat social, il est primordial de saisir d'abord ce qu'est l'entrepreneuriat en général. Le tableau ci-dessous présente six définitions typiques de la littérature académique :

Tableau 1 : définitions de l'entrepreneuriat et de l'entrepreneur à travers la littérature classique

Auteur et année	**Définition de l'entrepreneuriat**
Schumpeter (1934)	L'entrepreneuriat est défini comme le processus de « destruction créatrice », où l'innovation permet l'émergence de nouvelles entreprises et de la transformation des industries.
Kirzner (1973)	L'entrepreneur est vu comme un « arbitragiste », capable d'identifier des opportunités de marché et de créer de la valeur en comblant des écarts d'information.

Gartner (1985)	L'entrepreneuriat est un processus de création d'organisations, comprenant l'identification et l'exploitation d'opportunités.
Stevenson et Jarillo (1990)	L'entrepreneuriat est une approche par laquelle les individus poursuivent des opportunités au-delà des ressources actuellement contrôlées.
Shane et Venkataraman (2000)	L'entrepreneuriat se définit par l'étude des sources d'opportunités, de leur découverte et exploitation par des individus.
Sarasvathy (2001)	L'entrepreneuriat est fondé sur une logique d'« effectuation », où l'entrepreneur se base sur les ressources qu'il contrôle pour atteindre des objectifs non prédéterminés.

Source : Tableau récapitulatif de la littérature classique

Les définitions présentées diffèrent selon le point de vue adopté. Schumpeter insiste sur l'innovation, Kirzner sur la notion d'opportunité. Dans ce stade de l'étude, nous nous basons sur la définition de Shane et Venkataraman (2000), qui se focalise sur la recherche et l'exploitation des opportunités, ce qui correspond à la dimension sociale du travail social.

Définitions de l'entrepreneuriat social

La revue de la littérature note que l'entrepreneuriat social diverge de l'entrepreneuriat classique. La différence réside dans son objectif principal, qui est d'avoir un impact social. Voici quelques termes définis :

Tableau 2 : Définitions de l'entrepreneuriat social

Auteurs/ années	**Entrepreneuriat Social (ES) : Définition**
Dees (1998)	C'est la poursuite de missions sociales avec des méthodes entrepreneuriales pour créer un changement social durable.
Leadbeater (1997)	Les entrepreneurs sociaux sont des individus qui trouvent de nouvelles manières de résoudre les problèmes sociaux en étant innovants et pragmatiques.
Bornstein (2004)	L'entrepreneuriat social consiste à mobiliser des ressources pour atteindre des objectifs sociaux significatifs de manière innovante.
Mair et Martí (2006)	L'entrepreneuriat social est un processus par lequel des opportunités sont exploitées pour générer une valeur sociale dans divers contextes.
Zahra et al. (2009)	L'ES est l'ensemble des activités, processus visant à trouver des solutions aux problèmes d'ordre sociaux à travers des approches créatives et viables économiquement.
Austin et al. (2006)	L'entrepreneuriat social se différencie par son but principal de créer de la valeur sociale, en utilisant des outils propres à l'entrepreneuriat.

Source : à partir de la littérature

Ces définitions révèlent nettement les différents types d'innovation ouverte ou open innovation (Naser et Guermazi, 2024), l'influence sociale et la pérennité. Pour mieux pondérer notre analyse, nous allons nous appuyer sur la définition de Dees (1998) qui inclut l'aspect de changement social durable dans sa définition (Guermazi and Eslaim, 2023).

L'évolution de l'entrepreneuriat vers l'entrepreneuriat social

Historiquement, l'entrepreneuriat traditionnel s'est concentré sur la génération de valeur économique, avec pour objectif principal le bénéfice et la croissance. L'entrepreneur est décrit par des économistes tels que Joseph Schumpeter (1934) comme un acteur de transformation économique, qui bouleverse les industries grâce à l'innovation, en inventant de nouvelles méthodes, produits ou marchés. L'économie du XXe siècle a été alimentée par ce modèle entrepreneurial, qui se focalise sur une maximisation de la rentabilité et l'optimisation des ressources afin de favoriser une croissance économique durable.

Or, au fur et à mesure que des enjeux sociaux et environnementaux se sont renforcés au cours des décennies, une nouvelle forme d'entrepreneuriat a vu le jour : l'entrepreneuriat social. Ce changement s'est produit dans un environnement avec lequel les acteurs publics et privés traditionnels ont du mal à faire face aux problèmes sociaux tels que la pauvreté, les disparités, la détérioration de l'environnement et l'accès restreint aux services essentiels. Pour faire face à ces défis, des acteurs sociaux ont donc commencé à adopter des approches entrepreneuriales. La popularité de l'entrepreneuriat social est souvent attribuée à Bill Drayton, fondateur d'Ashoka dans les années 1980, qui a soutenu les « changemakers » qui travaillaient pour le bien commun en adoptant des approches entrepreneuriales.

Dans les années 1990, des chercheurs comme J. Gregory Dees (1998) ont mis en place une conception académique de l'ES. Les entrepreneurs « sociaux » sont décrits par Dees comme des personnes qui mettent en œuvre des stratégies novatrices afin de générer un changement social durable. Ces entrepreneurs sont motivés par des missions sociales, dans le but évident de résoudre des problèmes sociaux en utilisant des moyens économiques. De plus, des organismes tels que la Fondation Skoll et l'Alliance des entrepreneurs sociaux ont joué un rôle dans l'évolution du concept, en soutenant la création de réseaux d'entrepreneurs sociaux et en facilitant l'accès à des ressources et des financements appropriés.

De nos jours, le développement de l'entrepreneuriat social se poursuit et se trouve à la croisée de divers secteurs : le secteur à but non lucratif, les entreprises traditionnelles, voire les politiques publiques. En réponse à des défis tels que les objectifs de développement durable (ODD) présentés par les Nations Unies, l'entrepreneuriat social se présente comme un moyen de mesurer et de maintenir un impact social durable, en incorporant des valeurs éthiques et environnementales dans sa mission.

Caractéristiques principales de l'entrepreneuriat social

Objectif social prioritaire

À la différence des entreprises traditionnelles, dont la principale mission est de générer des bénéfices pour les actionnaires et de favoriser la croissance économique, l'entrepreneuriat social se démarque par sa principale finalité : répondre à des besoins sociaux ou environnementaux (Dees, 1998). L'entrepreneur social ne cherche pas à se faire riche, mais à s'engager pour le bien commun, en cherchant à résoudre des problèmes qui affectent des populations défavorisées ou des communautés vulnérables. Les défis mondiaux tels que l'accès à l'éducation et/ou l'amélioration de la santé concernant la population, ainsi que la minimisation de la pauvreté et la préservation générale de l'environnement font souvent partie de ces problèmes. Par exemple, des sociétés sociales telles que Grameen Bank, créée par Muhammad Yunus, font appel au microcrédit afin de donner à des populations marginalisées l'autonomie nécessaire pour créer des revenus durables.

Innovation et créativité

Au sein de l'entrepreneuriat social, l'innovation occupe une place centrale (Guermazi. 2017), tout comme dans l'entrepreneuriat traditionnel. Toutefois, dans le cadre social, l'innovation adopte souvent une autre forme. Tandis que les sociétés classiques cherchent à apporter de l'innovation afin de satisfaire les besoins du marché ou de générer de la valeur pour les clients, l'entrepreneur social cherche à optimiser son impact social. Selon Leadbeater (1997), les entrepreneurs sociaux utilisent des approches innovantes pour faire face à des défis sociaux persistants, habituellement en évitant les obstacles structurels ou les contraintes de financement.

L'innovation dans l'entrepreneuriat social peut se manifester de plusieurs façons :

- Technologique : utilisation de nouvelles technologies pour améliorer l'accès aux services (Guermazi et Riahi, 2018 ; Guermazi, Fourati, 2016). Par exemple, certaines entreprises sociales utilisent des applications mobiles pour fournir des services de santé à distance dans des régions isolées.
- Organisationnel : développement des modèles organisationnels uniques, comme le modèle de franchise sociale, qui permet à l'organisation de se multiplier tout en restant proche de sa mission.

- Méthodologique : adopter des approches novatrices de résolution de problèmes, par exemple, en combinant des méthodologies participatives où les bénéficiaires eux-mêmes sont impliqués dans la co-création des solutions. Cela permet de concevoir des solutions adaptées aux réalités locales et d'assurer l'appropriation par les communautés.

En intégrant ces différentes formes d'innovation, les entrepreneurs sociaux maximisent souvent l'efficacité de leurs ressources limitées et atteignent des résultats plus significatifs.

Durabilité financière

Les entrepreneurs sociaux font face à un défi crucial : préserver leur impact social tout en garantissant une stabilité financière durable. À la différence des ONG, qui sont principalement financées par des dons et des subventions, les entreprises sociales utilisent souvent des modèles hybrides afin de concilier la génération de revenus avec leur mission sociale. Selon Austin et al. (2006), ce modèle hybride revêt une importance capitale dans le but d'assurer l'indépendance financière et la résistance de l'entreprise sociale face aux variations de financement. Les sources de revenus dans l'entrepreneuriat social peuvent être diversifiées :

- Revenus commerciaux : certaines entreprises sociales vendent aussi bien des biens que des services. Dans ce cadre par exemple, ce type d'entreprise peut créer des produits à base de matériaux recyclés ou peut aussi proposer des services de santé abordables.
- Subventions et dons : bien que l'objectif soit de réduire la dépendance aux financements externes, de nombreuses entreprises sociales continuent à s'appuyer sur des subventions pour des projets spécifiques ou pour élargir leur impact.
- Investissements d'impact : avec l'essor des fonds d'impact et des investisseurs intéressés par le rendement social autant que financier, les entreprises sociales ont accès à des capitaux qui soutiennent leur développement.

Cette durabilité financière permet aux entrepreneurs sociaux de planifier sur le long terme et de maintenir leurs actions, même dans un contexte économique incertain, assurant ainsi la pérennité de leur mission.

Métriques de l'effet social

En se référant à l'entrepreneuriat social, la performance ne se limite pas aux métriques financières, mais plutôt à l'impact social engendré. Selon Bornstein (2004), l'entrepreneur social est motivé par le souhait de faire une différence majeure dans la vie des bénéficiaires. Il est donc crucial de quantifier cet impact afin de pouvoir évaluer l'efficacité concernant toute intervention et de changer et d'adapter les différentes stratégies selon les métriques réalisées.

La mesure de l'impact social comprend plusieurs dimensions :

- Quantitative : indicateurs mesurables comme le nombre de bénéficiaires, la réduction des coûts d'accès aux services ou l'augmentation des revenus pour les communautés touchées.
- Qualitative : appréciations plus subjectives, comme le niveau de satisfaction des bénéficiaires, leur engagement, ou encore l'évolution des conditions de vie des communautés.

Plusieurs méthodes sont utilisées pour évaluer l'impact social, notamment les analyses coût-avantages, les enquêtes auprès des bénéficiaires, et les évaluations indépendantes d'impact. La transparence des résultats permet également aux entreprises sociales de renforcer leur crédibilité auprès des partenaires, des bailleurs de fonds et du public, en prouvant la valeur réelle de leurs actions.

Approches hybrides

Les modèles hybrides des entreprises sociales sont souvent empruntés à la fois au secteur à but lucratif et au secteur non lucratif. Selon Zahra et al. (2009), il est crucial pour les entreprises sociales de pouvoir concilier les atouts des deux secteurs : l'efficacité et la réactivité du secteur privé avec la mission sociale et la légitimité du secteur non lucratif.

Parmi les différentes formes d'approches hybrides, on trouve :

- Organisations commerciales à but social : ces entreprises génèrent des revenus tout en maintenant une mission sociale au cœur de leur activité, par exemple en réinvestissant leurs profits dans des programmes sociaux ou en réduisant les prix pour les bénéficiaires à faible revenu.
- Organisations à but non lucratif avec activités lucratives : certaines associations ou ONG proposent des activités à base commerciale. Exemple : vente des produits pouvant être artisanaux et fabriqués par des populations défavorisées, pour financer leurs programmes de manière plus autonome.
- Entreprises avec double structure : dans certains cas, une organisation peut opérer sous une double structure légale (par exemple, une entreprise et une fondation) pour maximiser son efficacité et son impact. Cela lui permet de lever des fonds de sources diversifiées tout en restant concentrée sur sa mission.

Les entreprises sociales bénéficient d'une grande souplesse grâce à ces modèles hybrides, qui leur permettent de s'ajuster aux variations des marchés et des financements tout en préservant leur mission sociale. Elles proposent entre autres la possibilité d'avoir des organisations qui peuvent optimiser leur impact tout en attirant différentes sources de financement, y compris des investisseurs impliqués qui recherchent un retour à la fois social et financier.

Théories de base de l'entrepreneuriat social

Théorie de l'innovation sociale

Selon Dees (1998), la théorie de l'innovation sociale met l'innovation au cœur de l'entrepreneuriat social. D'après cette théorie, l'entrepreneur social n'est pas un simple producteur ou un prestataire de services, mais un véritable acteur de transformation des interactions sociales et économiques. À la différence de l'entrepreneur traditionnel, qui cherche principalement à répondre aux besoins du marché, l'entrepreneur social cherche à résoudre des problèmes sociaux souvent liés à des systèmes inéquitables ou peu efficaces.

Selon Dees, dans ce contexte, il est essentiel que l'innovation sociale dépasse les solutions superficielles et vise à changer le paradigme permettant de comprendre les causes profondes provoquant des problèmes sociaux afin de les éliminer. Pour illustrer, une entreprise sociale qui vise à renforcer l'accès des régions rurales à l'éducation ne fera pas preuve d'innovation en se limitant à la fourniture d'équipements scolaires ou de salles de classe. Il serait possible pour elle de concevoir une solution numérique (Nazzal et Guermazi, 2024), telle qu'une plateforme de cours en ligne abordable et accessible, qui permettrait aux enfants des régions éloignées de suivre des cours sans avoir à se déplacer. Cette approche apporte une innovation de rupture en modifiant les structures mêmes de l'apprentissage, remettant en cause le cadre traditionnel de l'éducation et proposant une alternative plus abordable.

L'innovation sociale s'appuie également sur des collaborations et une approche inclusive, en impliquant les bénéficiaires eux-mêmes dans la création de solutions en collaboration. Cette collaboration renforce la compréhension des besoins et permet d'ajuster les solutions en fonction des réalités locales, ce qui augmente leur efficacité et leur durabilité. La théorie de l'innovation sociale met en évidence l'importance pour les entrepreneurs sociaux d'agir en tant que catalyseurs de changement, en utilisant différentes ressources (financières, technologiques, humaines) afin de transformer des systèmes et de produire des effets positifs profonds et durables.

Théorie de l'opportunité sociale

La théorie de l'opportunité sociale a été introduite par Mair et Martí (2006), qui se focalisent sur la capacité des entrepreneurs sociaux à repérer et exploiter des opportunités uniques afin de générer de la valeur sociale. À l'inverse de l'entrepreneur traditionnel, qui cherche des occasions de bénéfice, l'entrepreneur social examine attentivement son environnement dans le but de détecter des besoins non comblés au sein des peuples. Cela peut être dû à l'absence de services de santé dans certaines régions, à un accès restreint à l'eau potable ou à des lacunes dans la formation professionnelle des jeunes.

Selon cette théorie, l'entrepreneur social possède l'habilité d'observer et de repérer des besoins que les autres acteurs ne reconnaissent pas toujours. Il perçoit, dans des situations complexes, des possibilités de changement et de développement social. Par exemple, Muhammad Yunus, un entrepreneur social et fondateur de la Grameen Bank, a saisi une occasion sociale en élaborant le concept de microcrédit afin de permettre aux individus défavorisés de se développer financièrement. Il a donc identifié un besoin (l'accessibilité au crédit pour les populations défavorisées) et y a répondu en élaborant un modèle financier approprié, ce qui a non seulement bouleversé des existences, mais a également engendré une forme durable de soutien à l'indépendance économique.

D'après cette théorie, les entrepreneurs sociaux sont animés par des convictions morales et un engagement personnel envers la transformation sociale. Cette forte implication les incite fréquemment à investir dans des projets sur lesquels le bénéfice n'est pas la préoccupation principale, mais où l'impact social est important. Ainsi, l'opportunité sociale joue un rôle essentiel en orientant l'entrepreneur vers des actions qui dépassent les valeurs du marché traditionnel afin de promouvoir l'inclusion, l'égalité des opportunités et l'amélioration du bienêtre.

Théorie de l'effectuation appliquée à l'entrepreneuriat social

Selon Sarasvathy (2001), la théorie de l'effectuation repose sur l'idée que l'entrepreneur ne suit pas forcément un plan rigide, mais élabore sa stratégie progressivement en tenant compte des ressources disponibles et des opportunités qui se présentent. Cette théorie est pertinente pour tenter une compréhension de l'entrepreneuriat social. En effet, les entrepreneurs sociaux travaillent fréquemment dans des environnements imprévisibles et changeants, où les besoins et les ressources peuvent changer rapidement.

À cet égard, l'entrepreneur social se démarque par sa capacité à s'ajuster aux situations et à faire preuve d'improvisation face aux difficultés. En effet, au lieu de mettre l'accent sur des objectifs considérant une vision à long terme, il adopte une approche pragmatique, adaptant son projet au fur et à mesure dans le temps selon les retours des bénéficiaires, des ressources disponibles et des partenariats qu'il établit. Par exemple, un entrepreneur social spécialisé dans la santé communautaire pourrait commencer par une clinique mobile dans une région rurale, mais ajusterait peu à peu ses services en fonction des besoins particuliers des habitants, des financements qu'il reçoit ou des partenariats locaux qu'il établit.

Selon la théorie de l'effectuation, l'entrepreneur social utilise fréquemment son réseau de relations afin d'accéder à des ressources et de créer des alliances qui lui permettent de répondre aux besoins qui se présentent. Cette situation implique de travailler, sur le plan local, avec les organisations non gouvernementales, des organisations internationales ou des acteurs privés dans le but d'améliorer l'impact des différentes actions. Par exemple, une société sociale spécialisée dans les énergies renouvelables pourrait établir des collaborations avec des organisations non gouvernementales, des investisseurs d'impact et des autorités locales afin d'étendre son activité à des régions dépourvues d'électricité, adaptant son modèle en fonction des ressources et du soutien qu'elle reçoit.

La théorie de l'effectuation appliquée à l'entrepreneuriat social met en évidence que la souplesse, l'adaptabilité et l'utilisation des ressources existantes sont des éléments essentiels pour satisfaire les besoins sociaux, en particulier dans des environnements dans lesquels l'incertitude est prédominante. Grâce à cette aptitude à s'adapter, les entrepreneurs sociaux peuvent conserver leurs objectifs tout en explorant de nouvelles manières de créer de l'impact social.

Conclusion

L'entrepreneuriat social représente une évolution fondamentale permettant de bien comprendre et de concevoir la mission et le rôle des entrepreneurs dans une société caractérisée par des évolutions notables. En alliant les outils de l'entrepreneuriat traditionnel à une mission sociale, il se présente comme une réponse novatrice aux défis complexes du

XXIe siècle, notamment la lutte contre le niveau de vie très bas et la protection de l'environnement.

Ce point de vue met en lumière les différences et similitudes entre l'entrepreneuriat traditionnel et l'entrepreneuriat social, en explorant l'évolution historique et théorique de ce dernier. Les théories examinées montrent que l'entrepreneuriat social repose sur des principes fondateurs distincts, particulièrement l'innovation sociale, l'opportunité de changement et l'exécution. Ces théories soulignent l'importance de l'entrepreneuriat social en tant que levier de transformation durable, capable de mobiliser des ressources et de concevoir des alternatives innovantes permettant de répondre aux besoins de la communauté.

Face à des défis mondiaux croissants, les entrepreneurs sociaux jouent un rôle crucial en complément des politiques publiques et des initiatives privées. Ils apportent des solutions inclusives et adaptées aux réalités locales, tout en assurant une viabilité économique nécessaire à la pérennité de leurs actions. Pour l'avenir, l'entrepreneuriat social aura un rôle encore plus important, notamment dans la réalisation des objectifs spécifiques liés au développement durable. Il démontrera qu'il est possible d'allier impact social et viabilité financière.

Références bibliographiques

Introduction

Bernard, M.-J., 2008, L'entrepreneuriat comme un processus de résilience : Les bases d'un dialogue entre deux concepts, *Revue Internationale de Psychosociologie*, XV (32), pp. 119-140.

Chasserio, S., Pailot, P. & Poroli, C. (2016). La construction de la légitimité des femmes entrepreneures : une approche transactionnelle. *Management international / International Management / Gestiòn Internacional, 20*(4), pp45–58.

Cyrulnik, B, Anaut, M., 2014, *La résilience. De la recherche à la pratique*, Paris, Odile Jacob.

Cyrulnik, B, Jorland, G., 2012, *Résiliences. Connaissances de base*, Paris, Odile Jacob.

Fairlie R.W., Robb, A.M. (2009), Gender differences in business performance : evidence of characteristics of business owners survey, *Small Business Economics*, vol. 33, n° 4, pp. 375-395.

Labazée, P., 1994, Les Entrepreneurs africains entre ajustement et démocratie, *Politique africaine*, n° 56, pp. 3-8.

Manon, G., 2010, La femme est-elle un homme économique comme les autres ? In *Mutation*, vol. 3, n° 42, pp. 94-99.

Ntep, F, et Zammar, R., 2020, Entrepreneuriat féminin en Afrique : catalyseur de transformation économique et approche de réussite, *Moroccan Journal of Entrepreneurship, Innovations and Management*, n° 2, vol.5, pp. 103-115.

Robichaud, Y., MC Graw, E., Roger, A. (2005), L'influence des objectifs des entrepreneurs sur la performance des petites entreprises. Une comparaison hommes/femmes, *Revue de Gestion des Ressources humaines*, n° 55, pp. 22-35.

Willame, J, C., 1995, Entrepreneurs-prédateurs : entre le Grand Homme et les affaires, Dans Ellis, S et Faure, Y (dir.) : *Entreprises et entrepreneurs africains*, Paris : Éditions Karthala/ORSTOM, pp. 325-337.

Chapitre 1

Acemoglu, D., Robinson, J.A., (2012), *Why nations fall: the origins of power, prosperity and poverty*, Profile Books.

Andria (d'), A., Gabarret, I., (2017), Mères et entrepreneures : étude de la motivation entrepreneuriale des manpreneurs français, *Revue Internationale PME*, vol 30 n° 1, p 155-181.

Assadi, D., Cudi, A., (2011), Le potentiel d'inclusion financière du « Mobile Banking, Une étude exploratoire », *Management & Avenir,* 6 n° 46, p 227-243.

Audretsch, D., (2006), L'émergence de l'économie entrepreneuriale, *Reflets et perspectives de la vie économique*, Tome XLV n° 1, p 43-70.

Banque Africaine de Développement, (2012), Document de politique générale : Faire progresser l'inclusion financière des femmes en Afrique, BAD, Tunis.

Bédard, M., (2016), Entrepreneuriat et liberté économique. Une analyse des études empiriques, *Les Cahiers de Recherche de l'Institut économique de Montréal*, Novembre.

Berrou, J.-P., Combarnous, F., Eekhout, T., Mellet, K., (2020), Mon mobile, mon marché. Usage du téléphone mobile et performances économiques dans le secteur informel dakarois, *Réseaux*, 1 n° 219, p 105-142.

Catley, S., Hamilton, R.T., (1998), Small business development and gender of owner, Journal of Management Development, 17/1, p75-82.

Chasserio,S., Pailot,., Poroli C. (2016), L'entrepreneuriat est-il genré ? *Regards croisés sur l'économie,* 2 n° 19, p 62-75.

Fall, F., S., Birba, O., (2019), L'inclusion financière par le *mobile-banking* au Sénégal : l'analyse des facteurs socio-économiques d'adoption, *Mondes en Développement*, vol 47 1, n° 185, p 61-82.

Fofana,V., (2017), Microfinance et mobilisation de l'épargne dans le secteur informel. Le cas des commerçantes de vivriers de Bouaké, *European Scientific Journal,* September vol 13 n° 25, p 50-71.

Fofana, V., (2022), Inclusion financière et autonomisation des femmes en Côte d'Ivoire : état des lieux à partir d'une étude de cas de femmes des villes de Bouaké, Yamoussoukro et Issia, *Akofena,* vol1 n° 6, p 163-180.

Fouillet, C., Guérin, I., Morvant-Roux, S., Roesch, M., Servet, J.-M. (2007), « Le microcrédit au péril du néolibéralisme et de marchands d'illusions. Manifeste pour une inclusion financière socialement responsable », *Revue du Mauss*, 1 n° 29, p 329-350.

Guérin, I., (2000), *Pratiques monétaires et financières des femmes en situation de précarité : entre autonomie et dépendance*, Doctoral dissertation, ANRT, Université Pierre Mendes France (Grenoble II).

Haïdara, H., (2015), *Les micro-entreprises en Afrique de l'Ouest ou le développement par la petite porte*, Edition L'Harmattan, Etudes africaines, Série économie, Paris.

Huet, J.-M., (2017), *Le digital en Afrique. Les cinq sauts numériques,* Edition Michel Lafon/ Les Cahiers du CIAN.

Kim, W., C., Mauborgne, R., (2005), *Stratégie océan bleu. Comment créer de nouveaux espaces stratégiques*, Edition Village Mondial, Paris.

Labie, M.,Montalieu, T., (2019), De la microfinance à l'inclusion financière, *Mondes en Développement*, vol 47/1 n° 185, p 7-12.

Latouche, S., (1996), Entrepreneuriat informel ou stratégie collective de survie conviviale, *Organisations économiques et culturelles africaines,* coll Réseaux Sud-Nord.

Morsy, H, (2020), Accès au financement : pourquoi les femmes ne s'imposent-elles pas ? *Finances & Développement*, Mars, p. 52-53.

Pesqueux, Y., (2022), « La fable de l'entrepreneuriat en Afrique », Revue Organisations &Territoires, vol 31, n° 1, p 1-10.

Sangue-Fotso, R., Ngouane, C.D. (2023), Le rôle de la débrouillardise et de l'innovation frugale dans le succès des jeunes femmes camerounaises, *Projectique,* 2 n° 35, p 25-42.

Chapitre 2

Branellec, G. & Lee, J., 2019, Le choix du modèle de régulation des Fintech : entre *sandbox* et *soundbox. Revue d'économie financière*, 136, 387-410

Jeffers, E. & Goldman, S. 2021, Environnement de taux d'intérêt bas et FinTech : quels impacts sur l'intermédiation financière dans la zone euro ? *Revue d'économie financière*, 143, 269-285.

Kristalina, G. (2018). Inclusion financière : 3 pistes pour combler le fossé entre hommes et femmes. https://blogs.worldbank.org/fr/voices/inclusion-financiere-le-fosse-hommes-femmes

Lanckriet, J. (2020). Chapitre 21. M-Pesa et l'essaimage des Fintech en Afrique anglophone : Une disruption sociale de l'industrie bancaire. Dans : Soufyane Frimousse éd., *Africa Positive Impact : Agir pour un meilleur impact sociétal*, EMS Éditions, Caen, pp. 239-248.

Llorca, M., 2017, Les banques aux prises avec les fintechs, *L'Économie politique*, 75, pp. 43-58.

Lui & G.W.Lamb, 2018, Artificial intelligence and augmented intelligence collaboration: regaining trust and confidence in the financial sector. Information & Communications, *Technology Law*, Vol 27 (3), pp 267-283.

NL PACC., 2021, Un choc d'inclusion financière pour réduire les difficultés et disparités d'accès des populations et des TPE, et repositionner le Maroc, Dossier spécial Inclusion financière, Juin.

Philippon, T., 2017, L'opportunité de la FinTech. *Revue d'économie financière*, n° 127, pp. 173-206.

Findev., 2019, Un service d'épargne digitale et de crédit pour les femmes en zones rurales en Côte d'Ivoire, Portail : https://www.findevgateway.org/fr/blog/2019/03/un-service-depargne-digitale-et-de-credit-pour-les-femmes-en-zones-rurales-en-cote Raqui, S., 2020, Inclusion financière : Al Barid Bank, une décennie d'engagement https://leseco.ma/business/inclusion-financiere-al-barid-bank-une-decennie dengagement.html.

Sarma, M., 2008, Index of financial inclusion. ICRIER, *Working Paper*, n° 215.

SNIF, 2021, BAM, https://www.bkam.ma/Inclusion-financiere/Vue-d-ensemble

Um, S., Shin, H., Kim, Y., Branellec, G. & Lee, J., 2022, Fintech et seniors Sud-Coréens : une étude des facteurs d'acceptation. *Innovations*, 67, pp. 195-229.

Chapitre 3

Cohen, B., 2006, Sustainable valley entrepreneurial ecosystems, *Business Strategy and the Environment.*

Hammache,E & alii., 2019, les obstacles à l'entreprenariat féminin en Algérie, ed.CREAD,.

Isenberg, D. J., 2010, How to start an entrepreneurial revolution", Harvard Business Review, https://www.ilo.org/wcmsp5/groups/public/---ed_emp/---emp_ent/ifp_seed/documents/instructionalmaterial/wcms_568885.pdf

Chapitre 4

Baker T, et Nelson R.E., (2005), Creating Something from Nothing : Resource Construction through Entrepreneurial Bricolage, *Administrative Science Quarterly*, vol. 50, n° 3, pp. 329-366.

Bourdieu P. (1980), Le capital social. Notes provisoires, *Actes de la recherche en sciences sociales*, n° 31, janvier, pp. 2-3.

Assoumou, M, O., et Guetsop, S, F., 2017, L'entrepreneuriat féminin au Cameroun : enjeux et perspectives. *Revue Congolaise de Gestion, 2*(24), pp.11- 42.

Beltran, C. (s.d.). *(2006), Femmes, changement social et identité au Maghreb, Collection Quaderns de la Méditerrania, n° 7, p. 99-104.*

Boring, A. (2016). L'Entrepreneuriat des femmes : motivations et obstacles, Regards croisés sur l'économie, *2*(19), pp.130 - 142.

Buttner, & Moore. (s.d.), *1997),* Women's organizational exodus to entrepreneurship :self reported motivations and correlates with success, *Journal of Small Business Management, Vol. 35, No. 1,* pp. 34-46.

CEA. (2014). *Améliorer l'accès au financement pour renforcer l'autonomisation des femmes rurales en Afriquedu Nord : Bonnes pratiques et leçons à tirer.*

Charreaux, G., 2007, La valeur partenariale : vers une mesure opérationnelle, *Comptabilité Contrôle Audit*, vol. 13, n° 1, pp. 7-47.

Cornet, & Constantinidis, *2004,* Entreprendre au féminin. Une réalité multiple et des attentes différenciées, *Revue française de gestion, vol. 4, n° 151,* pp. 191-204.

Daft, R, L, 1992, *Organization theory and design*, Thomson, South-Western.

Dimé, M., *2015, L'auto-emploi et l'entreprenariat, l'antidote face au chômage des diplômés des universités sénégalaises ? », Revue africaine de science politique et sociale, n° 4, février, p. 393-422.*

Eisenhardt.K.M. (s.d.). *(1989). « Building theories from case study research », Academy of Management Review, vol. 14, n° 4, pp. 532-550.*

Haines, G. H., Orser, B., & Riding , A. (s.d.). (s.d.). *(1999). Myths and realities : An empirical study of banks and the gender of small business clients. Revue Canadienne des sciences de l'administration, 16(4),291-307.*

Hamel. (s.d.). *(1998),* Défense et illustration de la méthode des études de cas en sociologie et en anthropologie. Quelques notes et rappels, *Cahiers Internationaux de Sociologie. Vol. 104, pp. 121-138.*

Hlady, R., *2002, La méthode des cas : Application à la recherche en gestion, De Boeck Université, Paris, 250 p.*

Lancelin, M., *1993,* Quelques élément de réflexion sur les problèmes d'épargne et de crédit*, In technique financière et développement dans l'esprit d'entreprise, ED AUPELF-UREF, Paris.*

Ntep, F., 2021, Un cas du bricolage : le financement de la création de toutes petites entreprises par les femmes à Thiès (Sénégal), *Journal of Small Business & Entrepreneurship*, vol. 35, n° 1, pp. 130-152.

Ntep, F, et Zammar, R., 2020, Entrepreneuriat féminin en Afrique : catalyseur de transformation économique et approche de réussite, *Moroccan Journal of Entrepreneurship, Innovations and Management*, n° 2, vol.5, pp. 103-115.

Maxwell, J., 1998, *The 21 Irrefutable Laws of Leadership: Follow Them and People Will Follow You.* Nashville, TN : Thomas Nelson Publishers.

Modigliani, F, F., 1958., The Cost of Capital, Corporation Finance, and the Theory of Investment, *American Economie Review*, juin 1958.

Modigliani, F,F, and M.H. MILLER 1963, Corporation Income Taxes, and the Cost of Capital: À Correction », *American Economie Review*, juin.

Myers, S. C., et N. S. Majluf. 1984., Corporate Financing and Investment Decisions When Firms Have Information that Investors Do not Have, *Journal of Financial Economics,* 13 (2), pp. 187–220

OCDE. (s.d.). *(2004), Entrepreneuriat féminin : Questions et actions à mener, 2iéme conférence de l'OCDE des ministres en charge des petites et moyennes entreprises (PME), Istanbul, Turquie.3-5 juin 2004.*

Orser, B., & Foster, M. (s.d.). *(1994). Lending practices and Canadian women in micro-based business. Women in Management Review, 9(5), 11-19.*

Riding, & Swift. (s.d.). *(s.d.). (1990). Women business owners and terms of credit : Sorne empirical findings of the Canadian expérience. Journal of Business Venturing, 5(5),327-340.*

Sarasvathy, S.D., 2001., Causation and effectuation: Toward a theoretical shift from economic inevitability to entrepreneurial contingency, *Academy of Management Review*, vol. 26, no 2, pp. 243-263.

Strauss, A. L., & Corbin, J., 1990, *Basics of Qualitative Research: Grounded Theory Procedures and Techniques,* housand Oaks, CA: Sage.

Yin., 1994., *Case study research. Design and Methods. 2nd Edition.* Sage Publications.

Chapitre 5

Albagli, C. et Henault, G., 1996, *La création d'entreprise en Afrique : Typologie des Enjeux*, 2e édition, LITEC.

Archambault, R. et M. Song., 2018, *Les nouvelles entreprises canadiennes : taux de naissance et de survie au cours de la période de 2002 à 2014*, Ottawa, Innovation, Sciences et Développement économique Canada.

Bacali, L., Spence, M. et T Dzaka-kikouta., 2011, *Les défis des PME du Sud et du Nord : vers leur développement durable.* Presses de l'Université d'Ottawa, Ottawa.

Barabaroux, C., 2015, Lever le frein à l'entreprenariat individuel, Rapport au Ministre de l'économie, de l'industrie et du numérique, Décembre.

Schieb-Bienfait, N., 2013, L'entrepreneuriat chez les jeunes : Apprendre à entreprendre, Léger Jarniou, *Grand livre de l'entrepreneuriat*, Paris : Dunod, pp. 191-208.

Boutillier, S. et Uzunidis, D. (1995). *L'entrepreneur. Une analyse socio-économique*, Paris, Economica.

Carrington, C. (2006). « Women Entrepreneurs », *Journal of Small Business and Entrepreneurship*, 19(2), pp. 83-94.

Castellani A. (2005), Les incubateurs d'entreprises innovantes liés à la *recherche publique-Bilan d'activités* au 31/12/2004 : France, Mars.

Dokou, G.A.K. (2001), Accompagnement entrepreneurial et construction des facteurs de succès, 10e Conférence de l'Association internationale sur le management stratégique, Québec, Université de Laval, Québec 13 au 15 juin.

Dupouy A.(2008), L'accompagnateur du porteur de projet en incubation : une question d'apprentissage. A partir du cas de l'incubateur de projets innovants de l'ESTIA., Thèse de doctorat en Sciences de Gestion, Université de Pau et des pays de l'Adour.

Fabbri, J. et Charue-Duboc, F., Un modèle d'accompagnement entrepreneurial fondé sur des apprentissages au sein d'un collectif d'entrepreneurs : le cas de La Ruche, Management international / International Management / Gestión Internacional, vol. 17, n° 3, 2013, p. 86-99.

Gibb, A. et J. Ritchie (1982), Undestanding the process of starting small bisinesses, European *Small Business Journal*, Volume 1, Issue 1, https://doi.org/10.1177/026624268200100102

Iselin, F. et T. Bruhat (2003), *Accompagner le créateur : la nouvelle donne de l'entreprise innovante*, Paris : Chiron.

Journal officiel de l'OHADA (2017), *Acte uniforme relatif au droit comptable et à l'information financière*, Brazzaville, 15 février.

Manh, A. et C. MAILLET (2010), *Des normes comptables internationales IAS/IFRS*, 4e Edition, Vanves : SupFoucher

Masamba, L.M.V (2013). La contribution de la relation d'accompagnement pour l'apprentissage de la convention d'affaires inhérente à l'organisation impulsée, Thèse de Doctorat en sciences de gestion, Université Montesquieu Bordeaux IV, France.

Masamba, L.M.V (2016). Proposition d'une pédagogie d'incubation basée sur le modèle TCC-GRP, Actes du colloque lors du Congrès international francophone en entrepreneuriat et PME (CIFEPME), Université de Trois-Rivières (Canada).

Obert, R. (2017), *Pratique des normes IFRS : référentiel et guide d'application*, 6e édition, Paris : Dunod

OCDE/Union européenne (2015), Politiques en faveur de l'entrepreneuriat des chômeurs, Dans The Missing Entrepreneurs 2014 : Policies for Inclusive Entrepreneurship in Europe, Éditions OCDE, Paris. DOI: https://doi.org/10.1787/9789264230842-9-fr

Ojala, A. (2009). « Internationalization of knowledge-intensive SMEs : the role of network relationships in the entry to a psychically distant market », International Business Review, vol. 18, n° 1, p. 50-59.

ONUDI (2016), Rapport final RDC sur la Promotion de l'entrepreneuriat et la création des entreprises, Mai, 55p.

Ostgaad, T. et S. Birley (1994), Personal networks and firm competitive strategy- A strategic or coincidental match ? *Journal of Business Venturing*, 9, 2, pp. 30-43.

Paul, G. (1988), Problématique de la petite entreprise en phase de démarrage focalisée sur la nécessité d'un management stratégique performant, mémoire inédit, Université de Québec à Chicoutimi.

Sammut, S. (1998). *Jeune entreprise. La phase cruciale de démarrage.* Paris : L'Harmattan

Song, M. et C. Berube (2021). *Entreprises canadiennes en démarrage : Croissance et expansion de taille*, Ottawa, Innovation, Sciences et Développement économique Canada.

Chapitre 6

Allali, B, E., Politiques de financement des banques islamiques : le cas de la Banque islamique de développement, in *L'Entrepreneuriat en Afrique francophone*, Ed. AUPEL-UREF. John Libbey Eurotext, Paris, 1990, pp. 199-204.

Ang, J. S., (1991), Small business uniqueness and the theory of financial management, *Journal of Small Business Finance*, vol. 1, n°1, pp. 1-13.

Aryeetey E. et Udry C., 1997, The characteristics on Informal Financial Markets in Sub-Saharan Africa, *Journal of African Economies*, vol. 6, n°1 (AERC supplement), pp. 161-203.

Bardin, L., (1977)., *L'analyse de contenu*, France : PUF

Baumann, E, 1996, Les banquiers du quartier au Sénégal, *in Afrique Contemporaine*, n° 177, 1er trimestre, pp. 54-63.

Bekolo, E., Bilongo, R. Comportement de gains et structure des taux d'intérêt dans les tontines : étude de quelques cas, in *L'Entrepreneuriat en Afrique francophone*, Ed. AUPEL-UREF. John Libbey Eurotext, Paris, 1990, pp.107–113.

Binks, M.R. et C.T. Ennew (1998), «Private businesses and their banks», Forum of Private Business Bank Survey, University of Nottingham Business School.

Bouman, J., 1977, Rotaring saving and credit societies in indigenious saving and credit societies in the third world-a message, *Saving and Development*; 1 (4), pp. 181-229.

Brenner, G, Fouda, H, Toulouse, J, M.. , 1993, Le financement des entreprises des Bamiléké de Douala, Dans *AUPEL-UREF, L'esprit d'entreprise*, Paris, John Libbey, pp. 257-268.

Cole, R.A. (2008), « What do we know about the capital structure of privately held firms? Evidence from the surveys of small business finances», SSRN eLibrary.

Contamin, B., 1990, Développement et financement des PME en Côte d'Ivoire, Dans Hénault, G et M'Rabet, R (dir.) : *l'Entrepreneuriat en Afrique Francophone. Culture, Financement et* Développement, Paris, John Libbey, pp. 115-127.

De Briey, V., 2005, Plein feu sur la microfinance en 2005, *Regards Economiques* (RES), n° 28, mars, pp. 1-14.

Doumbia, S., 2009, Le sous- financement des entreprises dans un contexte de surliquidité bancaire : le paradoxe de l'UEMOA, Dans : *La vulnérabilité des TPE et des PME dans un environnement mondialisé,* Communication, 11e Journée scientifiques du Réseau Entrepreneuriat, 27 au 29 mai, INRPME, Trois –Rivière, Canada.

Fall. A, Ndiaye. A., *Étude de cas sur le financement des agriculteurs et agricultrices urbains de la zone de Niayes (Sénégal)*, Rapport d'Étude, CRDI, 2007.

Galloux, M., Finances islamiques et libéralisation économique en Tunisie : le cas de Beit Ettamouil Essaoudi Ettounsi, in *L'Entrepreneuriat en Afrique francophone*, Ed. AUPEL-UREF. John Libbey Eurotext, Paris, 1990, pp. 205-217

Glaser, B, & Strauss, A., (1967), *The Discovery of Grounded Theory : Strategies for Qualitative Research*, Chicago, Aldine de Gruyter.

Gompers, P.A. (2011), «Introduction to entrepreneurial finance», Harvard Business School.

Henry, A., Tchuenté. G., Dieumegard. Ph. G., *Tontine et banque au Cameroun, les principes de la société des amis*, Paris, Karthala, 1991.

Hugon P. (1996), Incertitude, Précarité et financement local : le cas des économies africaines, *Revue Tiers-Monde*, t. XXXVII, n° 145, janvier-mars, pp. 13-40.

Hulme D et Mosley P., 1996, *Finance against Poverty*, London, Routledge.

Kane, N, D et F. Ntep., (2014) Les Déterminants de l'Entrepreneuriat des Jeunes en Afrique de l'Ouest : Le cas de la Mauritanie et du Sénégal, Rapport de Recherche du FR-CIEA n° 81/14, Dakar, Février.

Kane, N et Razane Chroqui., (2021), *L'entrepreneuriat féminin en Afrique, entre bricolage et survie*. Éd. L'Harmattan, Collection Études africaines, Décembre.

Kauffmann, C., (2005), Le financement des PME en Afrique, *Repère*, n° 7, Perspectives économiques en Afrique 2004/2005, Centre de développement de l'OCDE.

Lelart, M., 1990, Les circuits parallèles de financement : état de la question, Dans Hénault, G et M'Rabet, R (dir.) : *l'Entrepreneuriat en Afrique Francophone. Culture, Financement et* Développement, Paris, John Libbey, pp. 45-63.

LiY. (2015). SMEs and Entrepreneurial Finance in OECD Countries: Good Practice and Lessons Learned. *Journal of Law and Governance*, 10(2), pp. 31–36.

Mamaro, L. P., & Sibindi, A. B. (2022). Entrepreneurial Financing in Africa during the COVID-19 Pandemic. Journal of Risk and Financial Management, 15(11), 511. MDPI AG. Retrieved from http://dx.doi.org/10.3390/jrfm15110511.

Martinet, A, C, et I, 2013, Pesqueux, *Epistémologie en sciences de gestion*, Paris, Vuibert.

Mauss, M, 1923, Essai sur le don. Forme et raison de l'échange dans les sociétés archaïques, *l'Année Sociologique*, seconde série.

Miracle, M, Miracle D et Cohen L., 1980, Rotaring funds association in informal savings mobilization in Africa, *Economic Development and Cultural Change*, 28 (24), pp. 701-724.

Myers, S, C et Majluf, N, S, 1984, Corporate financing and investment decisions when firms have informations that investors do not have, in *Journal of Financial Economics*, vol. 13, n°2, pp. 187-220.

OCDE (2022), Le financement des PME et des entrepreneurs 2022 (version abrégée) : Tableau de bord, Paris, Éditions OCDE.

Paré, J.-L. & Demerens, F. (2011). Quel enseignement de la finance entrepreneuriale ? Une proposition pragmatique. Revue internationale P.M.E., 24(3-4), pp. 231–254.

Servet, J et Dupuy C., 1987, Pratiques informelles d'épargne et de prêt : exemples sénégalaises, *Économie et Humanisme*, 294, pp. 40-54.

St-Pierre, J. (2010), La finance entrepreneuriale, vrai champ de recherche ?, Expansion Entrepreneuriat, n° 8, décembre, pp. 6-15.

Stigler G.J. (1961), Economics of Information, *Journal of political Economy*, June, pp.213-225.

Stiglitz J.E. et Weiss A., 1981, Credit Rationing in Markets with Imperfect Information, *American Economic Review*, June, vol. 71, n°3, pp.393-410.

Tesch, R. (1990). *Qualitative research: Analysis Types and Software Tools*. New York: The FalmerPress.

Thietart, R, A et al., 2014, *Méthode de recherché en management*, Paris, Dunod.

Vanlin, Ph., (2007), L'analyse de contenu comme méthode d'analyse qualitative des entretiens : une comparaison entre les traitements manuels et l'utilisation de logiciels, *Recherches qualitatives*, n°3, Hors- Série, pp. 243-272.

Vasiliou, D., Eriotis, N., Daskalakis, N., 2009, Testing the pecking order theory; the importance of methodology, *Qualitative Research in Financial Markets*, vol. 1, n°2, pp. 85-96.

Yang Liu, Azer Dilanchiev, Kaifei Xu, Aytan Merdan Hajiyeva, Financing SMEs and business development as new post Covid-19 economic recovery determinants, *Economic Analysis and Policy*, Vol. 76, 2022, pp. 554-567.

Yin, R.K., (2003), *Case Study Research, Design and Methods.* 3e Edition, London : Sage Publications.

Yin, R.K., (2009), *Case Study Research, Design and Methods.* 4e Edition, London : Sage Publications.

Chapitre 7

Evans, D. (2012). The Internet of Everything How More Relevant and Valuable Connections Will Change the World, Point of View. Cisco. IBSG, pp. 1-13.

Fang Zhenyu, Changqing Yin, (2021) BPM Architecture Design Based on Cloud Computing, Intelligent Information Management, 2, pp. 329-333.

Gacem K, Larioui A, (2020), The extent to which government reforms are compatible with the future of e-commerce in Algeria, Journal of Advanced Economic Research: Vol.7, Iss. 1 March

Gantz John and Reinsel David, (2011), Extracting Value from Chaos, IDC iView, June, pp.1-12.

Gartner, (2008), Daryl C. Plummer, Thomas J. Bittman, Tom Austin, David W. Cearley, David Mitchell Smith, Cloud Computing : Defining and Describing an Emerging Phenomenon, Gartner Research, 17 June.

Hadi Hiba Jasim et al., (2015), Big Data and five V's characteristics, International Journal of Advances in Electronics and Computer Science, Volume-2, Issue-1, Jan, pp. 16-23.

Healey Justin, (2020), Artificial Intelligence, Spinney Press, Australia. https://countrymeters.info/fr/Asia,

ITU. (2018). Internet 2030 Towards a New Internet for the Year 2030 and Beyond: https://www.itu.int/en/ITU-T/studygroups/2017-2020/13/Documents/Internet_2030%20.pdf, consulted on 02/07/2020.

Kulkarni Gurudatt, Gambhir Jayant, Palwe Rajnikant, (2012), Cloud Computing-Software as Service, International Journal of Computer Science & Information Technology Research Excellence Vol. 2, Issue 1, Jan-Feb, pp 90-93.

Larioui A , Himrane M, Cloud computing and big data, the inevitable combination of information systems development strategy, The first international scientific conference on: Digital transformation of Arab business organizations in light of the trend towards the Fourth Industrial Revolution: opportunities and challenges, El-Oued University, 10 May 2022, Algeria.

Madden Sam, From Databases to Big Data, (2012), IEEE Internet Computing, Volume 16, Issue 3, May-June, pp 4-6.

Mell Petter & Grance Timothy (2011), The NIST Definition of Cloud Computing: Recommendations of the National Institute of Standards and Technology. (U. D. Commerce, Éd.) NIST Special Publication, (2011, September).

Morgan Philips Executive Search, (2021), Africa & Middle-East, Développement et croissance en Afrique, les opportunités de l'industrie technologique, https://www.morganphilips.com/fr-mea/conseils-et-actus/developpement-et-croissance-en-afrique-les-opportunites-de-l-industrie-technologique, consulted on 09/11/2022.

Pastore Serena, (2013) The Platform as a Service (PaaS) Cloud Model: Opportunity or Complexity for a Web Developer?, International Journal of Computer Applications, Volume 81 – No 18, November 2013, pp. 29-37.

Patel Keyur K, Patel Sunil M, (2016), Internet of Things-IOT: Definition, Characteristics, Architecture, Enabling Technologies, Application &

Future Challenges, International Journal of Engineering Science and Computing, Volume 6 Issue No. 5, May 2016, pp. 6122-6131.

Posey Brien, Rosencrance Linda, Shea Sharon, industrial internet of things (IIoT), https://internetofthingsagenda.techtarget.com/definition/Industrial-Internet-of-Things-IIoT; consulté le 14/08/2021.

Rajesh S., Swapna S. & Reddy P.Shylender, (2012) Data as a Service (Daas) in Cloud Computing [Data-As-A-Service in the Age of Data], Global Journal of Computer Science and Technology, Vol. 12 Iss.11 Version 1.0, pp. 24-29.

Regalado Antonio (31/10/2011), Who Coined « Cloud Computing » ?, https://www.technologyreview.com/2011/10/31/257406/who-coined-cloud-computing/, Consulté le 22/08/2021.

Shi Zhongzhi, (2011), *Advanced Artificial Intelligence*, Vol. 1, World Scientific, Singapore.

Sofroniou Andreas, (2014), *Integration of Information Technology*, Lulu press inc, Lulu.com, North Carolina, USA.

UNCITRAL, (2002), Model Law on Electronic Signatures with Guide to Enactment, https://uncitral.un.org/sites/uncitral.un.org/files/media-documents/uncitral/en/ml-elecsig-e.pdf

UNCITRAL, (2006), chapter 8 laws and contracts in an e-commerce environment https://unctad.org/system/files/official-document/sdteecb20061ch8_en.pdf

UNCITRAL, (2007), United Nations Convention on the Use of Electronic Communications in International Contracts https://uncitral.un.org/sites/uncitral.un.org/files/media-documents/uncitral/en/06-57452_ebook.pdf

World Bank, Financial inclusion is a key enabler to reducing poverty and boosting prosperity. https://www.worldbank.org/en/topic/financialinclusion/overview

Chapitre 8

Banque Mondiale, 2019, Le travail en mutation, Rapport sur le développement dans le monde, Groupe banque mondiale, Washington DC.

Ducheneaut, B et Orhan, M., (2000)., *Les femmes entrepreneurs en France*, Éditions Seli Arslan, Paris

Ettl, K., et Welter, F., 2010, How female entrepreneurs learn and acquire (business-relevant) knowledge, *International Journal of Entrepreneurship and Small Business*, Vol 10 (1), pp. 65-82.

Fortin, P.A., (1992)., *Devenez entrepreneur ; pour un Québec plus entrepreneurial.* 2ème Édition, Sainte-Foy : Les Éditions de la Fondation de l'entrepreneurship

Fortin, P.A., (2002)., *La culture entrepreneuriale, un antidote à la pauvreté*, Montréal : Éditions Transcontinental

Lesourd, F., 2006, Éducation, santé et temporalités. Les Sciences de l'éducation - Pour l'Ère nouvelle, Sciences de l'éducation et santé, vol. 39, n° 1, 2006, pp. 55-73

Nodk (2017) ; la problématique de l'entrepreneuriat féminin en Mauritanie, Edition Universitaire Européenne

Kane, N., 2017, *Problématique de l'entrepreneuriat féminin en Mauritanie*, Les Éditions Universitaires européennes.

Pettersson, A., 2012, *The concept of literary application : readers'analogies from text to life*, Palgrave-Macmillan, New York.

Sarr, D., (1993)., « Démocratie et Société traditionnelles en Mauritanie », Nouakchott, Mémoire de Maîtrise, Université de Nouakchott

Sarr, F., (1998)., *L'entrepreneuriat féminin au Sénégal : la transformation des rapports de pouvoirs,* L'Harmattan, Paris.

Chapitre 9

Banque Centrale de Mauritanie. Rapport Annuel 2023. Disponible sur : https://www.bcm.mr/rapport-annuel.

Banque Mondiale. Global Findex 2021 : Inclusion financière, paiements numériques et résilience à l'ère de la COVID-19. Disponible sur : www.banquemondiale.org.

Boulahbel, S., & Bendahmane, A., 2022, Technologie financière et inclusion financière : opportunités, défis et risques. Conférence sur The Use of Technology in Financial Institutions, Berlin, Juin, Centre for Research in Applied Economics for Development.

Benyacoub, B., 2021, Étude empirique sur les freins à l'inclusion financière des femmes au Maroc. *International Journal of Accounting, Finance, Auditing, Management and Economics,* Vol. 2, No. 4, pp. 323–336, juillet. ISSN : 2658-8455. Disponible sur : www.ijafame.org.

Diaw, K., & Fall, N., 2022, Effets de l'inclusion financière sur la croissance inclusive dans les pays de l'Union Economique et Monétaire Ouest Africaine (UEMOA). *Journal of Academic Finance,* Vol. 13, No. 2, pp. 56-76, Décembre.

Lahrour, K., 2023, Le paradigme de l'inclusion financière : L'évolution des concepts dans un contexte historique et universel. *Revue Internationale du Chercheur,* Vol. 4, No. 4, pp. 562, ISSN : 2726-5889. Disponible sur : www.revuechercheur.com.

Merniz, R., & Bendjelloul, K., 2024, Analyse de la situation de l'inclusion financière en Algérie entre 2004 et 2022. *Études Économiques Islamiques, Vol. 11, pp.* 424-448, juin.

Terfas, D. E., & Lezghed, O., 2023, Les services financiers digitaux et les enjeux de l'inclusion financière. Conférence sur L'industrie des technologies financières face aux défis de l'inclusion financière et aux enjeux de la stabilité financière, Université Ferhat Abbas Setif, mai.

Traoré, A., Diaw, A., & Ndiaye, S. N., 2020, La qualité institutionnelle améliore-t-elle l'inclusion financière en Afrique subsaharienne ? *Revue Internationale des Sciences Sociales,* décembre, Cheikh Anta Diop University, Dakar.

Chapitre 10

Andrews D et al. (2011), Towards a better understanding of the informal economy, Documents de travail du Département des affaires économiques, OCDE, no.873.

Bureau International du Travail, Rapport global : Étude de diagnostic sur la situation de l'emploi au Maroc : préalable à la formulation de la stratégie nationale de l'emploi. 2014.

Bellache, B. et al. (2014), Secteur informel et segmentation de l'emploi à Bejaia (Algérie) : déterminants et fonctions de gains, *Monde en développement*, numéro 166, pp 31-44.

Benjamin, N. et al. (2013), Les entreprises informelles de l'Afrique de l'ouest francophone : Taille, productivité et institutions, Banque Mondiale.

Bertrand, G. (2005), Caractéristiques et déterminants de l'emploi des jeunes au Cameroun, *Cahiers de la stratégie de l'emploi.*

BIT, 1993a, Statistiques de l'emploi dans le secteur informel, Rapport pour la XVème Conférence Internationale des Statisticiens du Travail, Genève 19-28 Janvier 1993, BIT.

BIT,1993 b, Rapport de la Conférence, Rapport pour la XVème Conférence Internationale des Statisticiens du Travail, Genève 19-28 Janvier 1993, BIT.

Combarnous, F. (1999), La mise en œuvre du modèle logistique multinomial emboîté dans l'analyse de la participation au marché du travail, Centre d'économie du développement, Université Montesquieu-Bordeaux IV-France.

Charmes, J. (2002), Les origines du concept de secteur informel et la récente définition de l'emploi informel, Washington DC, Banque Mondiale.

Charmes, J. (1994), L'emploi informel, un concept utile, même en pays « développé, *Courrier desstatistiques* n° 70, juin, pp. 39-43.

El Aynaoui J. (1997), Participation, choix occupationnel et gains sur un marché du travail segmenté : une analyse appliquée au cas du Maroc, Centre d'économie du développement, Université Montesquieu-Bordeaux IV-France.

Gherbi, H. (2014).,. Caractéristiques et déterminants de l'emploi informel féminin en Algérie. Le cas de la wilaya de Bejaia, *Revue Monde en développement*, numéro 166, pp 45-58.

Ghewy, P. 2010. *Guide pratique de l'analyse de données*. De boeck.

Hammouda N., Lassassi M. (2009), « Déterminants de la participation au marché du travail et du choix occupationnel : une analyse micro économétrique appliquée au cas de l'Algérie », GDRI DREEM Working paper.

Haut-Commissariat au Plan, enquête nationale sur le secteur informel 2013-2014, principaux résultats, 2016.

Haut-Commissariat au Plan, Femmes marocaines et marché du travail : Caractéristiques et évolution, 2013.

Haut-Commissariat au Plan, enquête nationale sur le secteur informel, 2006-2007.

Haut-Commissariat au Plan, enquête nationale sur le secteur informel, 1999-2000.

Haut-Commissariat au Plan, annuaire statistique des régions, 2010.

Johansson, E. (2000), Self-employment and the predicted earnings differential-evidence from Finland, *Finnish Economic Paper*, 13 pp :45-55.

Mejjati Alami, R. (2006), "Le secteur informel au Maroc : 1956 – 2004", Cinquante ans de développement Humain au Maroc.

Perry, G. (2007), Informality: Exit and Exclusion, World Bank Latin American and Caribbean Studies.

Rakotomalala, R. (2011). Pratique de la régression logistique. Régression Logistique Binaire et Polytomique, Université Lumière Lyon, 2.

Roubaud, F. (2009), « La production statistique sur le secteur informel en Afrique : quels enseignements et quelles perspectives ? », *The African Statistical Journal*, Volume 9, novembre.

Sboui, F. (2006). Le dualisme du marché du travail en Tunisie : choix occupationnel et écart salarial. *Economie & prévision*, 174(3), pp. 21-37. https://www.cairn.info/revue-economie-et-prevision-2006-3-page-21.htm.

Thai, M. T. T., & Turkina, E. (2014), Macro-level determinants of formal entrepreneurship versus informal entrepreneurship, *Journal of Business Venturing*, 29(4), pp. 490-510.

Traoré, J-A. (2013), Les déterminants du secteur informel au Burkina Faso, Communication colloque Université Paris-Est, France.

Williams, C. C. et Round, J. (2007). Entrepreneurship and the informal economy: a study of Ukraine's hidden enterprise culture, *Journal of developmental entrepreneurship*, 12(01), pp. 119-136.

Chapitre 11

Journal Articles

Adorno, T. W., and Rabinbach, A. G. 1975. Culture industry reconsidered, *New German Critique*, (6): 12-19.

Boccella, N., and Salerno, I. 2016, Creative Economy, Cultural Industries and Local Development ». *Procedia—Social and Behavioral Sciences*, 223, pp.291-296.
https://doi.org/10.1016/j.sbspro.2016.05.370

Boix-Domenech, R., Köster, P. R., García, H. C., and Tubillejas, B. 2019, Las industrias creativas en la ciudad de València y su área metropolitana: evolución, efectos sobre la renta y la relación con el engagement, In Investigaciones clave en la transformación del modelo económico valenciano: 145-187. Universitat de València.

Brokerhof, A. 2006. Interfacing research and risk management for a better safeguarding of cultural heritage, *In Proceedings of the 7th European Conference "SAUVEUR":* 1030-1033.

Bourdieu, P.1985, The market of symbolic goods, *Poetics*, 14(1-2), pp.13-44.

Bourdieu, P. 1983, The field of cultural production, or: The economic world reversed, *Poetics*, 12(4-5), pp. 311-356.

Carey, J. W. 1992, Political Correctness and Cultural Studies, *Journal of Communication*, 42(2), pp. 56-72.

Creswell, J. W., Fetters, M. D., and Ivankova, N. V. 2004, Designing a mixed methods study in primary care". *The Annals of Family Medicine*, 2(1), pp. 7-12.

Dubina, I. N., Carayannis, E. G., and Campbell, D. F.2012. Creativity economy and a crisis of the economy? Coevolution of knowledge, innovation, and creativity, and of the knowledge economy and knowledge society, *Journal of the Knowledge Economy*, 3(1), pp.1-24.

Dunska, M., & Marcinkevica, A. 2017. "Situation and Development Opportunities of Creative Industries Companies in Latvia". *European Research Studies Journal*, XX(3A): pp. 96–114. https://doi.org/10.35808/ersj/698

Faulkner, R. R., and Anderson, A. B. 1987, Short-term projects and emergent careers: Evidence from Hollywood, *American journal of sociology*, 92(4): 879-909.

Föhl, P. S., Wolfram, G., and Peper, R. 2016, Cultural managers as 'masters of interspaces' in transformation processes–A network theory perspective, *Zeitschrift für Kulturmanagement*, 2(1), pp. 17-50.

Gasparin, M. and Quinn, M. 2020, The INCITE model of policy development for the creative industries: the case of Vietnam, *Journal of Asian Business and Economic Studies*, ahead-of-print, https://doi.org/10.1108/JABES-12- 2019-0125

Gray, C. 2007, Commodification and instrumentality in cultural policy, *International journal of cultural policy*, 13(2), pp. 203-215.

Hassan, Z. A., Schattner, P., and Mazza, D. 2006, Doing a pilot study: why is it essential?. Malaysian family physician, T*he official journal of the Academy of Family Physicians of Malaysia,* 1(2-3).

Hesmondhalgh, D. and Pratt, A. 2005, Cultural Industries and Cultural Policy, *International Journal of Cultural Policy*, 11(1), pp.1-13, https://doi.org/10.1080/10286630500067598

Küttim, Merle, Katrin Arvola, and Urve Venesaar. 2011, Development of Creative Entrepreneurship: Opinion of Managers from Estonia, Latvia, Finland and Sweden, *Verslas: Teorija ir Praktika* 12 (4), pp.369–378. doi: 10.3846/btp.2011.38.

Lestariningsih, E., Maharani, K., & Lestari, T. K. 2019, Measuring creative economy in Indonesia: Issues and challenges in data collection, *Asia-Pacific Sustainable Development Journal*, 2018(2): 99–117. https://doi.org/10.18356/16fa938f-en

Mandel, A., and Realo, A. 2015. Across-time change and variation in cultural tightness-looseness, *PloS one,* 10(12), e0145213.

Martinaitytė, E., Kregždaitė, R. 2015, The Factors of Creative Industries Development in Nowadays Stage, *Economics and Sociology*, 8(1): 55-70. https://doi.org/10.14254/2071- 789X.2015/8-1/5

Maulina, E. 2018, Problems and Solutions of Creative Industry In Indonesia: A Critical and Reflective Review, *Russian Journal of Agricultural and Socio-Economic Sciences*, 78(6): 160–164. https://doi.org/10.18551/rjoas.2018-06.17

Moore, I. 2014, Cultural and Creative Industries Concept – A Historical Perspective. Procedia, *Social and Behavioral Sciences*, 110, pp. 738–746. https://doi.org/10.1016/j.sbspro.2013.12.918

Potts, J. & Cunningham, S. (2010). Four models of the creative industries. *Revue d'économie politique*, 120, 163-180. https://doi.org/10.3917/redp.201.0163

Potts, J., Cunningham, S., Hartley, J., and Ormerod, P. 2008. "Social network markets: a new definition of the creative industries". *Journal of cultural economics*, 32(3): 167-185.

Rozentale, I, and Lavanga, M. 2014, The "universal" characteristics of creative industries revisited: The case of Riga, *City, Culture and Society*, 5(2): 55–64.
https://doi.org/10.1016/j.ccs.2014.05.006

Steven White, D., Gunasekaran, A., and H. Roy, M. 2014. "Performance Measures and Metrics for the Creative Economy". *Benchmarking: An International Journal*, 21(1): 46–61. https://doi.org/10.1108/BIJ-03-2012-0017

Throsby, D. 2008, The concentric circles model of the cultural industries, *Cultural trends*, 17(3), pp. 147-164.

Vecco, D. M.2020, Genius loci: Between handcrafts, cultural heritage and local development, *European Journal of Cultural Management & Policy*, 10(2), pp. 64-75.

Whitmeyer, J. M. 1997, The power of the middleman—A theoretical analysis, *The Journal of Mathematical Sociology*, 22(1):, pp.59–90. https://doi.org/10.1080/0022250X.1997.9990194

Yang, Y., Shafi, M., Song, X., and Yang, R. 2018, Preservation of cultural heritage embodied in traditional crafts in the developing countries. A case study of Pakistani handicraft industry". *Sustainability*, 10(5).

Yulisetiarini, D., Paramu, H., Hana, S. W. L., Paramita, C., Wulandari, A., and Titisari, P. 2019. "Characterization of Creative Industries: Challenges and Opportunities". *International Journal of Scientific & Technology Research*, 8(5), pp. 75-77.

Reports and Dissertations

Abryareh, R. 2009. Tourism Attractions and their Influences on Handicraft Employment in Isfahan. Master's Thesis, Lulea University of Technology, Luleå, Sweden.

Bird, G. Gorry, H. Roper, S. Love, J. 2020, *R&D in Creative Industries Survey*, Department for Digital, Culture, Media and Sport. OMB Research.

Brewka, B.2008. United Nations Conference on Trade and Development, & United Nations Development Programme. Creative economy report: '*The challenge of assessing the creative economy: towards informed policy-making*". United Nations.

Fabeil, N.F.; Pazim, K.H.; Marzuki, K.M.; Langgat, J. 2014, The orientation of handicraft entrepreneurs in Sabah: Their personality characteristics and motivations (Orientasi Usahawan Kraftangan di Sabah: Ciri Personaliti dan Motivasi), In Proceedings of the 2nd ASEAN Entrepreneurship Conference, Penang, Malaysia.

Goto, K. 2017, Defining Creative Industries, *Creative Economy*, pp. 11-20. doi:10.1007/978-981-287-832-8_2.

Ministry of Economy and Finance, Department of Studies and Financial Forecasts. 2016, *Creative economy: Panorama and potential*, Retrieved 17 April 2022, from http://webcache.googleusercontent.com/search?q=cache:s8SgB8To5_EJ:www.finances.gov.ma/Publication/depf/2016/creative_economie_study.pdf+&cd=1&hl=fr&ct=clnk&gl=ma

Rogerson, C.M. 2010, The Enterprise of Craft: Constraints and Policy Challenges in South Africa, chapter 42, pp. 115–144.

UK Creative Industries Task Force.2001, *Creative Industries Mapping Document*, UK Department for Culture, Media and Sport.

UNCTAD.2006. *Creative Economy and Industries* a Creative Industries Division pamphlet.

UNCTAD, 2008, Creative Economy Report: The challenge of assessing the creative economy – towards informed policy-making, USA.

UNESCO .1982. « *Cultural Industries : A Challenge for the Future of Culture* ». Paris.

UNESCO. 1997. International Trade Centre (ITC) Symposium "*Crafts and the International Market: Trade and Customs Codification*"—Manila.

WIPO, 2015, *Guide on surveying the economic contribution of the copyright-based industries*". WIPO Geneva
http://www.wipo.int/edocs/pubdocs/en/copyright/893/wipo_pub_893.pdf. Accessed 03 June 2022.

WIPO. 2017, *How to Make a Living in the Creative Industries*, WIPO https://www.wipo.int/edocs/pubdocs/en/wipo_pub_cr_2017_1.pdf. Accessed 14 July 2022.

Books and Book Chapters

Adorno, T., and Horkheimer, M. 1979. *Dialectic of Enlightenment, trans. J. Cumming.* London : Verso.

Ahearne, J. 2004. *Between cultural theory and policy: the cultural policy thinking of Pierre Bourdieu, Michel de Certeau and Regis Debray.*

Banks, M., & O'Connor, J. 2009. *After the creative industries.*

Betancourt Guerrero, B., Espinal Ruiz, D. J. and Scarpetta Calero, G. 2020. *Organizational characterization of craftsmanship in northern of Valle del Cauca. Cuadernos de Administración* (Universidad del Valle), 36(67), pp. 4-15. Epub September 18,.
https://doi.org/10.25100/cdea.v36i67.8730

Boix-Domènech, R., Rausell-Köster, P. 2018, The Economic Impact of the Creative Industry in the European Union, In *Santamarina-Campos*, V., Segarra-Oña, M. (eds) Drones and the Creative Industry. Springer, Cham. https://doi.org/10.1007/978-3-319-95261-1_2

Bourdieu, P. 1996. *The rules of art: Genesis and structure of the literary field.* Stanford University Press.

Creswell, J. W., & Clark, V. L. P. 2004. *Principles of qualitative research: Designing a qualitative study.* Office of Qualitative & Mixed Methods Research, University of Nebraska, Lincoln.

Deroin, V. 2008. *Statistiques d'entreprises des industries culturelles.* Paris : Département des études, de la prospective et des statistiques. Retrieved 14 December 2021 from
http://books.openedition.org/deps/777

Dziurski, P., Pawlicka, K., and Wróblewska, A. 2018. *Cultural Management as a Research Area: Challenges.*

Friel, M. and Santagata, W. 2008. "Making Material Cultural Heritage Work: From Traditional Handicrafts to Soft Industrial Design". In *The Cultural Economy*. The Cultures and Globalization Series, 2, Anheier, H. and Isar, Y.R., (eds). London : SAGE Publications

Gebesmair, A., Ebner-Zarl, A., and Musik, C. 2021. *Symbolic representations of cultural industries at content trade fairs : Bourdieu's « economic world reversed »* revisited. Poetics, 101614.
https://doi.org/10.1016/j.poetic.2021.101614

Jones, C., Lorenzen, M., & Sapsed, J. 2015. *The Oxford handbook of creative industries.* OUP Oxford.

Jones, C., Lorenzen, M., & Sapsed, J. 2015. *The Oxford Handbook of Creative Industries*. Oxford University Press.
McGuigan, J. 2004. *Rethinking cultural policy*. McGraw-Hill Education (UK).
Rahali, J. 2018. *Moroccan micro, small and medium-sized enterprises observatory (MSMEO)* (Vol. 47). Bank for International Settlements.
Ryan, J. S. 1992. *Preventing cultural resources destruction: Taking action through interpretation*. US Department of the Interior, National Park Service.
Santamarina-Campos, V., Segarra-Oña, M. (2018). Drones and the Creative Industry: Innovative Strategies for European SMEs. Springer International Publishing. https://doi.org/10.1007/978-3-319-95261-1
Wright, M. J., & Myers, C. R. 1983. *History of academic psychology in Canada*. Toronto : Hogrefe and Huber.
Internet Articles
Andrews, S. 2019, Three challenges faced by the creative industries in 2020, *Haines Watts. Haines Watts Group*. Retrieved 24 October 2021, from https://www.hwca.com/accountants-newcastle/opinion/three-big-challenges-faced-by-the-creative-industries-in-2020/
Bakshi, H. (n.d), 2022, Measuring the creative industries. British Council, Creative Economy. Retrieved 2 January, from https://creativeeconomy.britishcouncil.org/guide/measuring-creative-industries/
El Karmouni, G, W. 2020, Peut-on parler d'Industrie Culturelle au Maroc ? (n.d.). *Economie Entreprises*. Retrieved 17 April 2022, from http://economie-entreprises.com/2020/07/29/peut-on-parler-dindustrie-culturelle-au-maroc/
Giacomo, L. 2019, The creative sector has a diversity problem—Are talent schemes really the answer? Digital Arts. Retrieved 24 October 2021, from https://www.digitalartsonline.co.uk/news/creative-business/the-creative-sector-has-a-diversity-problem-are-talent-schemes-the-answer/
Marouani, Y., 2022, Publications – Ministère du Tourisme, de l'Artisanat et de l'Economie Sociale et Solidaire, Retrieved 23 April 2022, from https://mtaess.gov.ma/fr/artisanat/observatoire/publications/
Otty, L. (2020), Culture Is Bad For You : Inequality in the Cultural and Creative Industries. (n.d.). Media Hopper Create. Retrieved 24 October 2021, from https://media.ed.ac.uk/media/Culture+Is+Bad+For+YouA+Inequality+in+the+Cultural+and+Creative+Industries/1_2x5msx5v
Phil. 2016, Four Issues for the Creative Industries, BCre8ive – Blog. (n.d.). Retrieved 24 October 2021, from

https://blog.bcre8ive.net/four-issues-for-the-creative-industries/

Tucker, E. 2019, What will it take to fix the creative industry's diversity problem? Retrieved 24 October 2021, from https://www.creativereview.co.uk/what-will-it-take-to-fix-the-diversity-problem/

UNESCO. (2021), New UNESCO Economic Impact Outlook on the Creative Industries, Diversity of Cultural Expressions. https://en.unesco.org/creativity/news/new-unesco-economic-impact-outlook-creative-industries

Websites

La Confédération Générale des Entreprises du Maroc. (n.d.). Retrieved 16 may 2022, from https://cgem.ma/

Culture Is Bad For You: "Inequality in the Cultural and Creative Industries". (n.d.). Media Hopper Create. Retrieved 24 October 2021, from https://media.ed.ac.uk/media/Culture+Is+Bad+For+YouA+Inequality+in+the+Cultural+and+Creative+Industries/1_2x5msx5v

Four Issues for the Creative Industries. | BCre8ive – Blog. (n.d.). Retrieved 24 October 2021, from https://blog.bcre8ive.net/four-issues-for-the-creative-industries/

L'étude, conduite au moment où l'État s'apprête à transférer de nouvelles compétences aux régions, tend à me. (n.d.). Retrieved 17 April 2022, from http://webcache.googleusercontent.com/search?q=cache:s8SgB8To5_EJ:www.finances.gov.ma/Publication/depf/2016/creative_economie_study.pdf+&cd=1&hl=fr&ct=clnk&gl=ma

Measuring the creative industries. (n.d.), British Council, Creative Economy. Retrieved 2 January 2022, from https://creativeconomy.britishcouncil.org/guide/measuring-creative-industries/

Ministère du Tourisme, de l'Artisanat et de l'Economie Sociale et Solidaire. (n.d.), Retrieved 16 July 2022, from https://mtaess.gov.ma/fr/

New UNESCO Economic Impact Outlook on the Creative Industries (2021, May 17), Diversity of Cultural Expressions. https://en.unesco.org/creativity/news/new-unesco-economic-impact-outlook-creative-industries

Office du Développement de Coopération (n.d.). Retrieved 16 May 2022, from http://www.odco.gov.ma/

Chapitre 12

Farouk, N., 1977, Socio économie de développement de l'artisanat en Algérie, Thèse de doctorat de 3eme cycle en sociologie, École des hautes études en sciences sociales, Centre de recherches coopératives, Paris.

Porter, M., 1990, *The competitive advantage of nation*, New-York, Free Press.

ONUDI, 2015, Développement de Clusters dans les industries culturelles et créatives dans le sud de la méditerranée, Note de la réunion sur l'Analyse et diagnostic cluster dinanderie de Constantine, Algérie, Constantine, avril.

ONUDI, 2013, Diffusion de la démarche cluster dans trois pays du Maghreb (Algérie- Maroc – Tunisie), Edition ONUDI, Béjaia, Algérie.

Chapitre 13

Assoumou, M, O, et Guetsop, F., 2017, L'entrepreneuriat féminin Cameroun : enjeux

et perspectives. *Revue Congolaise de Gestion, 2*(24), pp. 11-42.

Bates, T., Jackson, W. E., & Johnson, J. H. (2007). Advancing Research on Minority Entrepreneurship. *The ANNALS of the American Academy of Political and Social Science*, *613*(1), pp. 10-17.

Belcourt,, M, Burke, R-J, Lee-Grosselin, H., Une cage de verre : les entrepreneurs au Canada, *conseil consultatif canadien sur la situation de la femme*, Ottawa, Février, 64p

Boring, A., 2016, L'Entrepreneuriat des femmes : motivations et obstacles, *Regards croisés sur l'économie*, vol. 2 ? n° 19, pp. 130 -142.

CEA., 2014, Améliorer l'accès au financement pour renforcer l'autonomisation des femmes rurales en Afriquedu Nord : Bonnes pratiques et leçons à tirer.

Chasserio, S, Pailot, Ph, Poroli, C., 2016, L'entrepreneuriat est-il genré ? *Regards croisés sur l'économie*, vol. 2 ? n° 19, pp. 62-75.

Djudjo, Y, G., 2022, Entrepreneuriat féminin et croissance économique : Cas du Cameroun, *Revue Internationale du Chercheur, 3*(2), pp. 131 - 154.

INS. (2018). *Rapport Principal des résultats du Recensement Général des Entreprises (RGE-2) au Cameroun.* Yaoundé.

INS, 2020, *Enquête annuelle dans les entreprises (EAE). Rapport 2019. Yaoundé. Site web : www.ins-cameroun.cm*

INS., 2020, *Entrepreneuriat féminin au Cameroun*, Ed, INS : Yaoundé, Cameroun.

INS, 2022, Rapport Principal de la Troisième enquête sur l'emploi et le secteur informel au Cameroun (EESI3), Rapport, Ed. IND : Yaoundé, Août.

Lavoie, D (1988), Les entrepreneurs : pour une économie canadienne renouvelée, *conseil consultatif canadien sur la situation de la femme*, Ottawa, Février, 64p

Marlow, S., & Patton, D. (2005). All Credit to Men? Entrepreneurship, Finance, and Gender. *Entrepreneurship Theory and Practice*, *29*(6), pp. 717-735.

Okah, E., &Timba., 2015, Female entrepreneurship and growth in Cameroon, *African Journal of Economic and Management*, 6(1), pp. 107-119

MINPMEESA., 2023, *Annuaire statistique 2022 sur les PMEESA,* Rapport d'analyse, Yaoundé, Cameroun.

Tahir, F., & Bendiabdellah, A., 2016, Les femmes entrepreneures en Algérie : savoir, vouloir et pouvoir ! *Marché et organisations, 2*(26), pp. 219-240.

Taka, D., 2016, Les déterminants de l'accès au financement bancaire par les Petites et Moyennes Entreprises : cas du Cameroun, *Revue d'Economie Théorique et Appliquée, 6*(1), pp. 77-96, Juin.

Takeudo, D, L., & al., 2023, L'enjeu de la digitalisation et l'entrepreneuriat féminin au Cameroun : une analyse post covid-19, *Revue du contrôle, de la comptabilité et de l'audit, 7*(4), pp. 342- 361.

Tchouassi, G., 2000a, Femmes entrepreneurs au Cameroun : une approche par les récits de vie, *Revue Congolaise de Gestion,* n° 2 et 3, Janvier-Décembre, pp. 63-77

Tchouassi, G., 2002, Entreprendre au féminin au Cameroun : possibilités et limites, Actes du 2ème congrès de l'académie de l'entrepreneuriat (Thème : champs de l'entrepreneuriat et dynamique des sociétés*)*, Bordeaux, Avril, pp 433-445

Tchouassi, G, Kenfack, S., et Kamga, C., 2022, L'émergence des nouveaux emplois en contexte de covid-19 au Cameroun : les déterminants qualitatifs, *Tendances de management Africaines*, Vol 22 (3), Juin.

Chapitre 14

Alaoui, M. & all (2019), Les pratiques de l'accompagnement entrepreneurial en phase de création d'entreprise : Cas de la région de l'oriental du Maroc, *Revue Internationale des Sciences de Gestion*, N° 3, vol 2, pp. 297- 307

Bissessar, N. (2009)., Does Corruption Persist In Sub-Saharan Africa? *International Advances in Economic Research* 15(3), pp. 336-350.

Bylund, P., (2019), Entrepreneurship and Austrian Economics: Theory, History, and Future, *MISES: Interdisciplinary Journal of Philosophy Law and Economics*, vol. 7, no. 3, pp. 517-521.

Campagnolo, G, Vivel, C., 2014, The foundations of the theory of entrepreneurship in Austrian economics? Menger and Bôhm-Bawerk on the entrepreneur, *Revue de philosophie économique*, n°1, vol.15, October, pp. 49-97.

Demazieres, D. & Dubar, C. [1997]. *Analyser les entretiens biographiques : l'exemple des récits d'insertion,* Nathan, collection Essais et Recherches.

Deslauriers, S. (2023). Attitudes d'entrepreneur : redéfinir la réussite, *Revue Organisations & territoires*, 32(2), 165–171.
Dewey, J., (1925), *Comment nous pensons*, Paris, Flammarion, coll. « Bibliothèque de philosophie scientifique »
Escudier, J., (1995), « Itinéraire d'un entrepreneur de travaux public éclectique : Edmond Bartissol (1841-1916) », *Histoire, économie et société*, vol. 14, n° 2, p. 229- 251.
Fick, D. S. (2002). *Entrepreneurship in Africa: A Study of Successes*, Quorum Books.
James, W., (1911), *Le pragmatisme*, Paris, Flammarion.
Kaufmann, J, C. (1996), *L'entretien compréhensif*, Paris : Nathan.
Lambsdorff, J.G., (2006), Causes and consequences of corruption: What do we know from across section of countries? in *Susan Rose-Akerman (Ed)*: International Handbook on the Economics of Corruption, Edward Elgar, Cheltenham, UK, Northampton, MA, USA, Chapter 1, 3-51.
Lavallee, E., Razafindrakoto, M. et Roubaud, F. (2008)., Corruption and trust in political institutions in Sub-Saharan Africa, Afrobarometer, *Working Paper*, No.102, Michigan State University.
Leff, N. (1964), Economic Development through Bureaucratic Corruption. *The American Behavioural Scientist* 8(2): 8-14.
Messeghem, K. et al. (2020), Les mutations de l'accompagnement entrepreneurial, *Revue française de gestion*, Vol.1, P.59-67.
Ntep, F., 2018, *Solidarité, sorcellerie et entrepreneuriat en Afrique subsaharienne*, Paris, Les Éditions du Panthéon.
Shapero, A et Sokol, I., 1982, The social dimension of entrepreneurship, *Encyclopedia of entrepreneurship,* Englewood Cliffs: Prentice hall inc., pp. 72-90.
Shapero, A., 1975, The displaced, unconfortable entrepreneur, *Psychology today*, Vol. 7, n°11, pp. 83-89.
Schatzberg, M., (1980), *Politics an Class in Zaïre. Bureaucracy, Business and Beer in Lisala*, New-York/London, A.P.C.
Owona nguini, M., 1996, L'État et les milieux d'affaires au Cameroun ; autoritarisme, ajustement au marché et démocratie, *Polis* (revue Camerounaise de science politique), 2 (2), pp. 43-67.
Tiercelin, *C.S, 1993, Peirce et le pragmatisme*, Paris, PUF.
Tounes, A (2003), L'intention entrepreneuriale : Une recherche comparative entre des étudiants suivant des formations en entrepreneuriat (bac +5) et des étudiants en DESS CAAE, Thèse de doctorat en sciences de gestion, Université de Rouen.
Willame, J, C., (1995), Entrepreneurs-prédateurs : entre le Grand Homme et les affaires, Dans Ellis, S et Faure, Y (dir.) : *Entreprises et entrepreneurs africains*, Paris : Éditions Karthala/ORSTOM, pp. 325-337.

Wolff D. et Cuénoud T. (2017), Pour une approche renouvelée de l'accompagnement des créateurs et des repreneurs d'entreprise : le coaching entrepreneurial, *Vie et Sciences de l'entreprise,* Vol.2, n° 204, pp.146 - 163.

Point de vue

Austin, J., Stevenson, H., & Wei-Skillern, J. (2006). « Social and Commercial Entrepreneurship: Same, Different, or Both? » Entrepreneurship Theory and Practice, 30(1), 1-22.

Bornstein, D. (2004). How to Change the World: Social Entrepreneurs and the Power of New Ideas. Oxford University Press.

Boudarbat, Hakim Guermazi H., Ndiaye M., (2021), COVID 19: Economic and social impacts, response policies and resilience strategies, 326 p (in French), Legal Deposit: Library and National Archives of Quebec, 2021, ISBN 978-2-9819303-30

Dees, J.G. (1998). The Meaning of Social Entrepreneurship. Stanford University.

Gartner, W.B. (1985). "A Conceptual Framework for Describing the Phenomenon of New Venture Creation." Academy of Management Review, 10(4), 696-706.

Hakim Guermazi H. (2024) : « L'entrepreneuriat social : un moteur pour l'économie circulaire » colloque international sur l'entrepreneuriat social et l'économie circulaire, CIESEC 2024 ; 27-28 OCTOBRE 2024, L'École des Hautes Etudes Commerciales EHEC, Pole universitaire de Koléa, Tipaza Alger.

Hakim Guermazi H. (2023) "Decision-making intelligence at the service of strategic management" : 3rd edition of the international Conference "Governance, Culture and Management of Strategic Alliances, 2023, ESC Algeria, Koléa University Pole Algeria, may.

Hakim Guermazi H. and Eslaim S. (2023) The Role of Organizational Change to Improving Strategic Performance: An Analytical Study to the Opinions of Employees of Asia Cell Telecom Company AL-Qadisiyah Journal For Administrative and Economic sciences , 2023, Volume 25, Issue 3, Pages 44-56

Hakim Guermazi H. (2018), Stimulation of creativity and entrepreneurship among young people: the case of Collaborative Innovation Events in Engineering Schools in Tunisia» (in French) The OFE STUDIES AND ANALYZES, OFE (Observatoire de la Francophonie Economique), Montréal University OFE–DT October 2018, no 2, pp :1-21. https://ofe.umontreal.ca/statistiques-et-publications/etudes-et-analyses/

Hakim Guermazi H. and Riahi A. (2018), Quality Management Services and Image Registration: Case of images technology in health services using a management outliers approach, IEEE Xplore digital library effective

2018-03-12, pp. 190 – 195, IEEE/ACS 14th International Conference on Computer Systems and Applications.

Hakim Guermazi H. (2017), Mediating effect of risk management and direction style in innovation –service quality relationship: study of insurance and banking in Tunisia" (in French), Question(s) de Management, N° 18, nov, pp : 113

Kirzner, I.M. (1973). *Competition and Entrepreneurship*. University of Chicago Press.

Leadbeater, C. (1997). *The Rise of the Social Entrepreneur*. Demos.

Mair, J., & Martí, I. (2006). Social entrepreneurship research : A source of explanation, prediction, and delight, *Journal of World Business*, 41(1), pp.36-44.

Naser A., Hakim Guermazi H . (2024), The Impact of Knowledge Sharing on Open Innovation (An analytical Study of Telecommunications Companies in Iraq), Pakistan Journal of Life and Social Sciences, Volume 22, Number 2, 2024 ; pp 15895-15914

Nazzal M. and Hakim Guermazi H. (2024), The Wisdom and its impact on human education: A foundational perspective through data analysis of the rational and experimental stages, The 8th International Conference of the laboratory LIGUE "Plural ecologies : towards a transition of organizations" 28-29 & 30 November 2024 Tunis, Tunisia

Sarasvathy, S.D. (2001), Causation and Effectuation: Toward a Theoretical Shift from Economic Inevitability to Entrepreneurial Contingency., *Academy of Management Review*, 26(2), pp.243-263.

Shane, S., & Venkataraman, S. (2000). The Promise of Entrepreneurship as a Field of Research., *Academy of Management Review*, 25(1), pp.217-226.

Schumpeter, J.A. (1934). *The Theory of Economic Development*. Harvard University Press.

Stevenson, H.H., & Jarillo, J.C. (1990), A Paradigm of Entrepreneurship: Entrepreneurial Management., *Strategic Management Journal*, 11, pp. 17-27.

Zahra, S.A., Gedajlovic, E., Neubaum, D.O., & Shulman, J.M. (2009). A typology of social entrepreneurs: Motives, search processes and ethical challenges. *Journal of Business Venturing*, 24(5), pp.519-532.

Contributeurs

Adama Bocar SOKO, Doctorant, Hassan First University of Settat, National School of Applied Sciences, Morocco.

Abdelaziz KHALFAOUI, Professeur en Sciences Economiques, École Nationale de Commerce et de Gestion, Université Hassan I, Settat, Maroc, Laboratoire de recherche en stratégie et management des organisations (LASMO).

Axelle Roxane Metagne WABO, doctorante, université de Yaoundé 2 (SOA), Laboratoire interdisciplinaire de recherche en économie de développement (LIRED), Cameroun.

Catherine GHOSN, maître de conférences HDR, université Paul Valéry Montpellier 3, université Toulouse III Paul Sabatier, laboratoire Corhis (EA 7400), France.

Demba KANE, professeur en Sciences de gestion, directeur adjoint, université Gaston Berger de Saint-Louis, Sénégal, Laboratoire SERGe, Sénégal.

Elkaina HAMMACHE, chercheuse du CREAD et membre du Groupe de recherche en Entrepreneuriat africain (GREA), Algérie.

Felix NTEP, professeur en sciences de gestion, cofondateur du Groupe de recherche en entrepreneuriat africain (GREA), université Gaston-Berger de Saint-Louis, Laboratoire d'études et de recherche en gestion (SERGe), Sénégal.

Hanan KHATRATY, Enseignant-chercheur, Université Abdelmalek Essaâdi, Maroc.

Hernandez Emile-Michel, professeur émérite des universités en sciences de gestion ; Université Reims Champagne-Ardenne (URCA), Laboratoire REGARDS, France.

Himrane MOHAMMED, Assistant professor, Director of Lab of Research in Public finance and Financial market, Faculty of Economic, Commercial Sciences, and management sciences – Algeria, University of Jijel, 18000, Algeria.

Justin Kamavuako DIWAVOVA, enseignant-chercheur, université de Kongo et Institut supérieur pédagogique de Mbanza-Ngungu, République démocratique du Congo.

Abderrezak LARIOUI, assistant professeur, Faculty of Economic, Commercial, and Management Sciences – Algérie, Université of Jijel, 18000, Algérie.

Mbombé KANE, doctorante, université Gaston-Berger de Saint-Louis, Laboratoire Saint-Louis Étude et Recherche en Gestion (SERGe), Sénégal.

Nadia CHAFIQ, enseignante-chercheuse, faculté des Sciences Ben M'Sick, université Hassan II de Casablanca, laboratoire LASTIE (Laboratoire des sciences et des technologies de l'information et de l'éducation).

Nene KANE, professeure en sciences de gestion, université de Nouakchott, ancienne ministre des Affaires sociales de l'Enfance et de la Famille, République islamique de Mauritanie.

Mohamed El Amine MOUMINE, professeur, université Hassan II de Casablanca, faculté des sciences Ben M'Sik, Casablanca, Maroc.

Ouardia LAOUDJ, professeure à l'EHEC, chercheuse affiliée au CREAD, Algérie.

Razane CHROQUI, professeure en Sciences de gestion, vice-doyenne chargée de la recherche scientifique et de la coopération, FLASH-Université Hassan 1er-Settat, Maroc.

Val Masamba Lulendo MPANDA, enseignant-chercheur, université de Kongo et université de Kinshasa, République démocratique du Congo.

Saida ZIOUANI, doctorante à l'EHEC, maître assistante A à l'ESGEN-PU -Koléa.

Structures éditoriales du groupe L'Harmattan

L'Harmattan Italie
Via degli Artisti, 15
10124 Torino
harmattan.italia@gmail.com

L'Harmattan Hongrie
Kossuth l. u. 14-16.
1053 Budapest
harmattan@harmattan.hu

L'Harmattan Sénégal
10 VDN SICAP AMITIE 3
BP 45034 Dakar-Fann
direction@senharmattan.com

L'Harmattan Cameroun
Tsinga/Derrière polyclinique FECAFOOT
BP 11486 Yaoundé
Jacques.koukam@harmattan.fr

L'Harmattan Burkina Faso
Villa 281, secteur 23 623, rue 14.32
Ouagadougou
zagbie@outlook.fr

L'Harmattan Guinée
Almamya, rue KA 028 OKB Agency
BP 3470 Conakry
harmattanguinee@yahoo.fr

L'Harmattan RDC
185, avenue Nyangwe
Commune de Lingwala - Kinshasa
matangilamusadila@yahoo.fr

L'Harmattan Congo
219, avenue Nelson Mandela
BP 2874 Brazzaville
deunovmikhael@gmail.com

L'Harmattan Mali
Immeuble Mgr Jean Marie Cissé
Aci Hamadallaye
BP 145 Bamako
syllaka@yahoo.fr

L'Harmattan Togo
Djidjole - Maison Amela
face EPP BATOME
02 BP 20680 Lomé
didieramela11@gmail.com

L'Harmattan Côte d'Ivoire
Résidence Karl - Cité des Arts
Abidjan-Cocody
03 BP 1588 Abidjan
harmattan.ivoire@gmail.com

L'Harmattan Bénin
Rue 604, (Immeuble à l'entrée
de la rue UCAO- Cite de Saint-Jean)
Cotonou
stepcorpus@gmail.com

Nos librairies en France

Librairie internationale
16, rue des Écoles
75005 Paris
librairie.internationale@harmattan.fr
01 40 46 79 11
www.librairieharmattan.com

Librairie des savoirs
21, rue des Écoles
75005 Paris
librairie.sh@harmattan.fr
01 46 34 13 71
www.librairieharmattansh.com

www.ingramcontent.com/pod-product-compliance
Lightning Source LLC
LaVergne TN
LVHW011248061026
849535LV00005B/1189
9782336524016